眾·生

雪域求法記

一個漢人喇嘛的口述史

邢肅芝（洛桑珍珠）◎口述

張健飛、楊念群◎筆述

目次

繁體版序言

欣聞《雪域求法記》即將在台灣發行出版，眞眞感到高興。感謝台灣橡樹林出版社及北京三聯書店的鼎力支持和辛勤工作，並在此致廣大台灣讀者吉祥如意，福慧增長。

今天，藏傳佛教正在廣向世界傳播，各地均有藏密各派大德宏法，世界發生了巨變，佛教亦在向前發展。七十年前，我曾披荊跋涉的荒漠古道，或許今日已不再存，但那些往事足跡卻依然伴隨著記憶，如此的鮮活清晰。

藏傳佛教具有悠久的歷史和舉世聞名的經典而著稱於世。她導源於第七世紀，那是中國的盛唐時代，並直接師承了印度佛教，故在經論方面、修行方面、制度方面均具其獨特的風格，對於整個佛教的宏揚發展，起著深遠的影響。自佛教開始傳入西藏，密教學說已發展到與中觀、唯識不可分離的階段，在西藏丹珠爾大藏經中，存有不少的密教論典，是龍樹、提婆菩薩等所著。而且印度晚期佛教聖人如月稱的《中觀論》、獅子賢解脫軍的《現觀論》、法稱的《量釋論》、金洲的《唯識論》、德光的《戒律論》，均在印度佛教衰亡之前傳入了西藏。加之西藏代有聖人，如寧瑪派創始人蓮花生大士、噶當派創始人阿底峽尊者、格魯巴創始人宗喀巴大師、薩迦派創始人貢卻傑布、噶舉派創始人瑪爾巴及密勒日巴、覺囊派創始人米交多傑及達蒞那他等，這些先聖們無不解行並勝，學貫梵藏，闡幽探微，發前人之所未發，且能加以融會貫通，是那爛陀寺而後最能通達三藏者。

筆者自幼醉心佛教，少受庭訓，尤慕玄奘法顯之高行，乃弱冠隻身赴藏，訪求密法，親承大德教授。旅藏十餘年，有入寶山之感，不僅學到了經論，獲得了格西學位，還先後從一百多位德高望重的大德接受了六百多次密教各派的傳法灌頂，朝拜了薩迦寺和咱日山，殊勝因緣不可勝述。

本期長居西藏繼續深學和工作，不意世事無常、因緣變化而離藏，後移美國深居。如今我已九十三歲，佛法加被，依然健朗，每日誦經修法，不離禪室，有時也講經授徒，圓滿六度四攝，上證菩提。

在此《雪域求法記》在台灣出版發行之際，衷心祈望藏傳佛教這一無上珍寶，能弘揚四海，饒益一切有情！

願世界和平，人民永久安樂！

邢肅芝

二〇〇九年五月於洛杉磯

本書緣起

一九九八年八月的一天，我們來到美國洛杉磯郊外一所宅子，拜訪隱居在此的邢肅芝老先生。在此之前，我們早就聽說這位老先生精通漢藏佛教，是一位修道有成的高人，一生充滿了神奇不凡的經歷。這便是此書的緣起。

邢肅芝老先生雖年過八旬，但身體康健，思維敏捷，記憶力十分驚人。我們初次的交談從邢老在西藏的經歷開始。講到半個多世紀前的往事，老人家取出了一本厚厚的相簿，他告訴我們，這裡面的照片全部是他自己拍攝的，記錄著自一九三七年從他進入西藏開始，入藏沿途的所見所聞，以及在西藏十三年的求法和探險中所遭遇的各種人物。相簿的封面已然褪色，一翻開，一幀幀微微發黃的黑白照片按照年代的順序排列著。從這些照片，邢老向我們展開了他多姿多彩的一生，道出一段段傳奇的經歷。

以後的三年，在整理這部口述自傳的過程中，我們始終為能有這樣的一次難逢的機緣而慶幸。在近現代史上，邢肅芝老先生雖不是一位著名的大人物，但他的一生始終處在歷史的風口浪尖上，是一位二十世紀上半葉中國大動盪年代中，親身參與了漢藏兩地錯綜複雜的歷史演變的樞紐人物。他出生於一九一六年，九歲皈依佛門，少年時便接受了嚴格正規的佛學教育，十六歲時進入四川重慶漢藏教理院學習西藏語文，同時成為中國佛學會會長、近代佛教界的泰斗太虛大師的秘書，負責整理太虛大師的演講。一九三七年他隻身赴西藏，訪求藏傳佛教密法，決心將西藏密法取回漢地，做一名現代的唐玄奘。入藏途中，他遍訪康藏地區的高僧大德，在四川甘孜自治州之德格縣學習藏傳密教薩迦派密法三百餘種；隨後，他渡過金沙江進入西藏，沿途得到國民政府考試院院長戴季陶、四川軍閥劉文輝、昌都藏軍司令索康札薩和軍糧官阿沛·阿旺晉美的贊助和支持。抵達拉薩後，進入哲蚌寺學習藏傳佛教五部大論，曾拜多位著名活佛為師，包括達賴喇嘛的教經師領蒼活佛。經過七年的刻苦學習及辯經，於一九四五年通過在西藏攝政王面前舉行的辯經考試，成為第一個獲得藏傳佛教最高學位——拉然巴格西的漢人，歷史上獲得這一學位的漢人僅有兩位。其間他四處參訪高僧大德，先後從師於一百多位藏傳佛教各派的活佛，接受密法灌頂六百多個。一九四四年藏曆鐵猴年的二月，他前往藏南咱日山藏傳佛教祖師蓮花生大師的道場朝拜考察，其經歷驚心動魄，成為進入此山而得以生還的唯一漢人。一九四五年，他攜帶著大量藏傳佛教密典滿載而歸，回到了重慶；此外，他隨身還攜帶著一封促成他一生重大轉折的文件——西藏攝政王達龍扎活佛委託他帶給蔣介石的一封親筆信。

歷史的現象與演變離不開因緣二字，世上的萬事萬物無一不是因緣和合而生，這是佛教世界觀的基本思想。細觀大千世界，芸芸眾生，每個人在偶然的衝動中，或在他人的影響下，或經深思熟慮後所做的每一項決定，往往形成事物發展的因，而外在的影響，各種客觀條件的聚合則是促成事物的緣，因緣的結合與離散形成萬事萬法的始與終，主導著每個人一生的命運，而這些無數個人因緣與命運的匯合，又形成了演變歷史的大事因緣，主導著社會變革的軌跡。對於邢老來說，冥冥之中因緣奇妙的結合，促成了他一生中的重大轉折，使他從一個近代漢藏關係發展歷史的單純見證人變成為主動的參與者。在這次命運的轉折中，他本人對發展漢藏民族關係的強烈使命感成為轉折的因；而攝政王的親筆信、與蔣介石的會面、太虛大師的鼓勵和影響、國民黨政府處理西藏問題人才的短缺等種種因素的聚集則是緣；因緣和合，促成了他的入世參政，成爲國民政府的官員，落實「教育治藏」政策的關鍵人物。一九四五年他再次返回西藏，此時他具有其他人無法具備的雙重身份：既是一位漢人喇嘛、西藏三大寺的格西；又是一位奉蔣介石之命入藏發展教育的國民政府蒙藏委員會專門委員，教育部委任的國立拉薩小學校長。拉然巴格西的身份使他得到西藏噶廈政府、僧侶們和上層貴族的尊重和信任，能夠與西藏的政府官員和把握權力與資源的貴族階層建立良好的私人關係，完成連中央政府都難以做到的事情。而他的官員身份，則使他能夠直達中央政府，獲得在西藏發展教育事業所需的各種資源，成功地完成他的使命。

一九四九年七月，西藏噶廈政府乘國民黨軍隊在國共戰場上節節敗退之際，發動了震驚中外的「驅漢事件」。在這次事件中，邢老再次以他的特殊身份，參與中央政府駐藏辦事處與西藏地方政府的談判，努力協調漢藏之間各種錯綜複雜的矛盾，最後成功地組織了中央政府全體駐藏人員平安地撤離西藏。一九五〇年他移居香港，開始講經說法，並將藏傳佛教的重要經典、宗喀巴大師的《菩提道次第略論》翻譯成漢文。一九五九年，他應美國西雅圖華盛頓大學的邀請赴美國講授藏學，並定居美國至今。幾十年來，不論是化外爲僧，還是入世參政，他始終保持著一個佛教徒的信仰，從未放棄佛法的修行。據說他的禪定功夫高深，在密法的修持上獲得了很高的成就。他對往事驚人的準確記憶，對各種人物和事件的敏銳觀察，以及對歷史變革內在軌跡的分析與體悟，給我們留下極其深刻的印象。在多次的訪談中，邢老向我們展現出那種只有修行有成的人才能具有的定力和一種洞徹人心的能力，常常在我們還沒有開口提問之前，他似乎就已經知道了我們的問題。這種神奇的力量令人折服，卻又難以言喻。

邢老一生橫跨漢藏兩地，涵蓋僧俗二界，獨特的多重身份，使他的經歷具有極其豐富的歷史內涵。在地域空間上，他曾是漢地的法師和西藏的喇嘛，在漢藏兩地的寺廟中各自生活多年，對於兩地佛學思想與制度上的演變、交流與互動，瞭解得細緻深入，而且善於研究比較，有自己的見解與心得。對於西藏三大寺的體制、喇嘛的學經過程、密法的傳承和傳授、寺廟的生活等這些令現代人最感興趣而又知之甚少的部分，他的描述十分細緻動人，極富歷史動感。此外，對於舊西藏政教合一的政治體制、官吏制度，西藏貴族階層的生活方式和彼此間的明爭暗鬥，漢藏之間錯綜複雜的關係，外國勢力對西藏的滲透，國民黨政府治藏政策的得失等各個層面，他都提供了大量眞實的細節性記述，足以彌補正史的不足。

邢老又是一位具有冒險精神的探險家，一生經歷險情無數。難得可貴的是，他在每一次的考察探險中，對所見所聞都做了詳細的筆記，拍攝了大量的照片，並盡可能地收集各種相關的歷史資料。邢老在他的家中曾向我們展示了當年入藏途中的遊記手稿，和在四川、西藏、雲南各處考察探險時的原始日記，以及他所收集的西藏早年發行的銀票和郵票、西藏和印度邊境的通行證、地方政府簽發的馬牌等等。他所拍攝的近千張照片，內容包羅萬象，其中有世上僅存的一張年幼的十四世達賴喇嘛入主布達拉宮前在拉薩郊外休息的照片，漢藏雙方的軍隊為解決大金寺武裝衝突事件的談判會議現場，西藏寺廟中高僧活佛們日常起居的情形，大願節時的跳神儀式，藏南咱日山內「野人」部落生活實錄，國民政府駐藏辦事處官員們的留影，拉薩小學的學生生活素描，甚至連三大寺中「武僧」的訓練場面都被拍攝了下來。這些照片儘管已經年久變色，畫面卻仍顯清晰生動，尤其是與口述記錄、遊記手稿相互參照時，給人以強烈而又逼眞的觸摸鮮活歷史的感覺。

從一九九八年開始，我們先後對邢老進行了二十多次的採訪，錄成四十多卷錄音帶。將錄音初步整理成文字後，再根據整理情況摘錄出一些需要補充的細節問題，進一步採訪，經過多次反覆的挖掘和追憶，做最大限度的補充。聲音記錄轉換成文本後，我們再參照相關的歷史文獻，對口述文字與原有的遊記、日記及大量的珍貴照片進行合理的穿插編排，使得口述記錄能夠與歷史文獻達到相得益彰的互證效果。

邢老的經歷所涵蓋的時空廣闊，人物眾多，尤其是涉及佛學及藏傳密教的部分，需要參證大量的文獻，才能眞實復原當時佛教活動的歷史面貌。往往爲了一項細節的查證，要經過洛杉磯—北京之間橫跨太平洋的數次聯絡，三年內點點滴滴的工作持續不斷，直至各項因緣具足，方才功德圓滿，使這部口述自傳得以問世。我們希望這本書能爲近代政治史、社會史、宗教史、民俗學、社會學、人類學的研究提供一份眞實可靠的歷史紀錄。這也是邢肅芝老先生的心願。

張健飛　楊念群

二〇〇〇年四月初稿於北京

二〇〇〇年六月定稿於洛杉磯

江蘇

南京

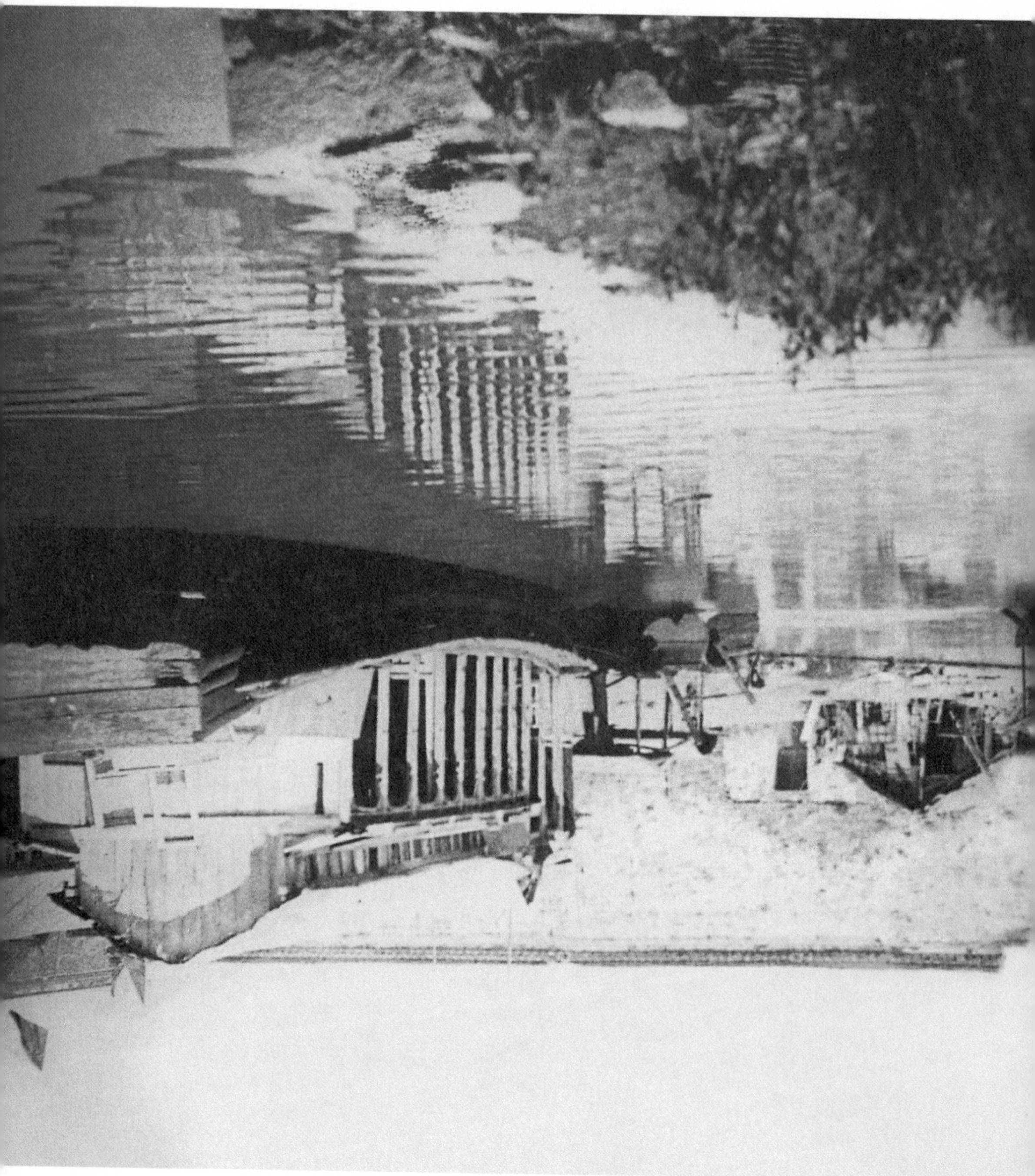

江蘇

南京

【第一章】

童年記趣

亂世記憶

我於一九一六年十一月十九日出生於南京，在家中排行第三，上有兩位兄長，下有兩個弟弟和一個妹妹。我的父親是個商人，在南京和寶應縣城經商，母親在家中操持家務。我的全家祖輩虔信佛教，父母親常年拜佛，叔父也是出家人，在揚州平山堂大明寺擔任方丈。小的時候母親帶了我去看望外祖父，外祖父見我聰明伶俐，十分喜愛，於是將我帶在他的身邊，就這樣我跟隨外祖父度過了自己的大部分童年。

外祖父的家離我們住的地方不遠，只相隔幾條街。外祖父姓沈，在寶應縣城開了一間衣店，買賣舊衣服。那時這是一門不錯的生意，大部分的衣服來源於縣裡的當鋪，當鋪給顧客三個月的時間贖回所當的衣物，如果三個月過後顧客不來贖取，當鋪還可以再延期三個月，到了六個月時還沒有人來贖，當鋪就可把衣服自行處理，賣給衣店，衣店可將這些衣服轉手零賣。因此每當寶應縣城當鋪中的衣服到期沒有人贖回時，當鋪就將這些衣服交給外祖父的衣店。這些衣服有不少是質地上等的貨色，因爲不好的和不值錢的衣服，當鋪是不會隨便接受的。

在我的記憶中，外祖父是個十分守舊的人，思想非常保守，而且爲人固執。外祖母則爲人和藹，勤勞賢慧，是一位典型的中國婦女。外祖父有兩個兒子。長子，也就是我大舅，從小在家受盡了外祖父嚴厲的家教，終於有一天到了忍無可忍的地步，離家出走逃到了上海，從此不再回家。次子，即我的小舅舅，不是我外祖母所生養，而是外祖父早年在外面有外遇時的結果。他長得很英俊，但喜歡成日在外面遊蕩，或許是受不了外祖父的管教。大舅出走後，外祖父爲了防止小兒子步上老大的後塵，將一條鐵鏈子拴在他的腳上，只讓他在屋子裡活動，不准出屋半步。

我那時只有四至五歲，不明白爲什麼小舅舅腳上要戴鎖鏈。去問母親，母親告訴我小舅舅因爲不聽話到處跑，所以外公要把他鎖起來。那時候還是軍閥割據的舊時代，父母可以隨便管教子女，沒有任何法律的限制。到了小舅舅該結婚的年齡，外祖父爲他迎娶了一位蘇州姑娘。新娘子容貌漂亮，也十分賢慧。但儘管成了家，小舅舅卻依然被外祖父強制鎖在家裡，沒有活動的自由，只能與妻子相伴，終日生活在自己的小房間內。眼看著小舅舅被關在家中無所事事，外祖父便要他練習裁縫手藝，白天給人家縫製衣服，到了晚上就和妻子睡在同一個房間裡。我這位小舅母爲小舅生了一個女兒，可是產後沒有多久，她便一病不起，離開了人間，就死在和小舅舅朝夕相處的房間裡。那時我年紀還很小，記得小舅母去世的時候，我坐在小板凳上，好奇地向小舅舅住的屋裡張望，只見小舅母很安詳地躺在床上，鄰居們來來往往，爲她換上壽衣，準備裝入棺材。發喪時，小舅母的娘家沒有任何人來，大概她是個窮困家庭的女子。小舅母去世以後，外祖父心裡明白他再也拴不住小兒子的心了，於是主動去掉了小舅舅腳上的鎖鏈。

獲得了自由，小舅舅如出籠之鳥，遠走高飛，從此就杳無音信，留下了自己幼小的女兒與外祖父相依爲命。當時我的外祖母已經去世，接二連三的打擊使外祖父一下子蒼老了許多。

儘管外祖父對自己的兒子十分嚴厲，但對我這個外孫卻非常寵愛。他教我認方塊字，讀百家姓，是我的第一個啓蒙老師。我的記性好，有時外祖父不記得把東西放在什麼地方了，就來問我，我準能幫他找出來。

自從外祖母去世、小舅舅出走以後，外祖父便不再做買賣，靠放債收利錢生活。附近做買賣、開飯店的人都喜歡向他借錢，於是外祖父每個禮拜就要出去轉一圈到各家收債。靠著利錢的收入，我和外祖父生活過得相當不錯。記得不少飯店欠外祖父的錢到期不還，外祖父收不到錢，於是就乾脆帶了我去這些飯店吃飯，爺孫倆吃完了也不用付錢，抹一抹嘴就走，飯錢就從飯店欠的債裡扣除。到了我八歲那年，外祖父去世了，臨終前他一把火燒掉了手上所有的債據，從此與鄉親們兩不相欠。

我童年的時候，中國正處在軍閥割據的混亂時期。我的家鄉是軍閥孫傳芳的勢力範圍。

大約在我六歲那年，北伐軍打到了江蘇，與孫傳芳的軍隊在運河一帶激戰。這一仗打下來，孫傳芳大敗。記得那時國民革命軍使用的武器非常落後，不少士兵手裡拿的是長矛或鉤鐮槍，全憑湖南人強悍勇猛的士氣衝鋒陷陣，打敗了強敵。孫傳芳曾經就讀於日本士官學校，懂得軍事，佔據了江南富庶之地，號稱五省總司令，勢力強大。當時他的一部分軍隊駐紮在寶應縣，我和外祖父出門時常看到軍隊在操練。

不久，孫傳芳聯合了山東軍閥張宗昌的力量反攻國民軍，一直從徐州打到瓜州。這時南京的指揮官是白崇禧，指揮國民軍在南京與鎮江之間的龍潭再次大敗孫傳芳的軍隊。這一次孫傳芳的部隊被打得潰不成軍，猶如潮水般地日夜兼程向北方落荒而逃，路過寶應時，我看到團長坐在轎子上被人抬著，士兵則是一路搶劫而來，可以說是遇店便搶。這天我父親正好出門辦事，劈面遇到一夥剛搶完布店的敗兵，正在把搶來的布匹裝在一輛黃包車上準備拖走，見到我父親，不由分說便當場抓了壯丁，強迫他拉著載滿布匹的黃包車隨軍撤退。父親腦子機敏，沒走多遠就推說肚子痛要上廁所，乘機鑽入一條小巷溜回家中，逃脫了與家人離散的命運。後來我聽說有的鄉親被抓壯丁後，被迫拉著搶劫的錢財從上海隨軍一直到了山東。

孫傳芳經過這一次失敗，再也無力東山再起，以後隱居在天津居士林學佛，最後被一位女子暗殺。這位女子的父親早年被孫傳芳殺害，女子爲父報仇，一時轟動了全國。

外祖父去世後，父母把我接回到自己的家裡。那時父親經營煤和鐵的批發，將外地批發來的鋼鐵在當地零售。家裡還擁有一百畝左右的田地。蘇北運河一帶自古就是中國的糧倉，以前所打的糧食都要運往北京，年成好的時候，家中每年可收一百擔上下的稻穀；年成不好，收入就要打折扣；如遇荒年，還有可能顆粒無收。靠著父親的生意和收地租，家裡的生活還算寬裕。

不知爲什麼，自從回到了自己的家，我便開始生病，接二連三地打擺子（編註：方言，指患瘧疾），父親經常帶了我找城裡的醫生看病。醫生開了方子，我們便去藥鋪抓藥。那時候的藥鋪可以記帳，抓藥時不必付現錢。布店也是一樣，如果一家人孩子多，可以先把布拿回家縫製衣服，到了年底布店才會上門收帳。因爲城裡的居民不多，左鄰右舍彼此認識，相互賒帳比較放心。藥吃得多，對中藥材就慢慢熟悉了，走進中醫鋪，只要看到台子上放的藥，我便知道大概是哪幾味。

中藥吃了不少，我的身體卻不見起色，依然是三天兩頭地生病。眼看著我的病總是醫不好，父母親於是請來了一位算命先生爲我打卜算卦。算命先生告訴父母親說，你們這個孩子在家裡是養不大的，如果想要他活下去，除非送到廟裡。我們全家祖輩信奉佛教，我的二哥和叔父都出了家，叔父還在揚州平山堂大明寺做方丈。我父親認爲，出家本是很有功德的事情，如果到私廟出家，將來可以把廟繼承下來，廟裡有財產，不必爲生活擔憂，而且受人尊敬。於是父母親聽了算命先生的勸說，在我八歲那年，把我送到了興化縣的安樂寺。

初入佛門

我的第一個師父名叫脫老，人長得很高大，他原來是安樂寺的方丈，退居後，廟子專門建了一棟帶花園的洋房供他居住，就在寺廟的旁邊。我是脫老的第一個徒弟，老人家一見我就十分喜愛，爲我這個小徒弟縫製了許多新衣服。我和師父一起住在花園洋房裡，地方寬敞而幽靜。安樂寺是個大廟，住有不少和尚。廟裡的新方丈非常嚴厲，對於和尚的行走坐臥都有各種規矩，比如走路時不可把袍子大袖甩起來行走，不可昂首闊步，要抄著兩手慢慢行走等等。這些嚴格的清規戒律對於我這個剛剛入門的小孩子一時很難適應，好在脫老師父對我十分慈祥，百般照顧，從不呵斥。師父將我送去讀書，學費由他支付，每天早上傭人背著我去鎮上的私塾，到了下午三點放學以後再把我背回寺廟，凡事都有人服侍，把我當成了小少爺。

算命先生的話果然很靈驗，我自從進了安樂寺，便不再生病了。

興化縣是個魚米之鄉，鄉民生活比較富庶，經常來請廟子的和尚去做各種法事，比如念經超度等等。安樂寺因此香火旺盛，幾乎每天晚上和尚們都要外出做佛事，連傭人也要隨同和尚一起做幫手打雜。中國人的習慣是人死了在家停放七天，每天要請和尚念經，幫著照看屍體。另外，每個人死後的周年紀念日，常常也會請和尚上門爲過世的親屬念經。安樂寺廟子上有幾十個和尚，每天晚上都要出去念經，每次念經，每個和尚都有收入，記得似乎是每人一吊錢；服侍和尚的傭人也有收入，他們有一套分配收入的方法。比較流行的一種法事叫做放焰口，爲死去的人超度亡魂。一次放焰口需要五個和尚，一個和尚做主持，其餘四個幫手念經。外出做法事時，一組和尚再加上幾個負責抬法器的傭人做挑夫，傭人除挑法器外，還要負責法事的搭台及撤台等工作。這些傭人在廟子裡的時間長了，懂得不少做佛事的規矩，被稱作道人，意思是有道之人。因爲每次隨同和尚外出打雜都能夠分到一份酬勞，他們自然很願意外出打雜。這一類的和尚被人稱爲「趕懺和尚」，他們每日白天睡覺，晚上外出爲人做法事，常年如此，根本沒有時間認眞地學習經論和修行。

就這樣，每天到了傍晚時分，安樂寺的和尚和道人便全部出動，偌大的廟子頓時變得冷冷清清，只剩下師父脫老和我一老一小兩個人。天黑以後，廟子裡更加寂靜，四下無人，一有風吹草動或者什麼聲響，我便覺得心驚膽戰。睡覺時，整個身子縮在被子裡，頭也不敢伸出來。三個月後父親到廟子來看望我，我請求他一定要帶我回家，父親被我纏得沒有辦法，只能帶我走。師父脫老見留不住我，知道法緣不順，但心裡依然十分難過，聽說他從此以後再也沒有收過徒弟。

怪得很，離開了廟子，剛剛回到了自己的家，我便又開始生病。父母親記起了算命先生的話，只好再一次爲我找廟子出家。經過了一番打聽，揚州平山堂大明寺的方丈自壇老和尚正好想收個徒弟，於是家裡便把我送到了揚州的大明寺。

大明寺出家

大明寺是個有名的寺廟，歷史悠久，鑑眞和尚是唐朝時這裡的方丈，後來他東渡日本，成爲日本佛教的一代宗師。寺廟座落在揚州瘦西湖邊，風景秀麗，吸引了不少的遊客。寺內有一座瓊花園，很有名氣，園裡種滿瓊花。當年隋煬帝看瓊花正是在揚州，所謂「瓊花一現」，指的就是這個地方。

大明寺沒有多少田產，因此算不上是富裕的寺廟。我剛剛到那裡的時候，廟子的很多地方已經荒蕪而殘破，只有招待遊客的那一邊還比較熱鬧。寺裡有座大殿，殿內三尊大佛，十六羅漢。除瓊花園之外，寺的東面有放鶴亭，有個七彩玻璃廳，廳的後面就是方丈室。我常在招待遊客的地方看書，那裡有兩三間房子，夏天可以納涼，環境很好。大明寺不對外做佛事，主要的收入來自遊客。廟裡有一眼泉水，號稱天下第五泉，水味清甜，泡出的茶清香可口。遊客到了這裡，一般都會要上一壺茶，一面品茶歇息，一面觀賞瘦西湖的美景。廟子也向遊客提供素齋，素齋的名菜有口外蘑菇，用張家口內蒙古一帶出的蘑菇，菜一上桌，香味撲鼻。其他還有素火腿、素雞等。素齋的價錢不定，由客人隨意，有的給多，有的給少，但一般的遊客都不會太吝嗇，有時遇到上海來的有錢人，出手更大方。

歷史上不少名人曾經來此一遊，在寺廟留下很多墨寶，比如乾隆皇帝下江南時，就在這裡留下了不少的詩文。廟子出售名人的墨寶字帖，購買的遊客也很多，靠了這些遊客，大明寺每年能夠得到一筆可觀的收入。

中國的寺廟大體分爲兩種類型，一種叫作十方叢林，另一種叫作私廟。十方叢林的廟子財產屬於寺廟所有，不屬於方丈或哪個私有，方丈只是寺廟的管理人，不擁有寺廟的財產。一旦方丈退休或離去，寺廟會從本廟的法師中推舉一位新的方丈，或從外面請來一位有聲望的和尚來擔任；這叫作傳賢不傳子。另一種寺廟是屬於私人擁有的，叫作私廟，它是方丈私人的財產，方丈可以把它傳給自己指定的徒弟，徒弟再傳給徒弟的徒弟，就這樣如同一個家族世代相傳，被稱爲傳子不傳賢。

從清代以來，傳賢與傳子都有各自的系統。

大明寺是一座十方叢林的寺廟，自壇和尚是大明寺的方丈，除了管理寺廟，他自己還擁有一座私廟，座落在寶應的氾水鎮，叫作太平庵。這個廟子是他用自己的錢從別人手中買下來的，準備退休以後移居到那裡。我做了自壇和尚的徒弟，但人並不住在大明寺，除了夏天時到大明寺消夏以外，大部分的時間都住在他的私廟太平庵，以及自壇和尚早年出家的廟子，叫作種善寺，這個廟子也是一間私廟。

太平庵地處鄉下，周圍沒有學校，上學要步行三十哩路到氾水鎮。爲了方便我接受教育，自壇師父安排我到鎮上的種善寺去住，學校放假時再回到太平庵。種善寺是他當年出家的地方，方丈名叫脫凡老和尚，是他的師父，我的師公。由於我的師父是這座廟子的當然繼承人，而我又是我師父將來的繼承人，住進廟子是理所當然的。師公脫凡老和尚一見我就很是喜歡，百般照顧，每天派人送我到鎮上去讀私塾。

氾水鎮上的這間私塾是由一位前清舉人，名叫張小湖的先生興辦的。張先生在本鄉才學出眾，教書認眞，對學生管教嚴格，在氾水鎮遠近聞名。他對學生的收費不便宜，每年要十二個大洋，在那個年代是一筆不小的費用。我的學費自然是由種善寺來支付。我從小經過外公的啓蒙，教我讀書寫字，打下了很好的基礎，跟隨張先生學習，進步很快，一年下來，已經能讀《古文觀止》了。就這樣，我每天去跟張小湖先生讀書，放學回到廟子後凡事有人侍候，不需勞動，每日三餐，早上吃粥，有小菜，有時也有燒餅油條，中午吃米飯，幾樣小菜，午飯過後又去上學。我喜歡寺廟的生活，和廟裡的人都相處得很好，廟子裡安詳而恬靜，晚上睡覺也不必再擔驚受怕。從此以後，我的身體一天天地好了起來，再沒有生過病。

種善寺的香火

種善寺的廟子不算大，但是香火旺盛，左鄰右舍上門進香求籤的人很多。種善寺的旁邊有個小廟，廟裡有一尊鐵鑄的觀世音菩薩像，傳說是許多年前被大水沖來的。江水怎麼能把一尊偌大的鐵菩薩沖上岸呢？沒人能夠解釋這一點。總之，這尊菩薩像很靈驗，每天都有不少前來進香的善男信女，到了六月十九日觀世音菩薩誕辰這一天，上香的人更多，爲廟子帶來一筆不小的收入。

廟子請了一個專人，負責引導香客們向菩薩像進香，也幫進香的人解籤。這個人姓紀，沒有人記得他的名字，只知道他在家裡行三，於是廟子裡的人都稱他爲紀三。聽說這個紀三曾經是個秀才，讀書用功過了頭，變成了書癡，腦子出了毛病，做事遲鈍，沒辦法謀生。廟子收留了他，管他的吃住，派他去菩薩殿幫人進香解籤。紀三雖然做事不靈，時常會顚三倒四，可滿腦子四書五經，卻是一句不忘，隨便你問他哪一段，都能倒背如流。他每天不停地爲人解籤，收到錢分文不留交給老和尚，作爲補償廟子爲他提供的飯菜和住宿。

中國的佛教和廟宇到了晚清末年已經是衰敗不堪，民國成立後，連年的軍閥混戰，使得國運衰微，社會混亂，佛教事業更是一落千丈，早已失去了一個宗教應有的地位和尊嚴。在鄉下地方，廟宇遭人佔用、寺廟財產被人侵吞的事情常常發生。警察局的人、地方民團的人、各路軍閥的軍隊都到廟子來強駐，一旦駐進來就趕不走。政府沒有足夠的錢發給警察局，於是警察局就去佔廟子的地方來用，民團、軍隊也是一樣，覺得寺廟的和尚好欺負，他們可以隨心所欲地霸佔寺廟的財產。在地方上有很多人是專吃佛教的，連新聞記者也來吃佛教。這些記者來到廟子上張口便說，「和尚，搞一桌素齋來吃吃嘛！」有時候還帶了妓女一起上門。寺廟一不小心沒有招待好，這班記者便會在報章上寫上一篇文章胡亂誹謗。大明寺後來的方丈止安法師就是因爲沒有招待好上門的記者，惹了大禍，被一個記者在報紙上寫文章說這個和尚是共產黨，結果被當局不分青紅皀白地抓了去坐牢，一關就是幾年，後來廟子走了很多關係才把他放出來。

寺廟爲了生存下去必須仰仗地方政要和豪紳們的支持，偶然不小心得罪了地方上的哪一方勢力，都可能爲寺廟帶來滅頂之災。正因爲如此，大多數寺廟的方丈不一定是修行最好、證德最高的和尚；當方丈必須懂得世間法的應酬，要善於交際，能夠八面玲瓏，和各方人士處好關係，才能夠將寺廟維持下去。

記得我的師父自壇和尚經常去和地方的政要名人交際，有時還要陪鄉董打牌，這是一種當時在鄉下很流行的小紙牌；過年過節時也要上門送送禮，或請他們吃頓素齋，靠了這些關係維持著寺廟不遭人侵擾，求得平安。所以說中國大多數廟子裡眞正有扎實佛學基礎、有道行的和尚並不多，一般只是接受過一些佛學教育。只有大的寺廟，如北京、上海、天津和山西等地的廟子，才有不少具有學識修養、證德證境的法師，地方上小廟子的和尚多數時間用在應酬上，哪還有多少時間修行呢？

我小的時候，鄉下掀起了一股辦學運動，各地紛紛開始辦學校，一時蔚然成風，辦學校找不到校舍便去強佔寺廟來用。泛水鎮有一戶姓芮的人家，是當地的大戶，財大勢大，是個學霸。芮家想要在鎮上辦一所學校，找不到合適的地方，就來打種善寺的主意。一天，脫凡老和尚接到了一份芮家派人送來的租約，租約上說要租廟子的地方用，講明從何日開始起租，付多少租金。不等老和尚表態，芮家的人便硬是搬了進來，一下子強佔了廟子三分之一的地，辦起了學校。租金只是在開始時象徵性給了一點，以後就再也沒有付，明說是租用，實在是搶佔。老和尚生性懦弱，不敢得罪芮家，連個不字也不敢講。沒有多久，芮家看到老和尚太好欺負，於是變本加厲，又把廟子強佔了三分之一。這一次連租約也省去了，索性半夜三更時派人把廟子大殿上的佛菩薩像搬了出來，堆在院子裡。第二天早上和尚們從睡夢中醒來時，廟子的大殿已經變成了學校的教室。老和尚再一次忍氣吞聲，敢怒而不敢言。

看著寺廟遭人強佔，師公被人如此欺負，我的心裡十分氣憤。離開種善寺的時候，我發願將來長大成人有了本事，一定要爲廟子討回公道，把姓芮的傢伙趕走，但這個願望始終沒能實現。後來聽人說，芮家的學校辦得很好，是一間縣立小學，爲當地培養了不少學生。這個學霸也算是爲泛水鎮的鄉親們做了件好事。

太平庵的小主人

每年到秋收的時候，學校便放假了，這時我便離開種善寺，回到鄉下的太平庵，在那裡度過假期。

太平庵是我的師父自壇和尚買下來的，屬於他自己的廟子，我作爲他的徒弟，將來可以繼承下來。廟子地處鄉下，四周是農田，後面有一片竹林。廟的周圍有一條小河環繞，小河與一條大河相連，每年到了秋天收穫的季節，運送稻穀的船隻從大河順流而下進小河，一直到達廟子的門口。由於太平庵是私廟，除了過年，平時是不對外開放的。廟子的門口有一座吊橋，平時拉起來，有人上門時，廟子裡的人會先看清來人，再放下吊橋。環繞寺廟的小河成了一道屏障，將寺廟與塵世隔離。

太平庵周圍有一百多畝的農田，原本是屬於當地一位姓華的大地主所有。華家有幾個兄弟，為了爭這片田地吵得不可開交，最後家族決定把這塊地捐給太平庵，免得兄弟為此而不合。廟子接受了這塊田產，將它租給佃戶，每年向佃戶收租，因此能夠自給自足。佃戶姓徐，是兩兄弟，廟子裡的人稱他們徐大、徐二。他們常年耕種太平庵的土地，向廟子繳租，有時也為廟子做些雜事。

自壇師父本是大明寺的方丈，平時大部分的時間在大明寺，不住在太平庵，廟子就交給了兩個老傭人打理，一個傭人負責種植廟南的菜田，另一個負責管理寺廟。從我來到太平庵，便成了庵裡的小主人，每天看著傭人打理寺廟和田產，很快就學會了不少這裡面的訣竅。

江蘇一帶的農田每年收穫兩季，一是麥季，另一個是稻季。麥季在四月，稻季在八月。那時鄉下的習慣是，租稅由主人向縣政府支付，春天的小麥和田埂附近所種植的蔬菜及黃豆、蠶豆等雜糧，甚至附近空地上種的菜，收穫後全部歸佃戶所有。他們把大部分的農產品拿到市場上去出售，餘下一些自用。佃戶到春收、秋收的時候要往田地中施肥，他們所使用的一些農具，如供灌溉用的木製水車等等，歸主人家修理。每年要把水車搬進廟子，由廟子請木匠塗上桐油進行保養。稻季收穫了以後，佃戶要向主人繳租。收租的時候就有很多名堂，鄉下一石米約為一百斤重，十斗為一石；兩斗半爲一斛，四斛爲一石；一石爲十斗，十升爲一斗。用斛是有講究的，當把稻子往斛裡倒的時候，中間是不實在的，看上去滿了，實際上中間是空的，只要用腳一踢，稻穀馬上就會下沉一大截，一般來說至少會沉下去一升，以斛頂的木槓爲準，斛裡的稻穀就顯得不那樣滿了，這時必須再往上補，直到補滿爲止。每年到了佃戶上門交租時，我們做主人的要備下飯菜，好好地招待佃戶。菜有四大碗，有肉有雞，全部是葷菜，因爲鄉下人可不稀罕素菜，還要加上一個湯，讓佃戶們吃得滿意開心爲止。

爲了圖一點小利，農民有時候會玩一些小花樣。我們的家鄉出產菜籽，到了收購菜籽的那一天，有的農民就把菜籽放在大壩子上鋪平，然後在菜籽上潑上幾擔水，這樣菜籽的份量加重了，便可以多賣些錢，我親眼看到他們在做手腳。菜籽被潑上幾擔水一般不容易發現，可是潑了水的菜籽是不能榨油的，時間一久便會發霉。我們的廟子後面有一片竹林，每到冬天，廟子周圍的小河結了冰，這時就有人在夜裡踏冰過河，偷砍廟裡的竹子，防也防不住。

農民耕地的時候往往會向外擴展，這樣逐年累月，地就慢慢地多了出來。每隔若干年，地主就會要求清丈，即重新丈量土地的面積。這是農民最不情願的事情，因爲第一，清丈要辦酒席請客，由佃戶負責，這是一筆不小的花費；第二，清丈後量出的土地多了，就意味著要多繳租，對於佃戶當然是不利的事情，因此佃戶不會輕易答應。但是由於利益關係，主人也不會放棄，一旦主人堅持要求清丈，佃戶們是無法拒絕的，往往就產生了矛盾。每次清丈時要由佃戶辦酒席，由地主請出當地鄉紳做公證人，以及清丈的工作人員負責丈量。丈量的方法是把滕子連接起來測量田地的面積。

記得有一年太平庵上提出要清丈，佃戶徐大、徐二兩兄弟心裡萬分的不樂意，但是主人的要求不能不答應。廟子請來鎮上姓胡的鄉紳做公證。這胡家是泛水鎮上最有名的家族，胡老太爺是當地的鄉董，講話很有份量，地方上打官司鬧糾紛時，通常先請他來調解，他往往說句話就能將事情擺平。我們的自壇老和尚時常去拜訪胡老太爺，陪他打小紙牌，大家相處熟了，廟子上一旦有什麼事情他自然會照應，爲了寺廟的生存，這些世間法的事情不得不做。這胡家又是我的私塾先生張小湖的兒女親家，張先生把自己的女兒嫁給了胡家的大少爺，於是鎮上最有學問的人家與最有錢財的人家便結了親。胡老太爺應了廟子上的請求爲這次清丈擔任公證，派了幾個手下的人來監督清丈，清丈的結果使徐家兄弟破費了不少：要辦酒席招待鄉董，清丈多出的土地以後還要多繳租，自然少不了一肚子的怨氣。

每到秋天的收穫季節，送稻穀的船沿著大河順流划進小河，一直抵達廟子的門口。稻穀運進寺廟後，廟上並不立刻出售，而是先囤積在廟中，到了廟裡要用錢的時候再把糧食賣出去。鄉下有專門的人打聽誰家要賣稻子，然後前來收購。由於寺廟裡儲存有充足的稻米，不但不用去市場上購買糧食，還可以用米去交換別的食物，比如說遇到賣豆腐的小販來了，廟裡便用米去和他交換豆腐，彼此以物易物，而不需付錢。廟裡的一個老傭人負責管理糧食，他用一種叫礱子的工具，把稻穀的外殼去掉，然後再碾成細米。篩出來的稻米外殼可以用來餵廟裡餵養的雞鴨，廟裡是不養豬的。

由於是私廟，太平庵平時並不對外開放，只有在過年的初一到十五這段時間敞開大門，讓左鄰右舍的鄉親前來進香，唱戲的、要飯的都來，熱鬧非常，一直到正月十五爲止。每年初一第一位來上香的便是將田地捐給了廟子的華家，由於是大施主，每年的第一炷香照例是留給他們來上。到了這一天，華家全家老少一大早就來到廟子，敲鑼打鼓而來，來上第一炷香。從前的大施主來了，廟子上自然要特別招呼。華家的人平時是不來的，初一這天來了就要待上一整天。全家人先是恭恭敬敬地禮佛上香，祈求佛菩薩保佑闔家平安，福報增長；然後到廟子後面休息，賭錢作樂。他們用六粒石子，分成莊，大家都有輸贏，這種賭法在鄉下很流行。華家的人用銅板賭，來的時候腰裡綁了腰帶，腰帶裡裝滿了銅板，沉甸甸的。過年在鄉下是最大的節日，每到此時，男女老少總要玩到盡興，華家人要在廟子裡待到天色差不多黑了，人也覺得疲倦了，一家人才慢慢離去。到了正月十五那天，全家再來進香一次。

廟子雖然對外開放，但偶爾也會接待一兩個熟人朋友。有件事情很有意思，我的師父有個朋友，也是和尚，欠了人家的錢還不出，過年時就帶了徒弟跑到我們的廟子躲債，這叫作躲年，因爲債主一般是在過年的時候上門討債。和尚在我們這裡一直住到正月過了才走，這樣就不用還帳了。出家人也免不了要躲債的，有時和普通在家人一樣也會債務纏身，爲了躲債而藏在廟子裡。

我在泛水鎮度過了三年多的時光，平日在鎮上跟隨張小湖先生讀書，放假的時候便到太平庵消暑。張先生教學認眞，要求嚴格，幾年下來，我讀書進步很快，已經通讀了《古文觀止》和《四書》等，能作對聯、作文了。

在十二歲的那年，爲了使我早日開始學習佛教理論，我的師兄，即我的師父自壇和尚的大徒弟雪松法師，將我送到揚州附近的放生寺，這是一座屬於天臺宗的寺廟。在那裡，我開始學習佛教的基本理論以及天臺宗的四教儀、大小止觀等，同時跟隨一位前清貢生馬老先生繼續學習國文。又過了一年，我收到了師兄雪松法師的來信，他本人在九華山接受了系統的佛學教育，對於因明學有很深的造詣。信中他告訴我說在鄉下受的教育屬於舊式教育，是沒有什麼前途的，他要我去鎮江接受新式的佛教教育。那時他正在鎮江超岸寺的玉山佛學院任教，希望我能去那裡學習。於是，我聽從了師兄的建議，告別了放生寺，前往鎮江求學。

新式佛學教育

鎮江的超岸寺玉山佛學院是超岸寺的方丈蕙庭法師創辦的，蕙庭法師非常欣賞我師兄的才華，請他來參加佛學院的教學，爲學生教授因明學；蕙庭法師自己教授唯識學，另外請了一位章太炎先生的高足來講授國文。佛學院由於師資優秀，一時吸引了來自江蘇各地的一百多名學生。我在佛學院的學習收穫很大，系統地學習了《成唯識論》、《因明論》、《俱舍論》等，爲我以後研究經論打下了十分堅實的基礎。在國文方面，由於有名師指點，進步也很快，作文常拿第一名，不久就成了學校裡名列前茅的學生。蕙庭法師一直很喜歡照顧我，不僅因爲我學習的成績好，也因爲我是雪松法師的師弟，而雪松法師又是他最心愛的弟子。每次上殿時，作爲與方丈最親近的弟子，總是由我來爲蕙庭法師捧香爐。在我十四歲那年的年三十晚上，我照例手捧香爐跟隨蕙庭法師上殿，就在我將香爐放到供桌上時，香爐卻翻了，這是從未發生過的事情，我立刻將香爐重新安放好，心中十分不安。但蕙庭法師並沒有對我呵斥，他知道我平時做事一向小心。誰知這卻是個不祥的徵兆，過了年，蕙庭法師開始生病，不久便圓寂了，之後便由我的師兄雪松法師接任超岸寺的方丈。

超岸寺位於鎮江小碼頭，北固山的後面，廟宇依山而建，位置在金山和焦山兩山之間。鎮江這個地方是個佛教中心，有名的寺廟不少。金山的寺廟叫江天寺，離三國時劉備招親的甘露寺不遠，寺後有浮玉堂，山上有釣鱉亭，從那裡遙望長江波濤洶湧，風帆點點。天氣晴朗的時候，還可以眺望瓜州，風景極為秀美。我那時寄居在超岸寺內，而且又是方丈的近親，因此有機會認識當地佛教界不少大德，如金山江天寺當時的方丈寬靜和尚，以及當時在江天寺擔任監院的太倉和尚，他負責管理寺廟的財產，如收租等事項和做水陸道場，以後他接任了江天寺的方丈。解放以後，太倉和尚帶了一些錢去了香港，恰好我從西藏撤退到印度，又從印度到香港，在香港與他相遇。太倉法師後來去了台灣，做了台灣玄奘寺的方丈。我也曾親近超岸寺的守培老和尚、焦山定慧寺的智光法師、南郊竹林寺的振華和守芝法師等，其中守培老和尚是近代佛教界頗有名望的一位大德，當時已退休，他的文字書畫俱佳，著有很多佛學著作，時常與印順法師在《海潮音》雜誌上就佛學上的問題辯論。我那時跟隨老和尚參禪學習書法，每天臨帖詩詞一首。守培老和尚要我不要更換字帖，專心寫好一種字。他也喜歡陪我們學生寫文章，國文老師出了作文題目，他有時也隨興寫上一篇。老和尚的起居簡樸，每遇別人求字時，寫好了，便放入袖中，親自乘黃包車送去，從不差遣傭人去送，以免讓對方破費賞錢。

超岸寺是一所十方叢林，有近百個和尚，寺廟有嚴格的叢林清規，這裡的生活起居與私廟決然不同。每天清晨五點，鐘聲敲響，和尚們就要起身，然後上殿，做早課；早課結束後，我們立刻換上便裝赴齋堂吃早飯，然後開始上課。每日上下午都有課，生活緊張而豐富。

超岸寺、竹林寺和金山寺等都是大廟，屬十方叢林。有的廟子很富有，比如金山寺，每年收租幾千擔，可以養活一百多個和尚。這一類的寺廟一般不派和尚出去念經做法事，要做法事的人到廟上來，廟子告訴你做什麼樣的法事要花多少錢。上門來求法事的差不多都是大施主，有時為了辦一次水陸道場要花上幾千、甚至幾萬塊錢。水陸道場的儀式通常有一百來個和尚參加，分內、外壇。內壇裡邊分主壇、副主壇和正表三個人，主壇中和尚要念經和念咒，還有音樂伴奏，總共有十來個人左右；內壇只有施主可以進去，外人是不可以進去的。外壇則由和尚分壇念經，如華嚴壇專門念《華嚴經》，法華壇專門念《法華經》，超度死者的亡魂。法會上使用的樂器主要有笛子、板鼓等中國傳統樂器。奏樂的人很有講究，這些法師大部分都在江蘇龍潭隆昌寺接受過正規訓練。水陸道場一般要誦經三十幾天，和尚們的體力消耗很大，因此飯菜的品質要求很高，還備有參湯、蓮子湯等等，這些都是要施主供養的，由此可知這一場法會的耗費有多麼巨大。

隆昌寺又叫寶華山，是中國佛教八大宗之一律宗的基地，以傳戒而享有盛名，寺廟每隔一兩年傳一次戒。從前江浙一帶的和尚都在那裡受戒。寶華山的規矩很嚴，凡到寶華山的僧人都要接受嚴格的唱、念訓練。以前到寶華山受戒的和尚都要燒戒疤，現在則免去了。原始佛教在印度時本沒有這一項規矩，這是中國特有的產物。

大的寺廟裡一般都設有知客室，有專人負責，稱爲知客，招待各地來的客人。當時社會上有許多行腳僧，自己挑著擔子四處遊歷，參訪禪師。這些行腳僧從來不住旅館，走到哪裡，就在哪裡的廟子歇寄宿，這叫作掛單。寄宿的時間沒有限制，隨便他們住多長時間都可以。離開的時候，行腳僧要向知客辭行，感謝廟子上的招待，這叫作起單。比如某個行腳僧知道金山寺在做法事，那裡素菜做得很好，於是就到金山寺去吃素齋，金山寺自然也會按規矩免費招待他。不過傳子的私廟是不管招待行腳僧的，私廟裡不設知客室。只有屬十方叢林的大廟才能招待遊方僧人。

我那時有空常去南京，去拜訪在南京支那內學院學習的朋友，內學院地址在公園路一號。另外，在南京還有一個金陵刻經處，是在辛亥革命以後由楊仁山先生創辦的。那時候，支那內學院的院長是大名鼎鼎的歐陽竟無居士，他的兒子就是中山艦艦長歐陽格。我見到歐陽竟無先生的時候，才十幾歲，而先生已是名滿天下的佛學大家。他為人謙遜，毫無架子，而且十分樂意提攜後進。歐陽先生推薦我去向他的學生呂秋逸先生學習唯識宗。歐陽竟無的門生眾多，其中不乏名人，如後來成為大學者的熊十力等。學生中最為刻苦耐勞而不貪著到外面闖世界、立身揚名的，要算是呂澂（字秋逸），他聰明過人，學貫中西，年輕時曾在日本留學，通曉巴利文、德文、法文、藏文、日文等。歐陽竟無先生對他十分器重，死後就把學院事務交與他掌管。記得那時歐陽先生一般在吃早飯和中飯的時候向學生講課，其他時間不授課。在內學院中有幾個大學畢業後在那裡念研究生的學生，內學院向他們提供房子，不收房錢，伙食費則需自己支付。

在鎮江和南京支那內學院的學習，為我的佛學理論和國文打下了扎實的基礎，在十六歲那年，透過一次難得的因緣，使我初次接觸了藏傳佛教。

初聞密法

藏傳佛教又稱為密宗，是佛教中的一個重要宗派，是從印度直接傳入西藏的。西藏佛教的發展晚於漢地，唐朝初期，西藏王松贊干布統一了西藏的各個部落，建立了吐蕃王朝，並迎娶唐朝文成公主及尼泊爾公主為王后。兩位王后都是虔誠的佛教徒，在她們的影響下，西藏王也開始信奉佛教，使得佛教在西藏開始生根。這時的西藏還沒有文字，西藏王派遣貴族圖彌桑波扎帶領一批青年赴印度學習創制文字。圖彌等參考當時在印度流行的梵文字體而創立了以三十個字母組成的西藏文字，並模仿烏爾都文創制了草書體，這時大約爲西元七世紀的中葉。當赤松德贊接任藏王後，佛教在西藏開始有了長足的發展。赤松德贊從印度請來了著名的高僧寂護法師到西藏弘揚佛法，幫助西藏建立寺廟體制。但當時西藏的原始教「苯教」盛行，苯教的巫師們用各種巫術破壞佛教的建立，同時西藏的貴族唯恐佛教會傷害到他們的利益而暗中百般阻撓，寂護法師的弘法便遇到了各種障礙，難以進行。於是寂護向藏王建議請印度著名密宗的大成就者蓮花生大師入藏降魔弘法，藏王接受了他的建議。蓮花生大師應藏王的邀請由印度進入西藏，隻身一人，坐騎白馬，以無上甚深的佛法神通擊敗了沿途所有的外道邪魔，並使他們皈依佛教，成爲佛教的護法。蓮花生大師因此被西藏人尊爲藏傳佛教的祖師，他使得密宗在西藏得以發揚光大。

在這一時期，漢地的禪宗也傳到了西藏，以大乘和尚爲首的一批漢地法師來到了西藏弘揚禪宗。不久，藏王赤松德贊請大乘和尚以及來自印度在西藏弘揚密法的蓮花戒大師，在王宮舉行御前辯論。這場辯論持續了兩天，傳說大乘和尚在辯論中引述經論八十餘處，批評密宗的修法爲「漸修」，而禪宗則是「頓悟」。蓮花戒大師本是印度那爛陀寺的著名高僧，深通經論，針對大乘和尚提出的論據，一一引經據典予以反駁。這一場有名的「頓漸之辯」，最後以大乘和尚敗北而告終，使得西藏王室對於印度傳入的密宗更加崇尚。大乘和尚於是率領所有的禪宗法師返回漢地，禪宗也因此失去了在西藏發展的機會。

西藏佛教的發展大致分爲兩個時期，即前巨集期及後巨集期。西元八世紀末至九世紀初是藏傳佛教發展的前弘期，西藏的第一個寺廟桑耶寺在赤松德贊統治期間建成，開始有藏人剃度出家。到九世紀初，佛教的發展迅速，僧侶的數目不斷增加。僧侶們享有一定的特權，由人民供養，這就不可避免地要損害到一些貴族的利益，與貴族發生衝突，於是在西元八三八年發生了藏王朗達瑪發動的滅佛（編註：郎達瑪是赤松德贊的兒子，在位期間，對佛教採取禁絕措施，史稱「朗達瑪滅佛」）。這一次滅佛，使得佛教在西藏的中部地區被禁了約一個世紀。西藏流行的傳說是，從滅佛時在拉薩看到最後一個穿袈裟的法師，到穿袈裟的法師又在拉薩出現，這中間共歷經七十五年。

差不多在西藏發生滅佛的同時，佛教在印度正在走向衰微。印度佛教開始受到原印度教和後來伊斯蘭教的雙重迫害，寺廟被關閉，僧人遭到驅逐，不少印度佛教法師出走逃亡，這卻在一定程度上促進了佛教在西藏的再興。

吐蕃王朝在西元八四二年崩潰，西藏陷入長達四百多年的分裂混戰局面，出現許多地方割據勢力。

西藏的滅佛，實際上只影響了中部地區，佛教在邊遠地區仍然照常傳播。西元八六六年，吐蕃王室的後裔在阿里地區建立了古格王朝，並開始發展佛教。由於滅佛時期，佛教經典被大量地焚毀，使得經書缺乏。西元九七〇年，古格國王意希奧派遣仁清桑波到鄰近的迦濕彌羅，當時迦濕彌羅已經受到阿拉伯人的入侵，佛教僧人都願意到西藏來弘法，因此仁清桑波不僅取回大量的經典，而且還迎回一批高僧到西藏弘法。古格王室出鉅資建托林寺，用以供養僧人翻譯經典。仁清桑波成爲西藏歷史上的大譯師，對佛教在西藏的再興做出了卓越的貢獻，他不僅翻譯了大量的經典，同時也譯出大批的醫書，爲藏醫的形成和發展奠定了基礎。

西藏佛教的後弘期，一般認爲是從阿底峽尊者入藏開始的。阿底峽尊者，法名吉祥燃燈智，將印度佛教的體制完整地引進到西藏，使那爛陀寺、鹿野苑的僧侶制度開始在西藏實行。阿底峽尊者先是在阿里，後又應邀到拉薩聶塘講經、說法、修訂經典、傳法等，在西藏弘法共十七年，對西藏佛教後宏期的興盛起了重要的作用。

在前弘期時，西藏的佛教沒有產生教派，佛教的傳承以蓮花生大師所傳的金剛乘爲主。到了後巨集期開始，情況發生了變化。這是由於西藏那時沒有一個統一的王朝，各地封建割據勢力自行發展佛教，各自派人赴印度取經和投師，這樣便出現了不同的傳乘，形成各自的教派。尊奉前弘期舊傳承的，稱爲寧瑪派，藏文是古舊的意思；同時由於這一派的喇嘛多戴紅色的僧帽，在漢地俗稱紅教。西元十一世紀中期，著名的大譯師瑪爾巴多次赴印度拜師求法，從大德那洛巴學得大手印等法，創立了噶舉派，藏文的意思是口授；據傳這一派的祖師修法時穿白色僧裙，因此俗稱白教。白教後來又分成了至少八個支派，有四大八小之稱。在同一時期，後藏薩迦地區一位元名叫昆・貢卻傑布的貴族創建了薩迦寺，在此傳法，被稱爲薩迦派；又因爲這一派的寺廟圍牆有象徵文殊、觀音、金剛手三菩薩的紅、白、藍三色彩條，俗稱爲花教。而阿底峽尊者的教法爲其弟子仲敦巴所繼承，仲敦巴建立熱振寺弘法，創立了噶當派。西元十五世紀，宗喀巴大師以噶當派的教義爲基礎，針對當時西藏佛教各派存在的種種弊端，制定了一套嚴謹、次第分明的教義和嚴格的戒規，創立了格魯派。格魯在藏文裡的意思是善規，即善守戒規；這一派的喇嘛頭戴黃色僧帽，因此被稱爲黃教。除了紅教、白教、黃教、花教四大教派之外，西藏佛教還有一些小的教派，如覺囊派、息結派、霞盧派等，它們的規模一般較小，有些後來漸漸失傳。

密宗在唐朝時也傳入了漢地，唐玄宗開元年間，有印度大德善無畏、金剛智及其弟子不空等先後來華，翻譯密宗經典，灌頂傳法，創建了中國密宗，被人稱爲「唐密」或「眞言宗」。密宗在唐朝曾興盛一時，門人頗多，但在會昌滅法（編註：唐武宗在位期間，推行一系列滅佛政策，使佛教在中國受到嚴重打擊，史稱「唐武宗滅佛」）以後開始衰微，到了五代戰亂時已漸漸失傳，只有一些密咒流傳於各派的寺院。密宗在唐朝興盛時，以空海爲首的一批日本僧人來大唐學法，學成歸國後在日本創立了日本眞言宗，並且逐漸發展，自成一系，被人稱爲「東密」。本世紀初，東密從日本傳回中國，吸引了不少門徒。

自古以來，爲了維護漢藏關係及中央政府對邊疆地區的控制，歷代王朝都對西藏佛教的各派領袖實行拉攏和安撫，多次加以封賜，保持友好關係。元朝時，蒙古人崇信密宗，薩迦派第五祖八思巴大師被忽必烈奉爲國師，迎請到南京爲元朝皇室傳授密法。傳說八思巴在說法時顯現神通，身體升在空中，這時天上降下紛紛花雨，雨花台便從此得名。噶舉派在元、明、清三代均很受皇室的推崇，噶瑪噶舉的領袖第五世噶瑪巴德新謝巴曾被明朝永樂皇帝請到南京傳法，爲皇后薦舉，被封爲大寶法王，以後代代世襲。黃教的達賴、班禪喇嘛更是多次受到明清朝廷的封賜，被邀請至皇室講經傳法。這些西藏佛教領袖與漢地的交流和來往，在很大程度上加強了中央政府與西藏地方政權的聯繫和漢藏兩族之間的交流。但儘管不少的密宗大德曾應邀造訪漢地，密宗的傳授大多侷限在皇室和達官貴族的範圍內，密法的法本多爲皇室所收藏，普通老百姓很難有機會接觸。此外，由於漢藏語言的不同及地域的隔閡，加上漢地有相當一部分佛教對於密宗懷有成見，藏傳密法一直未能在漢地廣泛弘揚，這種情形一直延續到晚清。

從晚清以來，藏傳佛教逐漸從青藏高原傳入漢地，先後有不少康藏的活佛喇嘛來到漢地傳法。

這一時期來傳法的喇嘛包括諾那活佛、九世班禪喇嘛、白普仁尊者、章嘉呼圖克圖和多傑格西等。其中紅教的諾那活佛是最早來到漢地弘揚密法的。繼他們之後，又有貢噶活佛、根桑活佛、聖露活佛、安欽活佛、榮增堪布和阿旺堪布等前來弘揚密法，使得密宗在漢地的影響日益擴大。那時中國一些地區的佛教界開始了一股崇尙西藏密宗的熱潮，無論是紅教、白教、黃教或花教均受人歡迎，人們熱衷學習密宗，凡有康藏來的喇嘛，就有一批人踴躍前往皈依，請求傳法，其中不乏政府高級官員，如戴季陶、何應欽、居正等人。當時學習密宗的多爲在家居士，出家人反而不多，因爲漢地有不少和尚法師對於西藏密宗一向抱有成見。一九三三年五月，第九世班禪喇嘛從北京到達杭州，在杭州舉行了時輪金剛法會。法會的發起人有杜月笙、梅蘭芳、戴季陶等，當時一班上海的名人均來到杭州擔任法會的護法，一時聲勢浩大。

這次法會的緣起是爲了江蘇發生的水災。我聽到這個消息，也前往杭州參加法會，求受灌頂。在法會上擔任班禪喇嘛的藏語翻譯爲超一法師，他曾是當年大勇法師率領的赴藏求法團成員之一。大勇法師未能到達西藏，便在西康甘孜去世，之後超一自己前往西藏，學得不少密法，這次便由他來擔任班禪喇嘛的翻譯。法會之後，超一法師來到鎭江，主持由鎭江海關稅務司張伯烈，人稱張蓮菩提所發起的大白傘護國息災法會。張蓮菩提是湖南長沙人，他是一位虔誠的佛教徒，當時擔任鎭江密教協會的領導人，這次的法會由他做大施主，在寺廟裡設一法壇，請超一法師修密法念經，法會的地點就設在超岸寺。我因爲寫得一手好字，被聘爲法會的書記，書寫薦亡超度的牌位，紅匾也是我寫的。來參加這個法會的有好幾百人，法會持續了近一個月。參加了這兩次法會之後，我對西藏的密教產生了濃厚的興趣，立志深入學習西藏密教的奧秘，我決定先學習西藏的語文，然後前往

左起：竹摩、六和塔方文和尚、止安、慧雲、碧松（邢肅芝），一九三四年攝於漢口公園

西藏求法。

因緣湊巧，我在支那內學院結識了一位研究員，法名叫德潛。認識他不久，他便應聘到重慶的漢藏教理院任國文教師，他的國文很好。到了重慶以後，沒有多久他便寫了封信給我，信中說漢藏教理院以研究漢藏佛教爲主，聘請西藏喇嘛教授西藏語文，學習西藏語文實際上並不特別困難，和學習其他的文字沒什麼區別。他在信中還告訴我學校正在設立一個藏文專修科，招收二十多名高中畢業的有志青年專修西藏語文，暫定三年畢業，食宿一律由校方免費提供，學生只需要自備赴重慶的旅費，他極力推薦我去參加這個專修班。這以後，我連續接到他的幾封信，都是催促我儘快赴重慶。那時從重慶發一封航空信到鎮江可不便宜，郵票要兩三個大洋。聽了他的描述，我覺得赴重慶學習是個很

難得的好機會，於是便向母親報告了我的心願，母親同意了。

在我十一歲的時候，父親就因肺癌去世了，年齡還不到四十歲。父親剛去世時，因爲還有田租可收，家中的生活不是很困難，那時大米才不過三、四塊錢一擔，到了最便宜的時候，十塊錢可以買到三擔。父親去世後不久，佃戶便開始拒絕交糧，把田地據爲己有，母親不懂得如何打官司，只能被佃戶們欺負，因此有段時間家裡生活相當清苦。好在我的母親很能幹，繼承了我外祖父的本事，把家裡積蓄下來的錢拿出去放債，收取利錢維持著家用。

那時母親住在蘇北高郵縣。由鎮江到高郵要搭乘小貨輪，先橫渡長江到瓜州，再沿大運河經揚州仙女廟、邵伯、界首到達高郵，時間要整整一天。輪船公司爲了多載一些客貨，多賺上一些錢，小貨輪的後面還拖著一條拖船，因此船速緩慢。實際上，沿運河航行的船速不能太快，因爲運河兩岸有很多木船，經不起大浪衝擊，如果將小船沖翻，輪船公司就要吃官司。我回到家裡，向母親辭行。母親拿出了二十多塊大洋，交付我作爲赴重慶的路費。我小小年紀離開家鄉，母親自然少不了一番叮嚀囑咐，母子依依離別之情油然而生。

一九三四年的二月十四日、農曆年初一那天，我辭別了母親，搭乘三北公司的長江輪，從鎮江溯江而上赴武漢，開始了我的西行求法之路。

【第一章】

入藏緣起

漢藏教理院

我告別了母親，乘長江輪溯江而上，輾轉奔波到達了漢藏教理院。漢藏教理院創立於民國十九年（一九三〇年），是在四川省主席劉湘的建議下創辦的。民國二十年十二月正式開學，約有學生六十餘人，主要招收青年學習西藏語文，以達到溝通漢藏文化的目的。由於四川鄰近康藏地區，又居住著不少藏族人，漢藏民族之間接觸頻繁，因此需要大批通曉漢藏雙語的人才。學校的長年經費除了靠自己的產業收入之外，不足之數由四川省政府補助。學校設在縉雲山上的縉雲寺內。寺是個空寺，沒有和尚居住。縉雲山是北碚三峽試驗區著名的風景區，山有九個峰，其中以獅子峰的風景最美。縉雲山麓爲北碚，北碚又稱三峽試驗區，是盧作孚（編註：一八九三至一九五二，是北碚的開拓者，被喻爲「北碚之父」）開闢的，這裡街道整潔，商店林立，還有發電廠、織布廠、醫院、學校、科學館、圖書館等設施。我們到達此地時，試驗區已由盧作孚的弟弟掌管，繼續發展，獲得當時中央和地方政府的好評。

北碚鄰近重慶，地點適中，水陸交通都很方便，陸路是乘汽車從璧山而行，水路是由重慶乘川江小輪沿嘉陵江而行，五小時可以到達。北碚附近有溫泉公園，地處嘉陵江畔，茂林修竹，鳥語花香，有飛泉、有瀑布，有客舍可以住宿，有飯店可以飽餐，有寬大的溫泉池可以游泳和沐浴。溫泉公園的前身是溫泉寺，殿堂中仍有數尊古佛被人膜拜。太虛大師曾有一首詩描述此地風景：「溫泉辟幽徑，斜上縉雲山。岩谷喧飛瀑，松杉展笑顏。漢經融藏典，教理扣禪關。佛地無餘障，人天自往還。」

漢藏教理院第一任代院長是遍能法師，他是一位對《俱舍論》很有造詣的法師。創辦初期沒有什麼進展，直到一九三四年，法尊法師從西藏學法歸來，當了院長，才將學校的教務重新整頓，增聘師資，擴大招生。教導員方面聘用葦舫組織教務，密嚴主持總務，教員有嚴定、悅西格西、根桑活佛、本光、陳健民等人。後來由於武漢撤退，太虛大師、法舫、印順、塵空等法師也相繼來到這裡，這時候的教理院人才濟濟，進入了鼎盛時期。一九三六年，法尊法師再次回藏，邀請他在西藏學法時的師父安東格西來校任教；不幸當他趕到西藏時，安東格西已經圓寂。最後請來了哲蚌寺著名的東本格西來到教理院，這是很不容易的事情。按西藏人的說法，西藏的活佛多數不願來內地，因爲他們在西藏的地位名望很高，弟子眾多；而在漢地，他們大多不能適應當地的氣候及生活習俗，加上語言的隔閡，佛法奧義往往無從表達，所以很少有人願意來。東本格西來到漢地後，可能是不習慣漢地的生活和水土，一年多後便圓寂了，十分可惜。

藏文專修科設在雙柏精舍內，精舍位於校總部西面，樣子是四合院式的，院前有兩棵柏樹，因此叫作「雙柏」。院子兩側排列著十幾間宿舍，每個學員一間，我就住在大門右手朝南的一間房子裡，左手一間爲同學大定法師居住。宿舍的房間面積十分寬大，空氣新鮮，陽光也很充足，唯一不方便的地方是沒有電燈。校方供給每人一盞油燈，我剛到時覺得很不習慣，住久了也就慢慢習慣了。法尊法師住在院後一間兩室的房子裡，一間擺放他從西藏帶回的大量藏文經書，另一間是起居修法的地方。嚴定法師借住後面的一間，後院其餘的房間作爲課舍使用。太虛法師到來後，院方爲他在雙柏精舍的後面建了一棟新居，太虛大師自己題名叫作「那伽窟」。

進入漢藏教理院後，我即參加剛成立的藏文專修科的學習。專修科初期由常光法師教授藏文拼音，法尊法師教語法和造句，後來由嚴定法師用藏文原文教授月稱論師的《入中論》，悅西格西用藏文教授《現觀莊嚴論》，法尊法師則使用宗喀巴大師的《菩提道次第廣論》的原文講授漢藏文的對譯。他先是用藏文將經文讀出，然後讓學員討論如何翻成準確流暢的漢語，經過反覆的研讀練習，學員們的收穫都很大。我在此期間學習進步神速，僅僅半年的時間就已基本掌握了藏文的語法，三年下來，對西藏黃教喇嘛所必修的五部經論已瞭解了一個輪廓。

專修科的教員還有德潛，在漢藏教理院任國文教師，由南京支那內學院轉來。職員中有滿度、隆果、隆興三位法師，均由廈門閩南佛學院轉來。滿度在四川嘉定烏尤寺出家，曾經是峨眉山洗象池的方丈。漢藏教理院藏文專修科第一期學員共十三人，其中有大定、心愷、傳璽、憬鐘、陳學勤等人。憬鐘畢業後到了延安，進入抗大，到解放的時候已經是中級幹部，派駐廣州，屬林彪部下。本光法師與他交往密切，他投奔延安就是由本光從中介紹的。陳學勤以後從超一法師出家，法名勤正，後又由楊質夫介紹，擔任來自西藏哲蚌寺的著名大德喜饒嘉措大師的秘書，跟隨大師在各處講演。學員中還有鄧明淵，後來在中央研究院氣象研究所擔任氣象員，也曾被派駐拉薩工作；胡志明，原武漢大學學生，專門到漢藏教理院學習西藏文。在教理院中，我一邊學習，一邊開始籌畫畢業後赴西藏繼續求學。

教理院的學員來自各地，有相當一部分是四川本地人，很多是出了家的和尚。彼此相處久了，我便發覺大多數四川本地的學員不如來自江浙一帶的學員守規矩，他們平時在學校老老實實地吃素，可到了星期天便三五成群地溜到校外的飯館大開葷戒，對於我們來自江浙的學員來說，這簡直是不敢想像的行爲。

傳法上師

在學習佛學理論的同時，教理院也從康藏地區請來著名的活佛大德們任客座教授，爲我們傳法灌頂。他們當中有阿旺堪布、諾那活佛、多傑格西、貢噶活佛、根桑活佛等。阿旺堪布是西藏黃教的著名大德頗邦卡大師的弟子，曾任西藏色拉寺的堪布，也是劉文輝將軍的上師。他向我們傳授了上師瑜伽法，這是一部密宗弟子必學的基本大法。諾那活佛是西藏寧瑪派數一數二的大德，因爲得罪了十三世達賴喇嘛，曾經被關在布達拉宮的地牢中長達六年。他以深厚的定力在地牢中修綠度母法，以其功德和精進得到佛菩薩加持，達賴喇嘛的人幾次想致他於死命都未能得手，最終逃出了地牢。以後他來到漢地弘揚佛法，弟子眾多，備受尊敬，很多人拜他爲上師。我十分幸運地得到了活佛傳授綠度母法，這是一部非常殊勝的密法，歷史上修習此法而得成就的行者不計其數，龍樹菩薩和阿底峽尊者都是修這一法的。我自諾那活佛爲我灌頂傳授這一無比殊勝佛法之日起，每日修習，從未間斷，以後又將《二十一尊度母禮讚文》翻譯成漢語。

根桑活佛是西康人，屬於薩迦派的活佛，也曾受過國民政府的封號，我們之間結下了很深厚的師生情誼，他爲我取了藏文的法名「洛桑珍珠」。活佛爲我們傳授了大圓勝會等密法。大圓勝會即是大圓滿，這是寧瑪派最高深的大法，由蓮花生大師傳到西藏。據說大圓滿修到最高的成就時，人能夠修成透明身，甚至化成一道紅光而去，除了毛髮外，不留身體。蓮花生大師就是這樣離開西藏的。修道有成的行者在圓寂後，能肉身不壞，縮成一、兩尺高已是很難得了；修證越高，身子縮得越小，甚至縮成幾寸，進而化成一道紅光。這時你便去了他方世間，不是凡人所能到達的世界，在

貢噶活佛，一九三六年攝於重慶

根桑活佛，一九三六年攝於重慶

那裡沒有娑婆世間的生死與煩惱。據記載，在西藏修成化紅光而去的大德爲數不少。西藏的密教讓西方人以至世界各地的人產生興趣，正因爲它不僅有嚴謹的理論，更注重實證，有一套循序漸進的修證方法和完美的儀軌。

大圓滿法本來是有梵文法本的，但是一向不外傳。傳法時，由上師向弟子秘密傳授，法本是不流通的，因爲它過於高深。也正因如此，不少密法容易失傳。當某些密法因法緣未成熟而暫時無法傳下去時，上師將法本埋藏在山中，他能夠在入定中預見到未來在法緣成熟時將由某人將這一法本挖取出來，於是這部密法又可以弘傳於世。西藏的很多密法至今仍然埋藏在山窟中，經過多年後，將有大德在觀照中得知密法的所在地，將它取出傳世。

貢噶活佛則是出自康定貢噶山的噶舉派大活佛，國民政府封他呼圖克圖（編註：蒙古文，原爲清朝皇帝封給證量極高的喇嘛，意思爲「聖者」、「具福祿者」。）。我到四川後大約一、兩年，貢噶活佛應諾那活佛的邀請來到四川傳法，皈依他的人很多，其中有政府官員、學者和商人，居士張澄基和陳健民都是他的弟子。活佛的身邊有兩位秘書，一位通曉日文和英文，名叫陳濟博；另一位是出家人，法號滿空。活佛講經傳法時，由他們兩位擔任翻譯。貢噶活佛在佛法上證境深入，法力高深，一九三六年在重慶傳授噶舉派的大法《恆河大手印》時，突然神通展現，騰空而起，跏趺坐於離地兩尺高的空中，向眾弟子說法。《大手印》是一部無比殊勝的心法，原名是「大印」，翻成西藏文時加上了「手」字，爲表示尊重佛典，尊稱佛之手。「印」是表示佛的二無分別智，至高無上的智慧，又表示印契，一切諸法無不契合佛的妙智。因此，「手印」二字並不是結手印的意思，而是十分高深的密法。噶舉派著名的祖師密勒日巴就是修此法而即身成佛的。

貢噶活佛在重慶一直住到一九三八年，後來回到西康，他曾要我跟隨著去他在貢噶山的廟子，我因準備入藏而沒有前往。我的同學張澄基去了，但只在那裡住了一段時期便因爲寺廟的條件過於艱苦，難以適應而離開了。這些來自康藏的活佛們大多接受過政府頒發的金印及封號，但他們對參政卻絲毫沒有興趣，西藏的喇嘛對於佛法的虔誠和信願超過許多漢地的佛教徒。他們一生在漢地努力化緣，爲的是光大他們的廟子，造福廟子裡的僧眾。根桑活佛在漢地收到不少供養，回到本廟，給每位喇嘛做一套新的衣服，表示他在漢地辛苦地工作化緣是爲貢獻給廟子。

多傑格西，身著便服攝於內地

多傑覺巴格西比貢噶和根桑活佛更早來到漢地傳法，他曾到過北京和其他很多地方，弘傳密法，廣結善緣。他在四川有幾位大弟子，對他供養甚多，其中一位名叫潘文華。此人曾是駐藏清軍中的小隊長，在十三世達賴喇嘛掃蕩清軍時，身上中了一刀，爲了保住性命，他將自己埋在死人堆裡裝死，在夜晚的月光下忍痛步行逃到印度，從那裡搭船回國，歷盡了千辛萬苦。回到四川後，他逐漸發跡，成爲地方上的一名小軍閥，以後在劉湘的隊伍中擔任師長。潘文華將軍餉的一部分交給他的弟弟潘昌猷辦了一間重慶銀行，這個銀行的業務不斷發展，不久在成都、甚至香港都設了分行。

潘氏兄弟每年透過重慶銀行向多傑格西供養兩三萬美金，兩兄弟不僅自己供養，還要求銀行的每一個職員都捐一些，湊在一起供養給格西。多傑格西在全國各地收到的供養不計其數，北京故宮博物院的院長曾贈送給他一千多尊小的金銅佛像。以後多傑格西回到西藏，將自己在漢地化緣到的大部分財產供養給了三大寺，又將故宮所贈送的佛像全部重新鍍金，送給哲蚌寺供養在大殿。

民國二十五年（一九三六年），我畢業於漢藏教理院藏文專修科。經過了三年的學習，我已經掌握了藏文的閱讀、對話和寫作，而且能將藏文經典翻譯成漢語。同年，我應好友張蓮菩提的要求，將貢噶活佛所傳授的《恆河大手印》的法本翻譯成漢文，這是我一生所翻譯的經典當中最爲滿意的一部。但也就在這時，由於學習過於勤奮，常常通宵達旦，睡眠嚴重不足，幾年下來身體難以支撐，開始咳嗽，後來發展到吐血，校方得知馬上將我送進醫院，經醫生檢查發現患了嚴重的肺炎，如果醫療無效，會有生命危險，要求我立刻住院。醫生警告說，以後千萬不可過於疲勞，否則性命難保。我並沒有理會醫生的話，心裡已經打定主意，在教理院的學業完成後即赴西藏訪求密法，將密法帶回漢地弘揚，做一名現代的唐玄奘。

太虛大師

我從漢藏教理院畢業不久，太虛大師開始在重慶長安寺佛學社爲居士們講授《辨中邊論》，四川的居士們聽不懂他的浙江方言，於是大師寫了一封信要我去做他講經的筆錄。事實上，太虛大師來川後四處講經說法，大部分的演講都是由我筆錄的，陸續發表在《海潮音》及其他佛教刊物上。這段時間，我與大師朝夕相處，直到後來由於我要籌備赴藏，筆錄的工作才由別人接替。

來到重慶後，我來到了太虛大師創辦的武漢中國佛學會。大師就住在長安寺佛學社，與我的住處相距很近，我每天晚上將當日的講經筆記整理抄錄後，次日早晨送給太虛大師，請他過目。大師對我整理的講演稿很滿意，很少加以改動，一般是直接交由許止煩先生所創辦的《佛化新聞》逐日發表，每日一篇，直至全部經書講完爲止。那時我的法名叫碧松法師，後來陳健民居士和國民黨中央委員黃衡秋一起送我一副對聯，上書：「碧落蒼天一色，松風明月同懷。」

一九三二年，我十五歲那年，鎮江的紅萬字會請太虛大師來講經，我也去了火車站歡迎他老人家，他當時就下榻在我少年學習的地方——超岸寺。那次是我第一次見到他，印象很深，當時自己還是個小孩子，不知道他的名氣有多大，也沒有機會去親近他。後來才逐漸知道在武昌有個佛學院，福建南普陀寺還有個閩南佛學院，這兩個佛學院辦得都非常出色，又都是他老人家創辦的，爲佛教事業培養出了大批的人才，可以說中國新佛教的幹部多是從那裡出來的，如後來著名的印順法師等。到了武漢撤退，大師搬入漢藏教理院後，見大師的機會才多了起來。他時常爲我們講經，每次講經只講短的，不講長的，因爲我們有專門設計的課程。他老人家在漢藏教理院的講經編在他的全書裡，第一卷的第一冊和第二冊都是我做的筆錄。那時我已經是教理院的高材生了，所以也有了親近他的機會，後來更被他選中做記錄。抗戰時有個參政會，將全國各界的名流集中在一起，作爲國家的諮詢機構，南開大學的校長張伯苓和天主教的于斌主教都是主席團的成員。太虛大師以中國佛學會會長的身份參加參政會，每次開會期間便由我和慧空法師（俗名李子寬，湖北人，國民黨老黨員，皈依太虛大師後，大師爲其取法名慧空）代表太虛大師參加會議。

太虛大師出生於光緒十五年，浙江崇德人。父親是泥水匠，家中並不富有，幼年時便失去了父母。大師俗姓呂，一生中他用過很多名字，寫詩、著書皆用不同的名字，太虛的名字是最後定下的，這個名字也最廣爲人知。大師十六歲時就在寧波天童寺受比丘戒，按照僧制是要到二十歲才能受比丘戒的，但他沒到年齡就受戒了。他年輕時便聰明過人，過目不忘，許多經文只要看上一遍即能背誦。爲了學習佛法他四處參訪，去各個寺廟聽法師講經說法。此後他到了普陀寺閉關三年，專心研究大藏經，終於大徹大悟。據他自己說，在閉關修習禪定當中，他證到了不凡的成就，出現了天眼通、天耳通、他心通等神通境界，如果繼續閉關下去，勢必會證到更大的成就，但他卻出關了，爲什麼呢？他看到中國佛教事業的衰落，人民陷於苦難之中，他以一個佛弟子的悲願之心，爲了救世救民、普度眾生和振興佛教事業而放棄個人成就的機會，毅然全心投入社會，投入到佛教所說的「五濁惡世」之中，爲弘法利生而貢獻自己的全部精力。

大師出關後開始四處講經，此時他對大藏經已通達無礙，任何一部經拿出來，不需要細細準備，便能開講。他應邀去各大學講經的時候，隨時開口就講，從不起草講稿，經講完了，從頭至尾記錄下來便是一篇流暢的文章。他講經時語言生動，不僅能將經論旁徵博引，融會貫通，更能在宣講佛法時，針對當今社會現實提出自己的見解與看法。大師的字、詩、文俱佳，在佛學上的造詣更是舉世罕有，因此他的名聲響亮，到處都有信徒，使他成爲中國近代佛教史上最有影響力的人物之一。太虛大師發願要振興佛教事業，提倡新式的佛學教育和改革廟宇的制度。但在那個時代，中國佛教當中的保守派勢力很強，大師改革的努力遇到不少阻力。

什麼是保守派呢？就是一切要依照祖宗所傳的佛教規制辦事，一個方丈的使命只是設法把自己

太虛大師法相，一九三七年大師將這張照片連同他的親筆信一起寄給在西康得格求法的我。據說這是大師本人最喜歡的一張照片

的廟子發揚光大，而不能涉入世事，更不要講參加什麼政治活動。辛亥革命以後，社會上不少人認爲中國的佛教只強調出世，僧侶們只注重閉門修行，不關心社會，由老百姓供養，對於社會卻沒有什麼積極的貢獻，是消極迷信而不可取的。針對佛教事業日漸衰落的形勢，太虛大師提出佛教面向社會，應該讓所有的人，不論是出家人還是在家居士，都能有機會學習佛法，而不僅僅只是僧侶。他一生的宗旨是要建立人間佛教，或稱人間淨土，號召佛教徒們不要只顧閉門修行而不問世事，只爲著將來往生西方極樂世界，而應該積極投身於社會，行菩薩行，以實際行動救世度生，爲改造社會、振興國家而努力，在這個「五濁惡世」中建立人間的淨土。這說明了太虛大師具有改造世界的宏願。

一九三六年太虛大師（右持手杖者）在重慶講經結束後與信眾合影

太虛大師年輕時便積極參政，他曾經是同盟會的成員，直到圓寂以前，他還準備組織佛教黨，後來被蔣介石勸止。蔣先生對大師說，如今的黨派已經夠多了，你再組個黨，將來很多事情恐怕不好辦。太虛大師參政的目的絕不是貪戀官場，而是希望運用自己的政治地位和影響力來實現他人間佛教的理想，推廣佛教的理念和事業。也正是因爲他個人的名望和與黨政要員們的私交，使得很多本來難以辦成的事情，在他那裡都能夠迎刃而解。舉個例子，太虛大師到陝西時，當地很多廟子的住持爭先恐後地將自己的廟子捐給大師，因爲這些寺廟常年受到當地駐軍或保安隊的侵佔和騷擾，難以生存下去。大師於是寫了個條子，將這些廟子全部接受下來，然後在見到張學良將軍時向他提到了這個問題，張學良立即下達命令，今後軍隊不准騷擾廟宇。大師的一句話，立即把這個難題解決了。以他和張學良將軍的交情，誰再敢去打擾廟子豈不自討苦吃？

國民革命軍北伐勝利以後，蔣介石曾送太虛大師一筆錢，有七千多大洋，請他到美國、英國、法國各地去考察，周遊世界。大師也去過東南亞各國，後來出了本書，叫作《環球弘法記》。大師一生博覽群書，除了在佛學上的高深造詣，對於其他各派宗教的理論，以及西方和印度哲學思想也很有研究，稱得上學貫中西。他曾會見過很多國際文化和哲學界的名人，如泰戈爾等。泰戈爾稱他爲東方的哲學家。可以說大師的學生遍佈世界。

我在太虛大師身邊將近一年多的時間裡，觀察到他的爲人和藹可親，沒有一點架子，但也絕非隨隨便便。不論去什麼地方，他始終保持著佛教徒應有的謙虛和風度。黨政要員上至蔣介石、戴季陶等，下至各個地方的首長，幾乎無人不認識大師。蔣先生在奉化有個祖廟，名叫雪竇寺，請太虛大師去做方丈，大師答應了，但只是掛名，偶然去一去。蔣太夫人是個佛教徒，生前常去雪竇寺念經，念了很多《金剛經》，死後就葬在雪竇寺。雪竇寺後面有個妙高台，蔣介石每次下野，便去雪竇寺看看母親的墓，在廟前的高台散步沉思。太虛大師的弟子很多，不少弟子的法名都是以大字開頭，如大剛、大勇、大慈、大慧等。他們之中有的曾是國民黨的中央委員，有的是軍長師長，被太虛大師感化，放棄了世間的名利，隨大師出家。除了政府要員，各黨各派的人也常來拜訪，與他暢談。詩人也來，希望從他這裡得一些靈感。接見這些人時，太虛大師總是不卑不亢，送客時也不遠送，送到客堂門口的幾步即止。大師對人一律平等，毫無分別之心，不論誰請他講經他都去。人們寫信給他，不論是政要，還是平民百姓，只要抽得出時間，他一定親筆回信。

太虛大師不僅僅精通於講經說法，對世間法也很瞭解，只不過平常不大講罷了。記得我曾經請大師看看相，他只說了一句：你的相夠了。意思是相貌不壞，福報夠了，不需要看了。可見大師是精通相術的。

太虛大師儘管是位顯教的大師，但並不反對密教，而且曾受過班禪喇嘛的時輪金剛灌頂。但是當我的朋友張蓮菩提翻譯紅教的《明行道六成就法》時，他寫了一封信，表示反對。因爲《明行道六成就法》是講修雙身的，大師認爲這只適合在家居士，而不適合出家人。

太虛大師的人格非常偉大，是一個世紀中難得遇到的大德，他對中國近代佛教事業的發展貢獻巨大，影響深遠，他的「人間佛教」思想啓發了無數後人。很多人不瞭解他，稱他爲「政治和尚」。事實上，他的一生行的菩薩行，發的大悲願，從不考慮個人的利益，是一位眞正的如來弟子。大師圓寂後，身體在火化時燒出了幾百顆不同顏色的舍利，心臟不壞，成爲一整塊舍利，由此可見他老人家的功德和在佛法上的證境。大師有一首很出名的偈語，深刻地反映了他對於人間佛教的理念，偈語爲：「仰止唯佛陀，完成在人格。人成即佛成，是爲眞現實。」

準備入藏

在太虛大師講經期間，我把自己赴康藏訪求密法的志願告訴了大師，徵詢他老人家的意見。我對大師說，我赴西藏，不僅學習和研究藏傳佛教各派的經論和密法，同時也將考察西藏地方的地理、民俗和社會情形，以後將自己的考察結果著成書，爲漢地的人民深入瞭解西藏提供幫助，如同唐代玄奘法師從印度取經回來後撰寫了《大唐西域記》，此書成爲後人研究印度歷史和地理的重要文獻。太虛大師對我的想法十分贊成，並且以中國佛學會的名義向政府推薦。這時中央政府已由南京遷往重慶，重慶一變而爲抗戰期間的後方基地。儘管此時前方抗戰形勢吃緊，但國民政府對邊區開發還是十分重視的，爲達到溝通漢藏文化的目的，政府特別制定了一個方案，即每年由中央政府和西藏地方政府各選派研究員兩名，由雙方政府撥出獎學金予以資助，分赴西藏拉薩及內地南京進行研究，爲期五年，這個方案於民國二十四年（一九三五年）開始立案並逐步實施。經太虛大師的推薦，我向主管這個專案的機關蒙藏委員會申請作爲赴藏學者。當時蒙藏委員會的委員長是吳忠信，藏事處長是孔慶宗，第一科科長是熊耀文。我的申請很快便得到通過。按照政策，蒙藏委員會發給了我第一年的生活費和置裝費約一千塊大洋，我成爲第一批第一個被批准的入藏研究人員。

由於抗戰期間法幣貶值，西藏地區生活程度實際高於內地，蒙藏委員會所發的資助顯然是不夠用的，我只好到處向朋友求援借錢，寫信給張蓮菩提及我在四川收的弟子楊學優等人請求幫助。張蓮菩提接到信後，即刻同根桑活佛商議，接濟我大洋五千元，作爲赴藏路費，而且答應以後繼續接濟。當時恰好根桑活佛在沙市傳法完畢，返回四川，所以才有這樣的機緣。

路費籌到後，接下來的問題便是選擇入藏的路線。入藏有三條路線可走：一是海路；一是川康藏大道；一是由青海入藏。到底走哪條路最爲便利，我自己一時也無法決定。法尊法師是去過西藏的，第一次是由西康入藏，第二次是爲迎接安東格西，取道印度，照理最應該向他請教。但他卻極

碧松法師（邢肅芝），一九三七年在重慶講經時攝

力反對我去西藏，說我這種身體肯定受不了入藏途中的種種磨難，何況我不久前還患了肺病，路上若發了病，必死無疑。他又表示實在捨不得我走，因爲我是他翻譯的好幫手，因此希望把我留在教理院翻譯佛學經典。他曾對我講：「我會把我平生所學全部傳授給你，這還不夠嗎？」他還有一個理由是：西藏遍地冰雪，人民茹毛飲血，即便到了那裡，你這種嬌弱的身體恐怕也不能適應當地的生活。

法尊法師對我當然是一片好心，但我已經下定了入藏的決心，因此不能去問他，只能想辦法向別人打聽。超一法師建議我先到康定，花幾百塊錢，買兩匹騾子，一匹自己騎，一匹馱行李，跟隨著運茶的茶商騾幫進藏是個容易的辦法。悅西格西則說，由康定走路途艱苦，你吃不消，最好是搭船繞道走印度，先到大吉嶺，再到噶倫堡，請人僱兩匹騾子，隨著印藏的商人入藏，這樣頂多三個禮拜就可以到達拉薩。我向根桑活佛請教時，他要我先隨他回西康木牙鄉他的本廟住上一年，因爲他也準備到後藏去朝拜薩迦寺，到時可隨他一道入藏。三個人有三種意見，各不相同，每個人都有自己的理由，還是不知聽誰的才合適。我只能繼續多方向人打聽請教，多數人傾向於我從印度進入西藏，既省事又快速，尤其是張蓮菩提希望我與他見面暢談西藏密教。於是我就委託楊學優先生辦理出國手續，因爲楊先生是重慶銀行界有名的會計師，有很多朋友在外交界服務。楊先生告訴我，從領取出國護照到得到英國的簽證，中間需要等待一個時期，於是我便趁機前往成都一遊。

成都小住

我到達成都後，先下榻於少城公園內的成都佛學社，由社長謝子厚居士招待。謝居士是成都的地方紳士，高高的身材，胖胖的面孔，約六十多歲，健談又風趣，是太虛大師的皈依弟子。佛學社所在地環境幽靜，四周風景怡人，加以梵音嘹亮，眞有身處人間仙境的感覺。

到達成都的第二天，我就去拜訪悅西格西和嚴定法師，他們兩位正在成都講經，住在劉蔭濃先生家中。劉先生原在川軍中任旅長，退役後夫婦兩人潛心學佛。我在劉家還結識了張少揚先生，他曾跟隨多傑格西學佛，是位四川有名的政治家，歷任川康軍政要職，與劉文輝主席私交極好，劉正要請他去西康就任西康建省委員會秘書長。在劉府，我還見到了一位來自西康的年輕女活佛，特地爲她拍了一張照片。在成都的第三天，我就在嚴定、常光兩位法師的陪同下，參觀了武侯祠、杜甫草堂等名勝之地。我們參觀這些名勝時既不騎馬也不坐轎，而是坐一種獨輪車，四川土話叫它「雞公車」，乘客坐在兩旁，由一推車人用左右手推動一根橫槓向前行走，速度很慢，一小時僅能推行二十里左右，尤其在小路上行走時相當危險。獨輪車既可載人又可運貨，所以適合在鄉村小道上使用。

享受完獨輪車的精巧與新奇之後，我又前去遊覽成都的第一大佛教叢林——文殊院。文殊院建築宏偉，僧侶眾多，僧規極嚴。常光法師曾是漢藏教理院監院，此時是文殊院監院，招待我素齋。那時根桑活佛也在成都，和他的兩個侍者住在東大街的張家，爲張家修法會。活佛對我說，張先生是四川省政府的官員，多年沒有升遷的機會，所以爲他修升遷法。西藏密教中有升官法、財神法等等，種類很多。根桑活佛仍然希望我隨他去西康木牙鄉去，然後一道赴藏，我說我已請人代辦赴印度的手續，準備由印赴藏。

在成都我還去拜會了超一法師。幾年前初次見到他時，他應邀在鎭江主持大白傘護國息災法

曾參加入藏學法團的嚴定法師

西康的女活佛

會。後來江蘇無錫一個寺廟請他去做方丈，因爲日本人打仗，結果只能回到他的家鄉四川，以後他成爲無錫圓通寺方丈，抗戰後又移居到成都。超一法師告訴我說，他原是赴藏學法團的成員之一，因領導學法團的大勇法師在甘孜圓寂，於是決定隻身赴藏求法，去時是由西康赴西藏，回來時是取道印度返回，希望我能效法於他。我告訴他，我已決定由印度赴西藏。

在成都佛學界還遇見了祥瑞法師，他是揚州人，此時正在修一種法，需要閉關七七四十九天，稱之爲般舟三昧苦行，這是一種禪宗的法門，修法時二十四小時不睡、不坐，站立直至頓悟，時間長達四十九天，房子裡只有一個扶手支撐。他聽說我要赴西藏訪求密法，預祝我一路順風，早日返鄉，弘揚密教，救度眾生。

我在嚴定法師處又遇見當年跟隨大勇法師參加赴藏學法團的天然法師，他沒有能進入西藏求法，目前正在華西大學教藏文，此時正爲缺乏教材教課而發愁。我贈送給他幾本藏文的教科書，希望能有所幫

左：正在成都為張府主人修升遷法的根桑活佛
右：曾在漢藏教理院任教的成都文殊院監院常光法師，攝於文殊院大殿前

助，使他能培養出幾個通曉藏語的人才來。

本光法師傳奇

不久我從佛學社中搬出來，移到本光法師家居住。本光法師家是個四合院，他本是四川成都人，父親和祖父都在清朝做過官，母親與他住在一起。這位母親並非本光法師的生母，而是他父親的姨太太，但是他們弟兄幾個仍然侍奉她。本光法師畢業於北京的柏林佛學院，院長爲常惺法師，出家前曾受過高等教育，他雖然不是太虛大師的弟子，但他的佛學思想與太虛大師十分接近，希望改革振興中國佛教。本光法師口才出眾，在一次佛學演講會上得了第一名。到了四川以後，我才體會到原來四川人善擺龍門陣，不論出家在家，人人皆能言會道。

本光法師在漢藏教理院教授普通班的學生，我們的私交很好，到了成都以後，我開始覺得這位法師總有些地方令人感到神秘莫測。他請我到飯館吃飯或者到茶館喝茶，四川茶館中喝茶不用茶杯而是用碗。兩個人一坐下，本光法師就將碗的蓋子朝上往桌上一擱，馬上就有人過來伺候，顯得畢恭畢敬，招待得十分殷勤。用餐完畢，夥計告訴我們茶飯錢已經打點了，不用付帳，走到任何一個飯館都是一樣。後來聽人講，本光法師原本是四川袍哥組織中（編註：清末民國時期在重慶等地區盛行的一種民間幫會組織）輩份很高的人物，也就是大佬之一，以後雖然出了家，在袍哥組織中依然備受尊重，因此不論在何處都有人招待。還聽說，本光法師同情共產黨，與共產黨的地下組織有聯繫，而且有內線介紹人到延安去。我幾次好奇地向他打聽，法師總是笑笑說，這是社會上的事情，你還是不要過問了。

我在本光法師家期間，接到重慶方面的來信，告知出國護照已經拿到，但是必須由我本人到外交部簽字才能領取，然後再向英國使館辦理赴印度的簽證。同時我又接到張蓮菩提來信，他說你去西藏出發前仍可以有時間來沙市一聚。因爲在十六歲那年我們在鎮江分手以後，便一直沒有見過面，只是頻繁地來往書信。我把一些難以攜帶的書籍和行李寄放在本光法師的家裡，於一九三七年四月二十七日離開成都。四月二十九日下午到達重慶，楊先生到車站來接我，安排我住在他家。第二天我們一起去拜訪了國民政府外交部駐四川的外交特派員吳南如先生，請他幫忙向英國駐華使館申請從印度轉赴西藏的簽證。當時的情形是如果僅僅到印度，拿到簽證不成問題，因爲我是出家人，出家人拿簽證到印度拜佛是件很容易的事。但是如講明要從印度到西藏，問題就出來了，因爲英國的簽證官只能簽發到印度的簽證，而能不能從印度進入西藏卻不是他所能控制的。我赴印度的身份是去那裡講學，申請起來並不容易，所以這次想透過吳南如這個老外交家與英國人打交道，希望求得英方的諒解。吳先生答應儘量幫忙，叫我耐心等候，一旦辦妥手續，他會即刻通知我。得到他的允諾，我開始有了信心，於是決定東下赴漢口和沙市會見老友，同時等待簽證的消息。

福緣輪上的向領江

這次沿江東下，搭乘的是「福緣號」客輪，正碰上重慶佛學社社長王曉西送他的外甥上船來了。外甥叫方召，是同濟大學的教授，那時候同濟大學已經搬到了湖南。因為他受到舅舅的影響，也常常聽太虛大師講經，所以我們之間原來就認識。他為了探望舅父母回到了重慶。王曉西曾對我翻譯的佛學經典極為推崇，我所翻譯的貢噶活佛所傳授的《恆河大手印》在重慶重印了數次，讀到的人非常多。此次王曉西和外甥在船上見到我非常高興，於是把我介紹給了福緣輪的向興發領江。向領江出身於貧困之家，從小跟父親在長江上划木船長大，對從重慶到漢口這一帶的水路瞭若指掌，誇張一點說，水下的每一塊石頭他都摸過，因此被英國老闆請來做福緣輪的領江。傾談之下，又瞭解到原來這位領江是個虔誠的佛教徒，重慶獅子山福緣法師的弟子，「福緣輪」的名字就是他向英國人提議更改

福緣輪的向領江，身穿我的喇嘛服拍照留念

的，可見他的影響之大。向領江上了福緣輪後更加虔誠向佛，而「福緣輪」航行於重慶至漢口之間一向平安無事，從未出過事故，因此他常引以爲自豪，並向人宣傳這是他長期吃齋念佛的感應。與我相識後，向領江立刻命隨從把我的行李從統艙搬到他的房間，以上賓之禮相待。抵達武漢時是五月初，正當台兒莊大戰的捷報傳來，武漢市民人心振奮。當時的武漢正承擔著抗日大本營的使命，無數的抗日戰士都是先雲集到這裡，然後再分赴各個抗日戰場，因此武漢的市面顯得格外熱鬧。這是我四年後第二次來到武漢，覺得武漢的市政建設比幾年前改觀了很多。

我在武漢連續幾天等待簽證的消息，卻遲遲沒有音信，再打電報去重慶詢問時，楊先生把英國使館故意刁難的情形告知了我。原來英使館提出了四個苛刻的條件：

一、申請人必須預交大洋一百元，作爲查詢印度總督可否允許過境的電報費，楊先生已經代付了這筆錢；

二、到達印度後無論能否進入西藏，申請人都不能在印度逗留過久，停留幾個月以後必須要離開；

三、申請人必須保證帶夠往返的費用，不能以缺乏路費爲理由逗留在印度；

四、如從印度入西藏時受西藏方面阻撓入境，英方概不負責。

這四個條件，楊先生都爲我答應了下來，並代我交足了電報費，然而英使館仍然拖延不簽。爲此，我國外交部專門向英方提出抗議，抗議大意是說，西藏本是中國領土，派遣內地學生赴藏，早經西藏當局同意，英方不應以印藏邊境有軍事設施不容外人窺視爲藉口而故意刁難，阻擋內地學生經印入藏。可是抗議歸抗議，簽證還是沒有簽下來。我心裡明白，再等下去恐怕不會有什麼結果，於是我打電報給楊先生，請他停止辦理，自己下定決心再回四川，經由西康入西藏，走這條大家都認爲是最艱難的路。

張伯烈（張蓮菩提），我的忘年之交與施主，他曾將《明行道六成就法》等英文密法法本翻譯成漢文

五月下旬，我到達沙市，由好朋友張蓮菩提招待。張公館位於沙市海關旁邊，是一棟三層樓的洋房。張蓮菩提中英文俱佳，服務於海關多年，又曾當過海關學校的校長，學生遍佈各大港口的海關稅務司。我們兩人當年在鎮江護國息災法會上相識，那時我只有十四歲，而張蓮菩提已經三十四歲了，以後彼此雖然沒有機會再次見面，但一直保持書信來往。張先生皈依諾那活佛，對紅教、白教及花教的密法都有精深的研究，公餘之暇，將英文的藏密典籍譯成中文出版流通。這些經典印製得十分精美，是張蓮菩提自己出錢印製的非賣品，其中有《中陰救度密法》、《那諾六種成就法》、《恆河大手印》以及《二十一尊度母禮讚經》等。每翻譯一部分經典，他必定先寄來重慶，請我按藏文進行核對，檢查是否有明顯的錯誤，核對無誤之後，才正式出版。我到沙市後，張蓮菩提設宴招待，席間都是研習密教的人。有一位張純子先生是武漢大學教授，是研究子學的名家，老先生矮小瘦削，精神很好。講起密宗，他表示自己不太喜歡西藏的黃教，因爲黃教對於傳授密法的戒律很嚴，沒有精通五部經典或沒能受持三昧耶戒的人，不能研究密法，這樣必然造成教育行爲曲高和寡的局面，對於弘揚密教沒有好處。他希望我到西藏後多多學習紅教、白教和花教的密法。

二十五個比丘尼

不久我聽到新聞報導，前方戰事不利，武漢的情形正慢慢變得危急，於是請張先生代購一張船票趕回武漢。本來赴武漢並不需要買船票，由於張蓮菩提是海關領導，海關人員只要看到赴武漢的過往輪船，就攔住命它停下，然後用海關的名義把我送上客輪，輪船大副一看是海關送上的人員，馬上主動安排在大艙間招待。所謂大艙間就是單人房間，裡邊西中餐可隨意選擇食用，相當於頭等艙。我在福緣輪的時候也是這樣，一人住一間房，早飯是西餐，午餐和晚餐都是四菜一湯。所以方教授打趣對我說，還是學佛好啊，到哪都是頭等艙待遇，我們這些教授住的還是統艙。

這時日軍的地面部隊和海軍的艦艇已經逼近武漢週邊，海軍已突破馬當封鎖線，一時間風聲鶴唳，草木皆兵，武漢的衛戍司令開始強制執行人口疏散的命令。一個一百多萬人口的大城市，一旦發出撤退命令就不得了，居民如潮水般地四處逃向城外，每天都有數萬人撤離武漢，船票如黃金般珍貴，眞可謂一票難求。我一見這種情形也十分著急，趕緊去打聽船票售賣的消息，跑遍了所有輪船公司，都說船票早就賣完，沒有辦法，只有焦急地等待下次從重慶返回武漢的福緣輪。恰在這時，武漢城內正有一批年輕的尼姑，大概有二十五人左右，聽到日寇凶暴殘忍，姦淫燒殺，無所不爲，個個驚恐萬狀，急著到四川去避難，正在因爲找不到交通工具而犯愁。

當時葦舫法師正主持武昌佛學院，聽說我要回四川，於是委託我務必把這批尼姑帶出城去，將她們安全送回四川，這眞是個艱鉅的任務。福緣輪一抵達武漢，我馬上和葦舫法師一起去見向領江，請他無論如何幫忙在福緣輪上騰出艙位，讓這批尼姑上船。向領江雖然十分爲難，還是即刻答個應了下來。本來福緣輪正艙中已經沒有任何可以容納乘客的位子，但向領江靈機一動，想出了一個好辦法。原來這次航班中，福緣輪準備運送一批棉紗返回四川，向領江設法把底層貨艙中堆放的棉紗壓平，這樣就在貨艙中硬是騰出了一塊空間，這二十五個尼姑就坐在被壓平的棉紗上面，終於解決了座位問題。向領江把位子安排完之後對我們說，一切都妥了，開船的前一天晚上你們來上船吧。上船以後又是因為向領江的關係，輪船公司不但不收船票，而且免費供應伙食，實在是難得的因緣。就這樣，我帶著二十五位尼姑在夜色朦朧中離開武漢，波浪的衝擊聲和馬達的轟鳴聲回蕩在人們的心頭，國難當頭，前途渺茫，每個人心中都是無比的沉重，而自己腦海裡只覺得世事無常，不可預料。經過七晝夜的航行，輪船到達了重慶，我辭別了向領江，感謝他一路照應，祝福他諸事如意，平安吉祥。

【第三章】

步入西康

嘉定遇貴人

在重慶上岸後，我將行李交給四川旅行社託運，向人打聽西行的距離和時間，準備順路去嘉定，一方面朝佛，另外也想找一些關係爲我入藏提供方便。這時，重慶地方當局爲減少日本飛機轟炸造成的傷亡，已發佈了疏散人口的命令，居住在重慶下游的人口要分批向鄰近地區疏散，嘉定也是疏散地之一，所以往嘉定逃難的人也不少，小小一艘幾百噸位的淺水輪上擠滿了乘客和行李。我在嘉定消磨了兩天後，第三天遇到了冀范九先生。冀先生曾任二十四軍的交通處長，退休以後隱居嘉定，潛心念佛。經他的介紹，我認識了前邊防軍總司令孫養齋先生。以前曾聽說孫先生也是一名佛教徒，大勇法師當年率領赴藏學法團入藏時，他曾幫過不少忙，因此自己入藏也希望見一見他。此時孫先生正在創辦一間紙廠，住家則是典居王芳洲的房子。王芳洲曾當過國民黨政權最後一任四川省主席，外號「王靈官」。王在晚清時曾任川軍總督彭日升的下屬，民國六年（一九一七年）十三世達賴喇嘛乘辛亥革命滿清王朝被推翻，國內形勢混亂之際，靠著英國人提供的武器，指揮藏軍掃蕩駐昌都的清軍，清軍在無後援的情況下被藏軍擊潰。王芳洲先生於是回到四川，慢慢地成爲四川軍閥之一。抗戰勝利後，他當上了四川省主席，但卻好景不常，一九四九年解放軍進駐四川，他準備化裝逃走，在敘府被俘，成爲劉伯承將軍的階下囚，這是後話了。

我由冀先生引見，拜訪了孫養齋先生。時間可能太早了一點，孫先生剛起身，經冀先生爲我介紹，孫先生一面聆聽，一面吸著水煙，我們的談話引起了他不少對往事的回憶。他說，當年大勇法師的學法團要由此道進入西康時，他的司令部正設在雅州。那時洪雅一帶的土匪非常猖獗，爲了法師們的安全，他特地派遣一隊步兵沿途護送。我聽了心裡一驚，擔心洪雅這條路至今還不太平。接著他又說，現在洪雅這條路已比較好走了，從前可真是匪巢。我這才鬆了一口氣。接著我告訴他，我現在正準備由洪雅這條路到雅州再轉康定，不過沿途道路生疏，可否請先生介紹好友幫忙指點。孫先生滿口答應下來，表示將為我寫幾封介紹信，送到我住的旅館。

辭別孫先生回到旅館後，我腦海裡不停地湧現出孫先生的形象：瘦削的面孔，中等的身材，唇邊留著幾根鬍鬚，目光慈祥而柔和，看上去不像個軍人，倒是有幾分學者風範。正在沉思的時候，孫先生忽然踏進了我的臥室，遞給我幾封介紹信，並說：「我自從辭去總司令之後，迄今已有多年了，很少與政界往來，所以不便多作介紹。這幾位是我的好友，他們定會鼎力相助的。」我看了看他為我寫的介紹信，一封是給雅安的茶商夏永昌的，一封是給康定縣長杜履謙的，再一封是給康定跑馬山大剛法師的。這幾封介紹信都很有份量。有這樣一位貴人相助，讓我增加了不少信心，於是立刻由嘉定起身，前往下一站雅安。

雅安風情

由嘉定到雅安本有一條便捷的公路，乘汽車兩天可以到達。另外還有一條水路，可以搭乘岷江上游特有的竹筏子。所謂竹筏子，就是將數百支長竹竿綁在一起，編成竹排，後面加一只舵，左右兩邊有幾個人連划帶撐，遇到淺灘或逆流，這些人就會一起上岸用力牽挽；等過了淺灘，再跳回竹筏子上，撐筏順流而下。

但這次我是要走夾江至洪雅這條路，也就是所謂的小川北。小川北過去是聞名的匪區，因爲地方偏僻，山嶽縱橫，加上人民生活困苦，難以謀生，於是便有人鋌而走險，幹起了攔路搶劫的勾當。這幾年來，已經比較平靜了。我本是一個窮學生，沒有什麼好打劫的，但爲了安全起見，還是特意購買了幾只麻包，將行李都套上一只麻包；人呢，則穿雙草鞋，戴頂草帽，跟在行李後面步行。

經過夾江縣城、木城鎮，天黑以後才到了洪雅。洪雅城裡的市政建設還不壞，雖然是晚上，街上仍很熱鬧。街邊排列著各式小吃攤子，燈火輝煌，顧客熙攘擁擠。我在街上找了一家清潔的旅館，坐定以後，才想起由嘉定到洪雅一整天還沒吃飯，剛準備到外面吃一頓便飯，忽然旅店老闆悄悄地對我說：前天縣政府下了一道命令，禁止吃肉，說是爲了紀念七七抗戰，客人你千萬不能吃肉啊。我到洪雅這天是六月三十日，距七月七日還有一個星期的時間，卻被禁了肉食，想來實在可笑。回到旅館後，撫摸著雙腿，雖然有點酸痛，但覺得很安慰，因爲我這天整整步行了六十七公里。

洪雅距離雅安有六十一公里，道路崎嶇不平，人力車不能通行，只能以滑竿代步了。我在街上僱了兩部滑竿，計畫用一部抬行李，一部坐人，以便休息一下疲勞的雙腿。可是抬滑竿的苦力都染上了很深的鴉片煙癮，一拿到我付的定金，馬上先去解決黑飯問題。等到這四人過足煙癮回來，雨已經下得更大了，我只好穿上雨衣，戴上雨笠，冒雨離開了洪雅城。出城還沒走到十公里，就在一個小村子上打尖，一個抬滑竿的苦力得了我的五毛錢小費，就乘機溜了。只剩下三個人不能抬兩部滑竿，我自己只能步行了。這一路到處河流縱橫，這些河流多半是季節性的，夏季山洪暴發或遇上大雨傾盆時，低凹的地方就會積水成河，水並不深，但河面卻是波濤洶湧。抬滑竿的人輕車熟路，知道哪裡深，哪裡淺，哪裡可以過河。

由洪雅到雅安城一共涉渡了大小河流十幾條，也翻越了一座較高的山。渡河沒問題，怕的就是過山，因爲山崗之中到處分佈著土匪的巢穴。這一帶的土匪分爲兩種，其中一種是客串性的，就是那些抬滑竿的和背貨的苦力打劫客商。苦力之中，背貨的苦力可以說是苦力中最苦的苦力，人稱背背子。所謂背背子，就是身子背後背負著各種貨物的苦力，有背茶葉、土布、芋葉等土產，運到雅安去加工或銷售的，其中多以茶葉爲主。剛從茶樹上採下來的生茶被裝在一個大竹簍中，用苦力背到雅安的茶廠去烘製加工，每背茶的重量大約在一百五十斤左右。苦力手中拿著一根短棒，長途跋涉途中，休息的時候，就把這根短棒支撐在茶背子下面，佇立在道旁休息，有時因爲過度疲勞，連站著都可以睡著。就這樣休息幾分鐘後，將短棒抽出，再繼續前進。從洪雅到雅安的途中，見到的這種茶背子可以說是不計其數，看著這些當牛作馬一般的苦力，讓人心酸。幸運的是，我們平安地翻過了山崗，沒有遇到打劫。

到達雅安已是中午，正是盛夏時候，天氣酷熱。我冒著似火的驕陽進入雅安城，直奔夏永昌茶行。老闆夏先生曾在二十四軍擔任過要職，棄軍從商已經多年。夏先生看上去約五十開外的年紀，體格魁偉，念完孫養齋先生的介紹信後，他就招待我在他的店中住下。我趁機詢問關於進入西康的手續如何辦理，並請他協助，他要我放心，一切由他代辦。

雅安城區並不大，橫躺在兩條河中間，周圍群山環抱，從南到北，只有一條街道，街的南端比較繁華，也就是雅安縣的商業中心，各種商店、旅館、飯店以及兩家銀行都在這條街上，另外還有電報局、郵局及一所警察局。平時街道上來來往往的人也不少，還有很多騾馬馱著茶葉及土產。很多康藏的商人都來到雅安採購貨物，使這裡的市面非常活躍。小小的雅安城能如此的繁榮有它特殊的原因：第一，雅安是進出西康省的咽喉，凡是要往來康定和寧屬八縣的人，都必須經過這裡，所以這兒的旅館業、飯店業以及運輸業都很興旺。第二，雅安是水陸交通樞紐，除了有一條直達成都的公路外，還有一條公路和水路可以直達嘉定（樂山）；此外，雅安到康定的公路此時也正在修建中。第三，由於雅安是西康省貨物進出的吞吐口，因此它對於西康的經濟格外重要，西康的經濟活不活躍，就要依據這兒的商品吞吐量的多少而定。因爲西康除寧屬八縣農產品外，全省沒有任何工業，所有的日常用品都要由四川輸入，其中川茶及布匹尤其是大宗。雅安人經營茶葉生意的除夏永昌外，還有五、六家之多，而且規模都很大。因爲川茶是康藏老百姓日常生活必需品，而康藏地方政府、四川省政府每年徵收茶稅也是一筆很大的數字，這些稅收都靠滎經、雅安及小川西所產的茶葉。至於康藏輸出的土產，如麝香、鹿茸、獸皮、蟲草等各種藥材及黃金等等，也經過雅安而運銷各省，所以雅安雖小，實際上卻控制著西康省的經濟命脈。

雅安是茶葉加工的大本營，康藏所需要的茶葉都由這裡輸出到康藏各地。絕大多數康藏的老百姓雖沒有到過漢地，不知道漢地的情形，但都知道打箭爐（康定又稱爐城）和雅安這兩個地方，正是因爲茶葉的關係。當時在雅安經營茶行的，比從前多了好幾家，這是因爲川茶的色香味普遍受到廣大康藏人民的喜愛。英國的東印度公司在很多年前就在印度和錫蘭種植茶葉，希望打入康藏的茶葉市場，可直到印度宣佈獨立，都始終不能與川茶競爭，因爲川茶在康藏人民的生活中已經成了必不可少的用品，而且印度茶在色香味上都無法與川茶相比。

雅安的幾家大茶行，每天都有成千簍的生茶和上萬塊的熟茶磚輸入輸出，尤其在春夏兩季的產茶期最紅火。住在永昌茶行，我每天看他們不斷地收購生茶，茶葉堆積得像小山一樣；再將生茶攤開，先在陽光下曝曬，曬乾後用篩米的篩子將泥土和雜質篩出；然後由女工揀出粗枝及雜葉，接著就開始進行煎炒烘蒸的程序，最後製成茶磚。每塊茶磚打上字型大小及商標，用土黃紙包裝，每包約十斤，用人力或牲口運到康定的分行中去銷售，也有將生茶運到康定再進行加工的。大多數的康藏茶商因爲氣候和語言的關係，只到康定而不來雅安。大茶商每年到康定買一次茶，每次採購上千或上萬馱的茶葉，每馱約五十斤，用生牛皮打包，接縫的地方用豬血塗抹，防止被雨水浸濕，外包牛皮曬乾後，就用犛牛和騾馬運往各地。每一個大茶商每次來康定時都帶有大批牲畜和夫役，每個夫役身上背著步槍或毛瑟槍，腰間還挎著一把腰刀，用來防盜。康藏地方人稀地廣，政府的勢力有限，商人只好想法子自己保護自己。

我到雅安的當天正趕上大熱天氣，第二天天氣突然轉涼了，原來這裡的氣候多變，天晴就熱，一下雨就涼，民間的諺語說：「清風雅雨旱滎經」，就是說漢源地方風大（漢源縣又名清溪縣），雅安多雨，滎經少雨，所以常旱。天一轉晴，我便立即抓住時機，請夏老闆代僱一部滑竿，這次我特意囑咐抬滑竿的人不允許抽鴉片，因爲有了上次的教訓，知道抽大煙的苦力不但瘦弱無力，而且隨時會逃跑。至於行李，就託付給新康合作社運輸股代運到康定去。辦妥一切，我辭謝了夏老闆，直奔康定而去。

爐城觀俗

從雅安到康定一共有八個站，當地人告訴我這一路需要走整整八天。我們先到滎經縣，越過一條名叫七縱河的河流，據說這裡就是當年諸葛亮征南蠻時初擒孟獲的地方。繼續向前，便是山勢險惡的大相嶺，山中不僅路窄坡陡，遍地泥濘，而且大霧彌漫，視線最多只有十來尺，令人覺得陰森恐怖。下坡的一段是最危險的地方，常有盜匪和猛獸出沒，盜匪搶人，猛獸吃人，路旁到處可見人獸的骸骨。好不容易平安翻過此山，經過了漢源縣，前方不遠又遇到猛虎崗和烏鴉嶺。猛虎崗據說因有猛虎出沒而得了這個名字，烏鴉嶺則是終年陰雨茫茫，道路沿著峭壁盤旋而上，又險又滑，行人一旦失足，就會摔進萬丈懸崖。我連續幾晚修大威德金剛法，祈求佛菩薩保佑，就這樣經過七天驚心動魄的旅行，到了第八天，康定城終於出現在我的眼前。

康定原名打箭爐，俗稱爐城。相傳三國時諸葛亮曾派遣將領郭達設爐在此造箭，因此康藏人民多呼此城為打箭爐，而不習慣康定的稱呼。即將到爐城時，我見到一種特別的景色，就是周圍的山頂上有很多瑪尼石堆，上面掛有大大小小五顏六色印有西藏經文的旗幟，隨風飄揚，十分別致，讓人感到藏族佛教文化的特徵。由東門進入城內，景致更是形形色色，一條狹長的中山街上，擠滿了各色各樣的人物，尤其是康藏男人和女人的裝束最為引人注目。男人的裝束就像中古時代的騎士，頭上盤了一條大辮子，兩耳戴了很大的松耳石耳環，身上穿的是很寬大的或紅或黑的氆氌袍子，腳踏長筒牛皮靴，腰間佩一把長柄寶刀，雄赳赳地在街上大搖大擺地走動。至於女人的裝束，也很特別，頭上盤繞一條大辮子，辮尾用紅綠絲線綁牢，或將頭髮分打成多條小辮子，披在腦後。脖子上佩著項鏈及金或銀製的嘎烏小佛盒，內穿粉紅色或大紅色府綢襯衫，以及布質內裙，外罩呢子或氆氌製的長袍，腰上紮紅或黃的各色綢帶。西康婦女大多能操持家務及經營買賣，有時丈夫外出經商幾個月，家裡家外全憑妻子打點，井井有條。初到康定，看到人們的各種打扮感到很奇特，這裡的人形形色色，很多人通漢藏兩種語言文字，多數信仰喇嘛教，把康定點綴得多彩多姿。

康定不僅藏族人多，漢人也不少，此外還有一些外國人，因康定是西康省的政治、軍事、經濟和文化中心。省政府及所屬各機關都設在這裡，二十四軍的軍部及所屬師部也在此駐紮，國民黨中央在這裡也有分支機構。這裡又是川茶外銷的中心，西康出產的獸皮、鹿茸、麝香、蟲草等藥材及黃金等等重要土產，均由康定銷到外省各地。所以康定漢族商人中有川幫、滇幫、陝西幫、山西幫等等，川滇幫以經營茶葉爲主，陝西幫以山貨藥材爲主要業務，山西幫專做金銀匯兌的生意，各有雄厚的資金及根深柢固的生意基礎。

抵達康定以後，找地方住馬上成了大問題。康定是抗戰時期大後方的邊城，這裡一切都很落後，全城沒有一棟新式建築，沒有一間大旅館。這時城裡所有可以招待過客的客棧都已經爆滿，原來是國民政府的專使——考試院長戴季陶率領的一批黨政要員正經過此地，準備前往甘孜，代表中央政府致祭不久前圓寂的第九世班禪。

在西藏的歷史上，班禪額爾德尼與達賴喇嘛不論是在宗教或政治上，均擁有相等的地位，都是西藏的最高精神領袖。達賴在拉薩統治前藏，班禪則在日喀則管理後藏。歷史上班禪曾幾次擔任達賴的老師，也曾經在達賴圓寂時主持前藏的事務，負責選擇達賴的轉世靈童。宣統二年（一九一〇年），十三世達賴喇嘛與清軍交戰失敗逃亡印度後，九世班禪額爾德尼由後藏移居到拉薩，代理達賴職權，主持全西藏的政教事務，因此引起達賴的怨恨，以爲班禪有意篡奪他的權益。於是達賴回到拉薩以後，便開始不斷向後藏施加壓力，逼班禪增加納稅。後藏無論在軍事上、政治上、還是財力上，都無法與前藏相抗衡。在滿清時代，清朝政府爲了維持班禪與達賴之間的勢力平衡，達到相互牽制的效果，對班禪給予較多的扶持。但辛亥革命後，內地的政局混亂，班禪失去了中央政府的靠山，為避免受到達賴的迫害，於一九二三年十一月十五日夜晚化裝成平民，率領少數僧俗隨員逃亡到內地。當時國內軍閥割據，四分五裂，九世班禪先往內蒙各地傳授密法，因蒙古的老百姓深信黃教，他因此受到當地人民的熱烈歡迎，不少老百姓甚至將一生積蓄奉獻給班禪以求得福。國民革命軍北伐成功，國民黨定都南京以後，中央政府逐漸開始重視西藏問題。

一九三四年，十三世達賴喇嘛圓寂，中央希望借此機會恢復九世班禪大師在後藏的權益，同時希望班禪主政，恢復漢藏關係，於是中央政府於一九三五年特派山西軍人趙守鈺為護送班禪大師專使，率領上千人的儀仗隊準備送班禪返回西藏。但這一計畫卻遭到了英國政府的極力反對，同時西藏地方政府加以重重阻撓，以各種藉口阻止班禪大師返回西藏，加上此時國內政局不安，繼而抗日戰爭全面爆發，國民政府已經無暇西顧，班禪大師只能滯留在內地。幾年當中他從內蒙到北京，繼而到江南，最後到青海，輾轉各地，歲月蹉跎，延至一九三七年十二月一日，班禪大師圓寂於青海的介古多，回到西藏的願望始終未能實現。

大師圓寂後，趙專使及班禪大師行轅的工作人員將大師的靈軀移到康北甘孜，中央政府特派戴季陶為專使前往致祭。戴先生一向信奉佛教，曾在杭州接受班禪大師傳授時輪金剛密法灌頂，以他的身份和與班禪的因緣，確實是中央特使最適當的人選。戴季陶這一行浩浩蕩蕩，除了幾十個隨員，還有負責護衛的中央憲兵一個連、軍樂隊一隊、交通部無線電台一架、醫療隊一組，聲勢浩大，於是康定所有漢人經營的旅館都被他們佔用。這樣一來，我只有動腦筋去找鍋莊投宿了。

所謂鍋莊，並不是販賣烹調用的鐵鍋，而是康藏人的寄宿旅館。鍋莊有大有小，靠近中山街一帶是小型的，散佈在郊區或背街的則是大型的。小型的只能住幾個人及幾匹騾馬；大型的不僅能招待數十人，還可以堆積貨物，拴圈百匹以上的騾馬。但不論大型或小型都很簡陋，房間內除一、兩副羊毛墊子、一個火盆、一把泥茶壺而外，不提供其他的物品。康藏人出門旅行都是自帶臥具，自備炊具。臥具通常都安放在馬鞍子下面，炊具則裝在馬背袋裡面。把身上穿的長袍子脫下來，就可以當被子。鍋莊的主人不僅管理旅館，招待來賓，還代客買賣。客人所要買進或賣出的貨物，他從中抽取佣金。

我在鍋莊住了三日，覺得每個鍋莊都各有地區特色，例如康北德格一帶的客商，大都是投宿白家鍋莊；而康定附近木牙鄉來的客商，大都是寄居羅家鍋莊；其他如南路理塘、巴塘等地，都有自己的鍋莊，康藏人民也像漢人一樣有很濃厚的鄉情觀念。住在鍋莊的人，客居無聊時，也有一種娛樂方式，叫作跳鍋莊，就是召集一班善於歌舞的男女圍成一圈，男女一唱一和，載歌載舞，常常鬧得通宵達旦。主人則用藏酒及乾牛肉、葡萄乾、杏脯等物招待，或直截了當給康洋作爲酬勞，因此跳鍋莊在西康各地頗爲盛行。又有一種叫跳弦子的，弦子是一種西康樂器，好像漢地的三弦，用手指彈撥。女子則隨聲歌舞，歌聲清脆，抑揚頓挫，頗爲悅耳。西康人愛好音樂，民間有不少能歌善舞的藝人。

西康自滿清以來漢藏交流增多，民國以後，各縣有縣政府、學校、醫院、稅卡、郵局、保安隊等機構。二十四軍入康後，爲了維持地方治安，在各重要的縣都駐紮了軍隊。各縣的公教人員，除少數康人外，大多是漢人。康定又因爲是西康省政府及二十四軍總部所在地，漢人更多。康定漢人的服裝，商人多穿著長衫，公教人員則多穿中山裝，一般漢人婦女則多著旗袍，形成了康定的又一特色。

西康在滿清時代，已推行漢文教育，但結果並不理想，這是因爲受到地區、民族、喇嘛教勢力及經費四者的限制。康定漢人雖多，卻沒有一所高等院校。康定僅有中央政治學校康定分校一所、師範兩所，和幾所普通小學。這裡沒有設備完善的中學，學生如想深造，只有轉學到成都，非常不便。其他的公共設施如圖書館、體育場、文化活動中心及公園等雖有幾處，但設備簡陋。康定的宗教有天主教、基督教、伊斯蘭教等，而以喇嘛教爲主流。康定周圍有九所喇嘛寺，其中黃教兩所、薩迦教一所、紅教六所，寺中喇嘛多時可達一百二十人，少的僅有十幾二十人而已，均受西康人民崇拜。西康建省當局不干涉人民信仰，劉文輝的治康方針是尊重康藏人民的宗教信仰，並加以贊助，除用金錢補助西康境內喇嘛修建寺廟、刻印經文外，每年還派手下的參事前往拉薩佈施三大寺喇嘛，以表示他本人崇信佛教的誠意，也設法贏得當地老百姓的尊敬。西康地區本就民性強悍，同時思想閉塞，再加上語言的隔閡與當地特殊的風俗，各族之間遇到事情，如果溝通不夠，很容易發生衝突。滿清時總督趙爾豐及尹昌衡的治康政策，民國革命後已不適用於當地，所以我對劉文輝的治康方針頗爲讚賞。

我在康定城內外沒有看見漢人佛寺，也沒有見到穿袈裟的漢人和尚，倒是在街上見到不少爲人祈福誦經的喇嘛和爲人念經的尼姑。喇嘛們敲著鈴鼓法器，坐在居民的佛堂內爲主人修法、祈禱、修福、驅魔、薦亡，西藏密法中有這些專門的法。修完一天或幾天的法後，主人會獻上哈達及供養金錢，作爲酬報。如果請的是大喇嘛或大活佛來家中修法，報酬會更高，普通人家一般是請不到也請不起的。至於請尼姑誦經就便宜很多。還有一種是半僧半俗的女尼，不請自到，來你家門口誦經，主人只給一些微薄報酬，然後她再去第二家。

緊要關頭貴人相助

康定除了西康人的喇嘛寺之外，還有一所漢人喇嘛聚居的跑馬山寺，座落在跑馬山麓。跑馬山的得名，是因爲康人每年有賽馬的風俗，競賽的地點就在這座山上。山並不高，但山勢險陡，站在半山腰就可以俯瞰康定全城。靠著當地人的指引，我上山找到了這座寺。寺廟的建築很簡單，幾棟瓦房，四周有矮牆圍繞著，既沒有黃瓦，也無金頂。進入寺內，由一位喇嘛引導，見到了大剛法師。

大剛法師原籍湖北，出家前的俗名叫王又農，曾擔任過湖北省政府秘書長，後來從太虛大師出家。一九二五年五月，太虛大師的另一位弟子大勇法師在北京發起組織赴西藏學法團，以到西藏學習密教爲目的。大剛法師回應大勇法師的號召，參加了學法團，這個團同時得到中國佛教界不少居士的大力支持。支持的人士有湯鄉銘、趙恆惕、陳元白、胡子笏等名流。學法團團員包括大剛、超一、法尊、嚴定、觀空、密悟、密慧、密嚴、密吽、恆演、廣潤、天然、段克興及滿空法師等。一行人從北京出發，浩浩蕩蕩西行，沿途地方的政要都出來迎接。也正因爲他們的聲勢浩大，驚動了西藏當局，生怕這個團有什麼政治目的，下令不准他們進入西藏，求法團於是被迫滯留在西康的甘孜。到達甘孜後，大勇法師因病圓寂，學法團頓時失去了領導，成員只好各謀去向。法尊、超一及段克興三位法師自己去了西藏，大剛法師則率領觀空、嚴定、恆演、密吽等返回康定跑馬山等候機會。我前往拜訪大剛法師時，密吽已返俗，嚴定已往成都，廣潤、恆演、密悟三人去了西藏，密慧在甘孜東古寺，留在山上的團員只剩下幾個人。大剛法師仿效西藏喇嘛死後轉生的儀軌，爲大勇法師尋找轉世靈童，結果在康定的一個藏族人家找到一個靈童。據我的觀察，這個行動包含有三重意義：一是繼續大勇法師的生前遺願；二是在中國佛教界樹立一種新形象；三是可以向國內佛教居士繼續募捐以支持跑馬山的道場。

康定的氣候確比四川內地早寒，在康定，當時的季節雖然還是中秋，卻已有人穿皮衣、烤火爐了。大剛法師正披著一件皮大氅，坐在一張藏式的短榻上，旁邊另一張短榻上坐著大勇法師的轉世靈童，相貌端莊嚴肅，皮膚白皙，很像漢人家的孩子，正在那兒念誦藏文儀軌。我依照康藏風俗，先遞上一條白色的哈達，然後表達了自己對他的敬仰之意，同時遞上了孫養齋先生的介紹信。

本來我拜見大剛法師的目的，是想探詢一點關於出關的知識，並請他幫我尋找一個出關的同伴。法師向我解釋說，從康定西行不比內地，沒有滑竿可僱，沒有旅店可以打尖歇宿，除按站支取烏拉外，其餘一切便利都沒有。千里荒原，四下不見人影，肚子餓了，要用石塊架起鍋灶，撿拾乾牛糞燒茶煮食。天下雨了，或落下冰雹，要撐起帳篷或用厚毛毯做成的雨衣、雨帽連頭帶身子從馬頭到馬尾全部覆蓋住，以免被鵝卵石大的冰雹砸傷。高原山地因爲海拔高，夏季多雷雨，雷電交作，身前身後好像被閃電纏繞，非常危險，因此平時漢人身上穿的並不適用於康地。旅行時要自備皮帽、皮袍、皮褲及皮靴，以防寒流襲擊；還要準備厚氈帽、氈斗篷，以遮雨遮冰雹；一張熊皮毯子，以防潮濕。此外，馬鞍子、馬轡、馬袋這些東西也要自備，還要自己攜帶鍋瓢碗筷、油米鹽醬醋茶等，以便烹調。一切就像組織一個行軍家庭。

我聽了大剛法師講的情況，覺得很爲難。關外唯一的交通工具是烏拉，而烏拉的支取又不能隨求隨應，馱子多了，在轉運上就會發生困難。況且一個人經過整天在馬鞍子上的辛勞，兩腿已是酸痛不堪，到達驛站的時候，哪有體力再燒茶煮飯呢。躊躇了一會兒，我對大剛法師說，自己是孤家寡人西行訪求密法，財力和人力都有限，是否能找一個可靠的大騾幫同道出關，這樣可以有個照應。

康藏的道上，每年六、七、八、九月間都有運茶的騾幫，由康北或由康南前往西藏，和這些騾幫同行可免掉許多麻煩。法師搖了搖頭，原來我到康定的時候，這些騾幫已提早離開了。據大剛法師說，唯一的辦法只有設法擠進戴季陶院長的行轅隊伍中，和他們一起去甘孜，然後再由甘孜轉往西藏。但是戴院長行轅在四十八小時以內就要啓程了，時間太倉促，恐怕不大好辦。我聽到這條線索立刻振奮了起來，不管怎樣也要準備試一試，於是請大剛法師寫了一封介紹信，親自去求見戴院長，以期在最短時間內解決我的同伴問題。

在去戴行轅的路上，我的腦海裡忽然顯現出兩個人的影子，一個是蒙藏委員會的藏事處處長孔慶宗先生，另一個是考試院的總務處長陳靜修先生。這兩個人我在重慶時都會過面，而且陳靜修曾答應過我，在我赴西藏時將予以提供便利和幫助。我靈機一動，決定立即去拜訪這兩位先生。當時戴院長的行轅設在康定南門附近一所小學內。我一踏進行轅大門，就遇到孔慶宗。他見到我很驚訝，問我，你原是走海道到印度去的，怎麼又到康定來了？我告訴他，由印度轉藏的簽證出了問題，而且武漢局勢又很緊張，所以我打算由西康入藏。孔先生聽我說到武漢局勢緊張，生怕我在見到戴院長時說出來，趕忙囑咐我不要把武漢的情形告訴戴院長，因院長正臥病在床爲國事擔憂呢！

接著，孔先生就招呼我和戴季陶的總務處長陳靜修見面。當陳先生知道我的要求後，嘆口氣說道，「唉！可惜太遲了，要是早幾天，還能想辦法。我們現在一切都準備好了，騾馬帳篷都已分配就緒。你如果不信，就請看看這幅平面圖吧。」他指著平面圖比比畫畫給我介紹說，「這是院長的大帳篷，這是各部隨員的營幕，簡直擠得滿滿騰騰，我實在是幫不了你，眞是抱歉極了。」於是我只好又望望孔處長，孔處長又去請考試院秘書長許崇灝先生和我見面。許先生對我說，「你要出關，我們是應當幫忙的，不過具體的辦法，還得和院長商量，待商量定了，我再通知你，或者明晨你到行轅來聽消息。」

第二天清晨八點左右，我就趕到行轅打聽消息。因時間還早，先生還未起身，秘書要我下午去大剛法師那裡相見。我心中打了個問號，爲什麼要等到下午才做決定呢？無可奈何之下，我只好等到下午再前往跑馬山。我剛坐下不足二十分鐘，秘書長和陳天錫先生也到了。先生對我和大剛法師說，「我們並非不歡迎碧松法師同道出關，但有幾個難處：（一）我們行轅全體人員都是吃葷，碧松法師是素食，飲食上多有不便；（二）我們行轅人員是穿中山裝，碧松法師是僧服，服裝不一致；（三）戴院長待人很客氣，我們不能怠慢了他。以上三條理由使得我們無法幫忙。況且與我們一起，被西藏當局知道了，反而可能增加他入藏的阻礙，所以我與院長商量後，院長囑我攜贈碧松法師大洋一千元，作爲資助，並囑咐慢慢等待機會再出關去。」我聽了感到非常失望，再讀戴季陶的親筆信，感到語氣又非常誠懇，於是我在當晚回覆了一函，謝謝他的盛意。

出關的事看來是希望渺茫了，誰知一個偶然的機遇讓一切峰迴路轉，因緣就是這麼不可思議。我在康定的街上買日用品時，突然遇見了闊別多年的老朋友錢信予。寒暄之餘，得知他已隨同他的老師譚祖烈醫生到康定來工作了。聽說我找不到同伴出關，他便自告奮勇地願爲我去找同伴及烏拉。經由他的介紹，我結識了省醫院的譚院長、西康省黨部國學家高明先生及吳互園先生等人。譚院長答應如果我能找到烏拉但找不到同伴的情況下，可以擠在他的帳篷內住宿。他這次是率領醫藥隊隨戴院長行轅出關的，想到這，我心裡又充滿了希望。同時我也想起，除了戴季陶一行之外，劉文輝主席也指派一三六師師長唐瑛專門代表他率部出關致祭班禪大師。但我不認識唐師長，只能請大剛法師下山與我同到師部去見唐師長陳情。見面之後，唐師長很爽快地答應帶我出關，作爲師長的貴賓，免費供給膳宿，並指定他的副官負責照料，我眞是高興極了。

時間已十分緊迫，還有十幾個小時就要出關上路，假如到時仍沒有烏拉，那眞是萬事皆空。戴季陶行轅把康定所有的騾馬都徵調光了，能否找到一匹烏拉，誰也無法爲我擔保。恰在這時，我記起嘉定孫養齋先生曾爲我介紹的康定縣長杜履謙，於是馬上找出介紹信，請西康省委黃准高先生帶我去見杜縣長。杜縣長是劉文輝的紅人，短小精悍，精通佛學，見面之後不久，我們就大談起《大智度論》，彼此都感覺一見如故。原來杜縣長已由唐師長處得知，我要和唐一道出關，正在那兒和一位西康建省委員會的鄭秘書商談如何解決我的烏拉問題。杜縣長說，當時康定縣實在沒有多餘的烏拉可以支取，最後商量出一個最好的辦法，就是在西康建省委員會致祭班禪大師的代表人員項下讓出一匹馬來供我騎，不過要走二十公里路到折多塘後，才能有馱行李的犛牛。我說，走二十公里路沒關係，只要這一匹馬能靠得住就行。杜縣長說，絕對靠得住。於是他將我介紹給鄭少成秘書，並說出關後，將由鄭秘書照料我，明天一早將有人牽一匹馬到我的住處來接我。烏拉的問題終於解決了。

接著還有一個重要問題，需要當天解決，就是我行囊中所有的錢，都是法幣。康定市上可用法幣、康洋及銅鎳幾種輔幣。但是出關後，就必須用康洋。所謂康洋，是一種等於五毛錢大小的銀幣，舊康洋，銀分多，成色高；而新康洋，卻是銀分少，成色低。舊幣爲四川鑄造，新幣則在西康鑄造。關外不用輔幣，商人交易時將銀幣用利斧一劈爲二，兩個半片合爲一元，但實際上不足一元，因爲中間約四分之一被抽出作爲消耗和工資。交易時，這種半片康洋僅能搭配少數，買賣雙方都不會接受全部。當時康定市上康洋與法幣折合率是法幣四十五元換取康洋一百元，比官價高一些。官價規定康洋一百元，折合法幣四十四元八。因戴院長一行的到來，市面康洋已被搜集一空，這樣就使康洋漲到了折合法幣一兌爲二，而且還換不到。我靠了朋友幫忙，以官價四毛四分八厘兌一康元的價，兌到康洋五千多元，隨身攜帶使用，其餘所有法幣，準備到甘孜後，再設法全部兌成康洋。

騎馬抵達折多塘

一切準備妥當，出發這天，天氣晴朗，陽光普照，康定各機關、學校、社團，一起集中在南門外飛機場，集會歡送戴院長出關。劉文輝極力利用這個機會，表示自己效忠中央，擁護抗戰，希望獲得戴季陶的歡心，將來在蔣委員長面前說上幾句好話。集會後，隊伍開始浩浩蕩蕩地出發了。我得到的是一匹白馬，性情馴服容易騎，就這樣夾雜在不相識的馬隊中，我踏上了出關的征途。

前方第一站叫折多塘，座落在折多山麓，是出關要道，有居民十多戶，並有一個熱水塘，距康

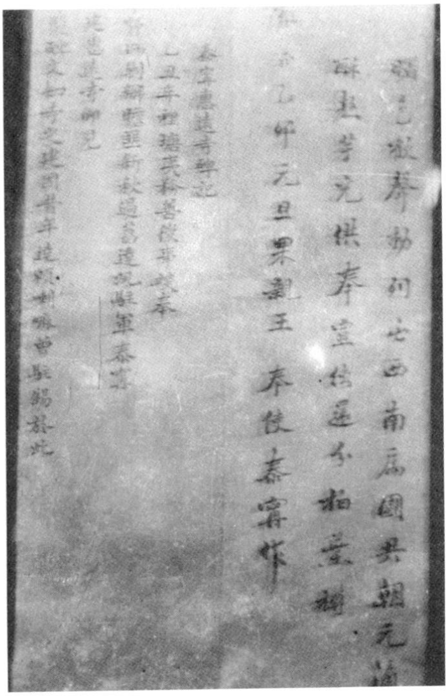
泰寧寺的漢文碑

戴季陶乘轎子到達中谷寺

定城約二十公里，旅客經過都在這裡打尖。因爲從此向西有兩條路可以前往關外：一條是翻山到泰寧、道孚、爐霍、甘孜、德格、鄧柯，這是北路，路較平坦，水草豐盛，很少有土匪滋擾；另一條是翻山經雅江、理化、巴塘，到寧靜，這是南路，山路崎嶇而且有土匪出沒。兩條路都在折多山頂分道，使折多塘成了控制南北兩路的咽喉。我就在這裡度過了高原上住帳篷宿營的第一個夜晚。我們這個團體共有四個帳篷，是師長和高級隨員的住所，其餘的人都到遠處的康巴人家去投宿。相比之下，附近的戴院長行轅就顯得十分壯觀，中間一個大帳篷是院長的住所，四周圍繞著幾十個小帳篷，作爲行營隨員住所，好像一座兵營，中間豎立一根幾丈高的旗杆，上面懸掛著國旗，隨風飄揚，這不但在這種小地方前所未有，恐怕在康藏歷史上也還是第一次。

我們住的帳篷是臨時的師本部，面積相當

寬大，帳篷內除安置師長的一張行軍床外，另外還有六個床位，我是其中之一，其餘的都是師部的高級軍官。我與他們寒暄後，才知他們也是初次出關，和我一樣。有兩位隨行的同伴點起了洋蠟燭，坐在地上讀書，消磨漫漫長夜。因爲第二天要翻折多山了，唐師長命令他的副官說，明天我們要早點出發，戴院長行轅是天亮做飯，八點出發，我們應當五更做飯，七點出發。原來唐師長這次出關，爲確保戴院長沿途安全，特地帶了最精銳的第一連士兵，全連士兵共一百多人，除連長騎馬外，其餘人一概步行。好在士兵年輕體壯，加之訓練有素，所以步行迅速。經過幾天的行軍，路經常壩村和中谷，我們來到了下一個大站泰寧。

泰寧的喇嘛寺和農業實驗區

泰寧當局在郊外十五公里的地方專門安排了接風儀式。在一個大草坪上，撐起了六、七座帳篷，每個帳篷內都擺上了一張方桌，桌上鋪滿了各種茶點，有瓜子、花生米、豆沙酥餅、炸麻花等。若是在內地，這些食物看上去都很平常，但在康北的荒原上見到這些東西，就顯得珍貴稀有了，大家入座後吃得津津有味。向前約五公里，就遇見一群喇嘛騎著馬前來歡迎。這十來個喇嘛都穿著紅色及黃色的袈裟，普通喇嘛頭上戴著類似考克帽的涼帽，堪布及活佛則戴著金盆帽，在太陽的照射下顯得金光燦燦。有些喇嘛還拿著樂器，如鐃鈸、嗩吶、號筒、海螺等吹奏。接著又遇到許多康巴男女老幼，穿著五顏六色的新衣，在路旁草地上歡迎。向前望去，可以看到泰寧喇嘛寺的宏偉建築，屋頂用黃金鍍成，輝煌耀眼，一眼看去就知道這是個大喇嘛寺。

泰寧喇嘛寺的中文名叫「惠遠寺」，雍正年間特爲第七世達賴喇嘛所建。寺內殿堂高大，畫棟雕樑，周圍有許多僧寮，供寺內的喇嘛居住，格式是仿照拉薩三大寺內康村的形式建的。當晚我們被招待在農業實驗區內歇宿。泰寧農業實驗區的蔣區長是浙江人，與我這個江蘇人有同鄉之親，他的部下大多是川康人。他們的主要工作任務是改良農業和畜牧業，並培訓康巴人，提高他們的農牧技術和改善產品的品質。康藏高原的農牧業生產十分落後，藏北及康北地區因地勢高寒、少雨、多風、日照時間短，僅適合於畜牧，不適合耕種；藏南及康南則雨水充沛，日照時間長，比較適宜耕種和畜牧。但康藏人民農牧技術落後，土地又不施足肥料，每年僅僅播種一次，浪費土地資源，常常是今年種甲地，明年種乙地，糧食產量往往不能滿足人民的一般需求，除大小麥及黑豆外，米麵全靠外地輸入。加上交通閉塞，物資匱乏，使得這一地區的人民生活長期處於貧困狀態。實驗區建立以後，技術人員爲改進康巴人的農牧生產品質，提倡施肥鏟草，運用科學方法在同一畝地上每年實行連續播種，以實驗區自己經營的農場及牧場作爲示範。但是康藏高原人肥及化肥都很缺乏，而且人民保留下來的舊習慣一時也難以糾正過來，所以改良康藏農牧業的工作，在當時是一項長期而艱鉅的任務。

泰寧農業實驗區附近還有一條小街，約有三十多家商戶，大多由康巴人所經營，其中有三、四家是漢商，買賣茶葉及其他雜貨。他們早已聽說戴院長要來了，把街道打掃得乾乾淨淨，並在各家門前懸掛了國旗。我在這條街上遇到一位年老的漢人，已六十七歲，到關外居住了四十多年，娶了康巴女子爲妻，子女都已經成人，他的生意是將康定的雜貨運銷關外，貨物主要是當地的土產，如藥材、鹿茸、麝香、獸皮等，利潤不錯。在這條街上還有一家消費合作社，是泰寧農業實驗區所創辦，以銷售社員所需要的生活日用品爲主。實驗區生產的黃油，比本地人所生產的品質好，但比內地又差了不少。實驗區還創辦了一所初級小學，學生大多是康巴人子弟，學校設備很簡陋，師資缺乏，所以成績平平。

晚間由實驗區設宴招待，這是出關以來第一次受地方當局招待。宴席上有八菜一湯，菜式中有紅燒海參、鹿筋蹄、脆皮雞、八寶鴨、滷牛肉、炒雙冬、炒三絲及蔬菜等，烹調的手藝都很不錯，席上還備有瀘州大麴（編註：四川瀘州出產的幾種濃香型大麴酒的通稱），一班人直吃得酒醉飯飽，稱心而歸。第二天早晨，又是一頓極豐盛的早餐招待，後由實驗區召集當地居民千餘人舉行了歡送會，場面顯得十分熱鬧。告別了泰寧，我們帶著一份美好的記憶前往前方的道孚縣。

道孚素描

道孚縣境內丘陵起伏，河流縱橫，東北是黨嶺山脈，西南是麥科山脈，道孚縣城在群山之間，形狀就像一個長條的桌子。這裡氣候較爲溫和，在盛夏六、七月時，平均每日溫度在攝氏二十二至二十四度之間。此地盛產青稞，還出產山貨、藥材及沙金，有幾座金礦。從康定出關以後，很多天來沿途還沒見過一座大型的村莊、一條像樣的街道，到處是荒山曠野，冰雪遍地。直到抵達道孚後，才發覺塞外竟然有這樣人煙稠密的地方。

道孚距康定七站，是康北第一個大縣，現任縣長姓戴，年近花甲，是二十四軍唐永暉師長的老師。我們在大隊人馬未抵道孚前，在戴縣長的陪同下參觀了道孚縣市區。道孚縣有一條大街，由東部伸展到西部，沿街有許多小商店出售磚茶、哈達、布匹及各種雜貨，還有兩家漢人開設的商店，售賣煙酒綢緞、川茶及瓷器等物。此外還有兩家茶館、一家飯店，顧客多是漢人，也有少數康巴人愛飲漢茶和愛品嘗漢人的烹調。但大多數康巴人喜歡在家中喝酥油茶，也有用青稞釀成啤酒，在酒面上放一些糌粑粉喝。至於大茶商及大批發商大都居住在後街，擁有深宅大院可以拴牛馬，並擁有自己的貨棧。

我們又到縣政府的南面參觀公共體育場，只見場地平坦，中間豎著旗杆，場內有一座演說台，康北地區還有這樣規模的建築，眞是難得了。從體育場向東望去，見到有一截斷壁殘牆聳立在東西丘陵上，據說是清朝大將岳鐘麒率軍征討西康時，在一夜之間建立起來的防禦工事，人們說清軍有神相助。向南望去，只見有一條大江滾滾東流，江面上不時有皮船往來，這裡就是鮮曲，河中盛產鯉魚。縣政府的東側，有一所縣立小學，我前往參觀時，校中空無一人，因爲學生和老師都去歡迎戴院長了。康巴人子弟不習慣讀漢文，把上學當作苦差事，因此西康教育採取強迫制，凡有子女的家庭，必須督促孩子上學。但有趣的是，富有的康人寧願出錢僱窮人家的子弟代替自己的孩子入學，而窮人家的子弟又屢屢翹課，所以康北的教育辦了多年，一直沒什麼進展。

第二天中午，戴院長一行抵達道孚，靈鵲寺的喇嘛們成群結隊地前往歡迎，他們吹著喇叭，打著鐃鈸，擂著番鼓，熱鬧得好像迎神賽會一般。戴院長及其隨員抵達道孚後，就寄居在喇嘛寺中。這座喇嘛寺規模比較宏大，據退休堪布麻傾翁介紹，該寺原來長住喇嘛有一千多人，目前還有九百餘人，靈鵲寺是黃教寺廟。退休堪布麻傾翁思想開通，喜歡與漢人交往，能說漢語，曾到四川旅行，知道內地的情況。他還與劉文輝主席私交很好，被聘請爲西康建省委員會參議。目前他除了弘揚佛法外，又經營買賣，在西康大寨附近投資了一座金礦，黃金年產量不低。道孚靈鵲寺在地方上很有勢力，除擁有許多槍支外，屬下還控制著大小喇嘛寺七、八所，由寺內派遣住持堪布。道孚縣最強悍的八保民眾，就與喇嘛寺相互串通，凡是未經喇嘛寺或八保人民同意的縣政，政令都沒辦法推行。由此看來，這個道孚縣長實在是不容易當。

戴季陶一行到達道孚縣的第二天，縣政府就在喇嘛寺內設宴為戴院長行轅及唐師部各級將領接風，我也作為貴賓之一出席。宴會是漢席，十人一圓桌，菜式極為豐富，計有魚翅、海參、鹿筋、熊掌、熏香獐、道孚特產鯉魚、冬蟲夏草燉雞、宣威火腿、冰蹄等等，有八大碗、四小碗、十二碟之多，大家直吃得口角流香，杯盤狼藉，不由得感歎自己身在蠻荒之地，竟然有這樣的口福。但這一次招待，卻苦壞了當地的百姓和小縣長們。他們三個月前就聽說戴院長一行要出關西行，趕忙派人到成都採買酒席的材料，接著就是殺豬宰牛，網魚打獵。誰知一等就是幾個月，音信全無。經過打聽，才知道院長大人在康定騎馬時摔傷了左腿，需要療養一段時間。等到戴院長康復出關時，已經宰好的豬牛肉、獵到的野味和捕來的鯉魚全部變了味，沒辦法只能從頭做起。戴縣長和我們談起這件事時感慨萬千，因為在物資極度匱乏、消息又很閉塞的關外，遇到這種事情實在是令他頭痛不已。院長大人的一頓晚宴，將這樣一個邊遠小縣搞得人仰馬翻，不知吃去了多少老百姓的民脂民膏。

第二天我聽說黃教有名的大德阿旺堪布昨晚已由西藏拉薩抵達道孚，現時正下榻在丁家鍋莊，我立刻趕去拜訪。阿旺堪布是西藏萬人崇拜的頗邦卡大師的大弟子，是一位大學者和大成就者。劉文輝在康定創立了五明佛學院，培植西康境內各派各教的佛教人才，期望能借此收到統一康省境內佛教，以便爲政治服務的效果，所以特意聘請道高德劭的阿旺堪布擔任院長。一九三五年我在漢藏教理院讀藏文時，曾跟從堪布學過上師瑜伽法，與堪布有師生之誼，於是我準備了一條哈達，藏洋二十元，去拜見堪布。堪布目光炯炯地正在誦經，精神很好，我向堪布詢問起關於赴西藏沿途情形、目前前往西藏是否有困難等等。堪布說，「你是赴西藏訪求密法之人，西藏人應該會歡迎你，你只管勇往直前，不必有所顧忌。」並答應爲我介紹他在西藏沿途各地的信徒。

我接著又去拜訪了靈鵲寺的退休堪布麻傾翁。麻堪布年將花甲，白髮蒼蒼，他的佛堂座落在喇嘛寺的南邊，是個四方形的建築，樓下是拴馬的地方和儲藏室，樓上是佛堂及臥室、廚、廁等等。我們坐下以後，他的侍者獻上漢茶及瓜子。當時我身上恰好帶著相機，於是拿出爲堪布留影一張，以作紀念。堪布非常高興，贈我一尊香製度母佛像。我辭別了堪布之後，走出寺廟，望見宏偉莊嚴的喇嘛寺，一時不忍就此作別，於是又在附近居民屋頂上拍攝了一幀喇嘛寺全景。

爐霍的奇人趣事

離開道孚繼續前行，走了二十多公里，在一個叫大寨的小村落歇息了一晚，第二天又走了大約二十五公里，到達了爐霍縣。爐霍縣的招待站，在山腳下一個草壩子上，共有三頂帳篷，縣長黃鵬及其下屬已經提前一天抵達，帳篷內備有很多點心。黃縣長很健談，我們剛坐下，他就大談起這次籌備歡迎戴院長的經過。他說，光是準備招待酒席的餐具就傷透了腦筋；以瓷器爲例，試想康北一個縣城，居民總共不超過百戶，每戶不過擁有瓷器三、五件而已，而且並不成套，如果要收集數百件成套的茶杯盤碗等等是相當困難的。唯一的辦法就是派人到成都去購買。好不容易採購到了，又不幸趕上蝦拉沱洪水暴發，馱運瓷器的犛牛被洪水沖走了好幾隻。遇到這種損失只能自己忍下，根本無處申訴，我們聽了都深表同情。中央的大員光臨一次，不知給地方上平民百姓帶來了多少麻煩。

蝦拉沱在外貌上很像內地的一個小村鎮，主街由東而西，沿街有幾家小店鋪，販賣煙、茶、布匹等日用雜貨，市面異常冷落，也正當雷雨之後。在村北還有一所磚瓦建築物，原本是法國人辦的教堂，這在康北並不多見。據稱這個教堂過去曾經一度相當興盛，但自民國十二年（一九二三年）該地發生地震，造成房屋倒坍，傳教士離開，教堂如今只剩下一座頹敗不堪的空房子。

在我未到康北時，就聽說蝦拉沱有一個瘋子喇嘛，名叫悅西養噶，證德證境高深，有大神通，遠近聞名，能預卜人的吉凶禍福，不少人不遠千里而來向他頂禮求卜，其中有藏人，也有漢人。瘋喇嘛終年住在一個山洞中，無論冬夏寒暑身上總穿著同一件單薄而破爛不堪的衣服，而且行爲十分怪異，因此被人稱作瘋子喇嘛。一天，有三個康巴人乘馬前去問卜，遠遠就看見瘋子喇嘛手持一根手杖站立在山洞前，沒等到三人下馬，喇嘛就衝上來，不由分說舉杖迎面就打，直到三人被趕回蝦拉沱河後才停下腳步。三個人憤憤不平地回到家時，卻發現家中正發生火災，火由馬廄開始燃起，濃煙滾滾，越燒越猛，妻兒們正在驚恐萬分、束手無策時，恰巧三人趕到，協力撲滅了大火。這時他們才明白原來瘋子喇嘛已預知他們的家中要發生火災，特意用手杖將他們趕回來救火，救了全家人的性命。

又有一次，兩個商人前去求喇嘛算命，剛剛走到橋上，就看到喇嘛從對岸怒氣沖沖地跑過來大

赴爐霍途中於烏拉巴合影

罵，大聲警告他們，如果不馬上退回就要狠狠地揍他們。兩個人只好後退。就在兩人剛退到了橋邊時，木橋突然開始斷裂倒塌。如果不是喇嘛及時把他們趕上岸，這兩人必定葬身魚腹。我到蝦拉沱後，本來想前往拜見這位奇人，可惜聽人說瘋子喇嘛已於前年圓寂，也有人說他根本沒有圓寂，而是去了遠處雲遊，心裡只能自歎無緣。

晚間師部人員都到齊了，荒涼的蝦拉沱頓時熱鬧了起來。戴院長的行轅在距蝦拉沱三里之遙的郊外紮營。當晚由爐霍縣政府招待，菜式共八樣，脆皮雞、掛爐鴨、干貝蒜頭、烤羊腿、紅燒圓蹄、蝦子海參、金鉤白菜、炒牛肉絲等，雖然飯有些夾生，大家仍是狼吞虎嚥，一通風捲殘雲地飽餐了一頓。

我比大隊提前抵達爐霍縣城，城內各處冷冷清清，原來全城居民幾乎傾城出動趕著去看熱鬧。我們找到了當天要落腳的喇嘛寺，這座喇嘛寺是爐霍境內唯一的大寺，中文寺名叫壽靈寺，屬黃教，當時有喇嘛一千七、八百人，最多時有喇嘛約兩千餘人，而且擁有來福槍三百多支，是爐霍境內民間武力最強大的集團。喇嘛寺人多氣粗，態度傲慢，對於縣官一級的官員根本不放在眼裡。黃縣長告訴我，當縣政府聽說戴院長要來康北，因爲擔心沒有足夠大的院子招待戴院長及其隨員，想起來和喇嘛寺商量借宿。誰知寺中的堪布卻不客氣地回答說，喇嘛寺不是旅館，不能招待這些人員，況且清靜佛地，本來就不適於外人寄宿。縣長萬不得已，只能婉轉地說明戴院長也是個佛教徒，爲了便於禮佛和向喇嘛佈施，所以才想借喇嘛寺居住，這時候堪布才勉強答應下來。

我聽完黃縣長的這番話，不由得感歎說，西康喇嘛的這種態度，其實正是西康佛教自主發展的特色。寺廟原是清靜佛地，本來就不應該用來作招待所，從道理上講可以說是理正詞嚴，絕對正確。與他們相比，漢地的寺廟自滿清以來，經常被地方土豪用來作爲會所，軍隊用來作爲營盤，員警用來作爲拘留所，佛殿莊嚴肅穆的氣氛早已蕩然無存，就是因爲漢地的僧人懦弱可欺。如果漢地僧人能夠向西康喇嘛學習，堅持佛教的寺規原則，保護佛教應有的尊嚴，那麼漢地佛寺一定能保持完整，發揚光大。黃縣長聽完我這番議論後沉默不語，似乎有所觸動。

在到達爐霍的第二天晚上，有人對我說，壽靈寺有一個喇嘛，準備在當晚降神，爲人預言吉凶禍福，十分靈驗。於是我約了幾個朋友前往拜訪，想問一問抗日戰爭的前途如何。一走進佛殿，首先看見五、六位喇嘛在誦經，接著就看見降神喇嘛全身抖擻，如醉如癡，侍從爲他戴上重達五、六十斤的頭盔，因爲頭盔太重，要用皮帶繫在脖子上，以免因爲頭部搖晃而墜落下來。降神喇嘛手握弓箭，左右由侍從扶持，走入丹墀，先是向空中做出一個彎弓射箭的姿態，表示正在降魔除妖。整套儀式進行完畢後，問卜的人才湧上前去獻上哈達或藏酒，詢問命運和吉凶。降神喇嘛一一回答，講話的速度極快，讓人難以完全聽懂。我上前詢問抗日戰爭的結果，他回答說，過幾年便清楚了。

接著降神喇嘛轟然倒下，如同失去知覺一般，侍從急忙爲他除去鐵帽，攙扶進後室，降神也就到此結束。

這天早晨，爐霍縣各機關、學校的民眾集會歡迎戴季陶院長，壽靈寺的丹墀中擠滿了人。儀式開始由軍樂隊演奏國歌，縣長宣讀總理遺囑，然後戴院長登台發表演說，大意是說中國是以三民主義立國，酷愛和平，凡侵略我國領土者，必遭迎頭痛擊。我國幅員廣大，萬眾一心，抗戰的最後勝利必屬於我們。演講詞經由藏文秘書譯成康語，康巴人初次聽到中央大員的演說，都感到十分新奇。歡迎會散後，我與戴胥等人到縣政府去拜會黃縣長，詢問一些關於縣政及喇嘛寺的情況，黃縣長給我提供了一份爐霍縣喇嘛寺廟的統計表。

康人習慣稱爐霍爲霍爾章谷。爐霍城區的街道是由南到北，沿街有很多漢藏人開的商店，出售日常用品。在縣政府對面有四川人開設的一間飯館，由此北去直達街尾有一家漢商，大名鼎鼎，經常去色耳壩金礦區收購生金。據說去色耳壩的沿途土匪很多，專門打劫金商。金商乘馬除了需佩帶毛瑟槍外，還要攜帶幾枚手榴彈，如遇到大股土匪時，就用手榴彈對付他們。這家金商多次獨來獨往於色耳壩，運出成噸的黃金，卻從來沒有遭到搶劫。因爲當地土匪聽說這位商人原本是軍人出身，槍法極準，勇敢善戰，大多敬畏他三分。

二十四軍副軍長向育仁先生來向我請教佛像的學問，交談當中，我們的話題轉到一九三五年的一件軼事。他說當時正逢戰亂，不少當地的地痞流氓乘亂四處打劫各地的喇嘛寺，許多鍍金佛像和金粉書寫的經書都遭到破壞和洗劫，與此同時還留下許多難以處理的糾紛。例如我們現在居住的壽靈寺，大殿正中的大佛頂上有一頂金帽，是用純金打造而成的，有七、八公斤重，也被盜走。這頂金帽因爲常年被煙熏的緣故，金色的光澤已非常黯淡，打劫的人大概不知這是價值連城的寶貝。不久，有人在街市上向人兜售這頂金帽子，恰好被玉龍土司夏果刀登遇上。夏果刀登在康北擁有地方武裝，曾經聽信地方上幾個喇嘛的慫恿，想憑藉手下一班康巴士兵與蘇聯紅軍對抗，結果受傷被俘。紅軍對他實行了寬大優待的政策，還讓他擔任了博巴蘇維埃政府財政部長的職務。刀登看到這頂帽子，心裡知道是件好東西，於是問這個人要賣多少錢。那人要價一百六十塊康洋，刀登二話不說便買了下來。他把金帽帶回家之後，仔細查驗一番，發現這確實是件難得的寶物，絕不是普通人家所擁有的，考慮了再三，不敢私藏，於是在金帽子上又添加了兩公斤的黃金，經過重新打造後送給西康德格縣的更慶寺作爲供佛之用。不久，壽靈寺喇嘛們開始四處尋找被盜的金帽子，終於查到了它的下落，於是要求更慶寺無條件送還金帽，更慶寺自然是不肯答應。壽靈寺的喇嘛一怒之下揚言如不送還金帽，將用武力來解決問題，一時之間雙方劍拔弩張，互不相讓。

談到這裡，向軍長表達了自己的一些看法，他說，自己是個佛教徒，但對於蠻不講理的行爲卻不敢贊同，說句公道話，更慶寺佛頂上的金帽子是由施主贈送的，又不是打劫而得，更不知道這頂金帽原來是壽靈寺的寶物，爲什麼開口就說要動武？如果眞是你們的菩薩有靈，可以顯靈來看看。就像南京棲霞山的石頭觀音，戰時被日本人盜走，卻在日本大顯靈異，要回棲霞山，日本人沒有別的辦法，只好將石觀音送回原處供奉。

我聽完向軍長所描述的有關金帽子的傳奇故事後，一直關心著它的下落。後來我入藏後，聽說此事已經和平解決，結果是由劉文輝出錢打造了一頂同樣的金帽子，送還給了壽靈寺，這件事才算平息了下來，避免了一場干戈。

聞名西康的女土司

我隨同戴院長行轅離開了爐霍，向甘孜前進，經過了巴朗，一個只有兩戶人家的小村，再向前到了朱倭村，一個有二十多戶人家的村落。這一路走了近兩天的時間，接著就到了下一個驛站，名叫卡薩。這裡是一個有山有水的風景區，我們當天住的房屋是村裡頭人的公館，有佛堂、客廳、臥室。康巴人家的地板十分光滑，並不是打蠟，而是用酥油抹擦。到達卡薩不一會，甘孜的孔撤土司偕同一批隨員來到我們的住處拜訪，並獻上哈達、牛肉一腿、羊腔一隻及酥油等食物，以表示歡迎。這位女土司是承襲她母親的職位，因爲孔撤家有女而無子。土司名德欽汪母，二十多歲，面孔黝黑，身材修長，腦後垂著一條長辮，身穿一件紫紅色章緞長袍，顯得充滿活力。女土司帶了一群康巴衛兵作爲隨從，他們每人佩著一支新毛瑟和一柄腰刀，威風凜凜。據說這位女土司辦事能幹，她屬下地區廣大，人口眾多，在甘孜還沒有實行改土歸流（編註：雍正時，由中央政府選派有一定任期的官員，直接管理少數民族地區的政務，逐漸廢除少數民族地區的「土司制度」）前，她是實際上的地方老大。儘管如今甘孜設了縣，因爲歷史上的關係，她仍然有著龐大的勢力。作爲一個女子，本來自己的婚姻大事應該由自己做主，但由於她的身份特殊，婚姻卻成了難題。劉文輝生怕她與藏人聯姻，將來與西藏地方勢力串通引起地方政局的動盪，所以要求她在選擇配偶時，必須首先得到劉文輝的批准，否則不得結婚。因此歲月蹉跎，土司至今仍待字閨中。

女土司德欽汪母走後不久，卡薩村有兩位喇嘛土酋前來拜見唐師長。唐師長爲鄭重起見，在我們的佛堂中接見。兩位喇嘛土酋各捧著兩張狐皮及一條白色哈達作爲禮物，放在唐師長的座前，接著就伸舌、彎腰，開始用康語申述他們的請求，由通譯將他們的話轉告給唐師長。我聽了他們的陳情，才知道兩位喇嘛是代表當地民眾要求豁免該地的差役。因爲這個地區地處大道，烏拉差役十分繁重，老百姓疲於奔命。唐師長答覆說：「聽到你們的陳情，我個人非常同情。不過需要等我返回康定後，將此事面呈劉主席，擬出一個具體的辦法，才能決定如何具體實施。」兩位喇嘛頭人聽到此話，又是彎腰伸舌，畢恭畢敬地道謝退出。

由卡薩出發不久，就見到前面的草壩上排列著許多前來歡迎的人群。最前一組是甘孜縣的保安團，有一百多人，一色的草綠色軍服，荷槍列隊；接著就是甘孜土司德欽汪母屬下的康巴士兵，長袍大袖，持槍佩刀，看上去個個威猛，精神飽滿；再下來才是甘孜喇嘛寺的喇嘛代表三、四十人及活佛、堪布十來個人，吹著喇叭及號筒，聲震山谷。我騎著馬穿過歡迎的隊伍後，繼續下坡沿著荒涼的山溝行走。當正午的時候，我們到達了距甘孜縣約十五公里的普玉龍。

從普玉龍到甘孜，有一條長約十五公里的公路，這條路是趙守鈺專使會同駐軍團長章鎮中修築的，路基和橋樑都仿照正常公路的規格，這在當時的康北是非常難能可貴的。唐師長爲此特意用四名夫役由康定抬了一輛摩托車到甘孜來，以便在新建的公路上駕駛，讓當地的康巴人民見識一下摩登交通工具的快速方便，又有表演的性質。我們的馬隊走在平坦的公路上，平穩又舒服，直到甘孜縣城。

甘孜是康北重鎮，這兒是關外幾條通道的樞紐，一條是到鄧柯、石渠，一條是通德格，一條是通巴塘理化，所以它的地位與康南的巴塘同等重要。二十四軍爲確保康北平安，在這兒駐有軍隊，並設有團本部，以便指揮散駐德格、鄧柯各地的駐軍，駐軍所在地還分別設有多座無線電台。駐軍團長是章鎮中，四川江津人，五十多歲，他的團部就設在官寨子裡面。這座官寨子本來是甘孜土司建的，樓高三層，東部由女土司佔住，西部則供團部人員居住，也是我在甘孜的臨時居所。

甘孜市內的道路十分陡峻，民房和商店都是依山而建，最高處是甘孜喇嘛寺，寺中大殿用銅頂鍍金，顯得金碧輝煌，燦爛奪目。寺中有喇嘛三千多人，信奉黃教，有個大活佛叫香根，是甘孜女土司的叔父，很有聲望。因爲甘孜寺在地方上極有影響，戴季陶的行轅就設在寺內；此外，九世班禪大師的行轅也設在寺內。

合計甘孜縣共有四十二所喇嘛寺，有喇嘛及尼姑六千九百二十九人。其中黃教三十一座，紅教九座，白教一座，黑教一座。在這些喇嘛寺中，有兩所喇嘛寺我最熟悉，早就聽到關於這兩所喇嘛寺廟的許多情形。第一是札噶喇嘛寺，寺址在甘孜河南，是已故黃教高僧札噶喇嘛的廟子。大勇法師率領赴藏求法團來康北時，就在此掛錫。法師圓寂後，也在此地修建了骨塔。寺中喇嘛不多，還有女尼，都是札噶喇嘛生前所剃度的。當時札噶喇嘛的轉世靈童已經有五、六歲大了，聰敏英俊，相貌也很端嚴，再過幾年就會送往拉薩三大寺學經。

第二是東谷喇嘛寺，寺內有喇嘛約五百人，屬黃教，戒律精嚴。寺內藏有許多木刻經板，我在四川見到赴藏學法團所讀的藏文經典，大多印自此寺。寺中有一位漢僧，名叫密慧法師，原籍湖北，跟隨大勇法師出家，成爲赴藏學法團的成員之一，正在這座寺廟學習密教。我久聞他的大名，想前去拜訪，但因東谷寺地方偏遠，沒能成行。

甘孜縣城在章鎮中團長及章家麟縣長兩兄弟的合力治理下，看上去街道整潔，公共秩序井然，市政建設在康北可以說是首屈一指了。此外，在文教方面有甘孜縣立小學一所，學生約六、七十人，還有一座公共體育場及一間小型報室，裡面陳列著重慶、成都出版的幾種大小日報。通訊方面，有一座商用無線電台，直屬交通部；僅有的一所郵政局，直屬康定總局。甘孜地方還有佛教會及慈善會等社團組織，因不熟悉會址所在地，我沒能前去探訪。後來有人告訴我，原來甘孜佛教會在大勇法師來甘孜時就已經成立，至今已有很多年的歷史。

大金寺的戰火

我們來到甘孜附近的白里，在這裡需要更換烏拉。護送我的士兵喚來了當地的頭人，指著我說：「這是漢人大喇嘛，趕快牽匹馬來，不准耽誤。」頭人彎著腰吐出舌頭，唯唯點頭馬上照辦。我騎上烏拉從白里西行約十幾里，遠遠看見一座殘破不堪的寺廟在田間若隱若現，這就是林蔥鄉有名的大金喇嘛寺。

這座破破爛爛的寺廟有著一段不尋常的歷史。民國二十年（一九三一年）秋，大金寺喇嘛與白里土司為了爭奪亞拉喇嘛的產業，互相廝殺起來。大金寺裡的喇嘛仗著人多勢眾，武器精良，又有西藏地方政府在背後撐腰，用武力攻佔了白里，到處搶劫燒殺，無所不為。中央政府不想使事件擴大，希望息事寧人，派遣了參謀朱憲文、軍法官馬昌驥、團長馬成龍前往甘孜，會同道孚靈鵲寺、爐霍壽靈寺的喇嘛，以及朱倭、孔撤土司頭人，為雙方調停，希望和平解決爭端。誰知大金寺喇嘛依仗背後有西藏地方政府做後台，蠻橫無理，不接受調解。到了八月三十日，竟然向前來平息戰亂的二十四軍開槍射擊，打死了一位名叫李哲生的排長，正式向中央政府挑起了戰火，漢藏兩軍的戰爭隨即展開。

雙方激戰了一個多月之後，二十四軍收復了白里村，並佔領了伸科、蕩古兩村，大軍直逼大金寺。正在準備圍攻寺廟的時候，領軍的劉文輝卻接到中央政府的命令暫時停止進攻，中央不希望把這次糾紛演變成中央與西藏地區政府的全面戰爭。這樣一來，反而使大金寺獲得了喘息的機會。寺廟不久便糾集了藏兵反攻甘孜、瞻化，藏軍勢力一度延伸到了爐霍的朱倭村及理化的窮霞二壩。中央政府迅速派唐柯三趕來調解，結果再次被大金寺拒絕。到了民國二十一年（一九三二年），藏軍變本加厲，兵分幾路開始進攻。眼看和平的希望破滅，劉文輝軍長決定大舉反攻。二十四軍攻佔了甘孜、瞻化，而且進一步收復了從一九一八年開始被藏軍佔據的德格、白玉、鄧柯、石渠等縣，把戰線一直推進到了金沙江邊。

一九三二年秋季，藏軍已被劉文輝打得潰不成軍，喇嘛逃到西藏，要西藏地方政府出錢養活，這給西藏地方政府造成了極大的財務負擔，而且大金寺喇嘛大多逃往西藏過著流亡的生活，有的因在藏地生活沒有著落，最後淪爲盜匪。在這種情況下，西藏地方政府決定和解，就這樣，漢藏雙方以金沙江爲界，在崗拖簽訂停戰協定。

大金寺本來在康北以富有著稱，寺中的喇嘛善於經商，大名鼎鼎的商號桑都昌就是大金寺的商業機構，在康定、拉薩、以至印度噶倫堡都設有分號。但終歸由於喇嘛不依照佛法持戒修善，忘記出家人的本份，又恃勇好鬥，最終導致寺廟被毀，喇嘛流亡，令人感慨。

過了大金寺後，當天到達的最後一個驛站是絨巴岔。絨巴岔是甘孜縣的一個村子，也是甘孜前往德格的交通要道，從這兒可以前往青海的玉樹。在康北草地旅行的人，以此處爲起點，可以直達藏北的黑河，或稱那曲卡。大幫的康藏騾馬商隊也喜歡走這條道路，因爲沿途水草豐盛，便於放養

大金寺堪布，一九三八年攝

牲口。我們抵達絨巴岔後，就由當地支差頭人招待在官寨子內歇宿。

康藏習俗，凡是持有官方發給的烏拉馬牌，地方頭人按慣例需查驗馬牌的內容。我的馬牌上已經注明寢室內要有全副坐墊及火盆、帳幔、頂篷等物，廚房內要供給柴薪或牛糞作為燃料和燈火，還要求有人代為背水。馬牌上還要注明馱牛多少匹，騎馬多少匹，牛馬都要備齊鞍韂；如有容易打破的東西，就需僱用人力背著，按站傳遞，不得損壞。當地頭人必須在馬牌上簽字，說明已按照馬牌上的要求，一一辦理妥當，還要按某月某日某地某某手押的格式予以保證。

清晨，頭人將烏拉牽來，我們跨上馬背，頭人站在路旁彎腰吐舌表示歡送。我們離開絨巴岔後，走了五十五公里到達了德格縣境的玉龍村。這裡是天然的大牧場，但是氣候寒冷，不產五穀。此地海拔高達三千七百公尺，高過甘孜的四百餘公尺，所以四季積雪不化。玉龍村約有二十多戶康巴居民，土司的家就在村內。玉龍土司名叫夏果刀登，就是買下了佛頂金帽子，然後供養給更慶寺的那位土司。他頭腦敏銳，辦事能力強，是甘孜德格土司群中出類拔萃的人物，而且擁有不少私人武裝，還曾經與紅軍交戰過。本來他並不是玉龍土司之子，而是招贅過來的。他原來所擁有的土地和老百姓都分佈在金沙江以西，如今在藏人統治範圍內。他希望有朝一日能從藏人手中奪回屬於自己的土地，因此拼命培植自己的武裝。西康建省委員會委任他為西康宣化員兼玉龍區長。當我們抵達玉龍時，他正去德格辦事，所以沒有機會見面。

離開玉龍後，翻過了雀兒山，再從柯羅洞前進，這裡的風景真是美極了，真可以說是萬山夾峙，一水中流，兩山之間古木參天，到處都是奇花異草。山路多變，有時上行升入半空，有時下降沉入澗底，峻險與秀麗作為兩個極端居然集中於同一景致之中，真讓人讚歎不止。穿越過這一迷人的景色地帶，德格有名的宴達金礦就出現在面前。金礦由一位退伍軍人周將軍經營，僱用上千個淘金工人，黃金產量較高，上交德格的金稅也最多。當晚我們就歇宿在金礦附近的一家農舍裡。農家姓包，是德格更慶寺管家包楚楚的內親，招待得非常殷勤，特意將佛堂騰出來供我居住。

要瞭解康藏人家是富有還是貧窮，首先要看他家是否有佛堂，接著再觀察佛堂中有沒有貴重的佛像、金銀器皿、經書、法器等，這些東西齊全的人家必定富有。康藏人的生活儉樸，但對於佈施供佛、供僧，認為是種福田。他們相信今生窮苦是因為前生吝嗇，所以一有餘財，就廣行佈施。因此，康藏的寺廟雖多，喇嘛的生活反而好過普通人。

獨一無二的甲喇嘛

從包家莊騎馬約兩小時，遠遠望見兩座藏式佛塔聳立在十字路口，同行告訴我說，前面已近德格縣城了。過了一座小山，眼前境界突然開朗，一片柳林映入眼簾。又看見一座幾丈高的木製牌坊，上書「金江鎖匙」四個大篆字。從牌坊到縣府官邸有一條約半里左右的整潔甬道，德格縣政府就座落在更慶喇嘛寺內，宣統三年（一九一一年）。這裡改土歸流設了縣。民國七年（一九一八年）十三世達賴喇嘛指揮藏軍掃蕩漢軍時攻佔了這裡，廢除了縣治。民國二十一年（一九三二年），劉文輝的軍隊收復德格以後，又再次恢復了縣治。縣政府官署原是個關帝廟，外面看上去好像一艘輪船，地勢及左右環境很是協調，視野也很好。西康建省委員會所設立的康藏交涉坐辦公署，也附設在縣政府內。坐辦的職位由德格縣的范縣長兼任。這兒距金沙江邊的崗拖，大約有二十公里，距柯羅大約二十五公里，是西康最西邊鄰近西藏防區的一個縣，所以地位非常重要。二十四軍在崗拖與德格縣城間的龔椏駐有陸軍一個營，並擁有一座無線電台，以保護地方安全。

在縣政府對面，中間隔著官寨子及德格印經庫兩所大廈，這裡就是德格土司的公館。土司名叫澤旺登登，三十多歲，矮個子，愛吸鼻煙。德格自從改土歸流後，土司勢力已大大減弱，不過他在地方上仍有影響力，當地康巴人還像土皇帝一樣尊敬他。因爲在未改土歸流前，德格土司是西康土司中轄區最大的一個，他控制著遼闊廣大的地盤，康人有天德格、地德格的說法。他的部落東連甘孜、瞻化，西連納奪、察木多，南接巴塘、乍了，北連西寧、安多，居金沙江的上游，控制範圍有幾千里，包括現在的德格、白玉、鄧柯、石渠四縣所轄地區。在德格土司之下，還有許多小土司爲他的封建勢力效忠。清末趙爾豐做川督時，曾經把澤旺登登的父親囚禁在巴塘。後來革命爆發，趙爾豐被部下尹昌衡所殺，被囚禁的德格土司逃回德格，聯合藏人恢復了統治。目前的澤旺登登土司是他的幼子，嗜酒貪睡，懦弱無能，人們都叫他劉阿斗，也正因爲如此而能與縣政府和平共處。

康藏邊境是否能維持平靜，要看漢藏雙方勢力的消長。例如民國初年內地爆發革命，中央無暇西顧，藏人乘機鼓動康人造反，並取得英國人槍械彈藥的支援，暫時奪取了昌都，還一度揮軍直達霍爾章谷。我到達德格後，先住在官寨子中，由縣政府撥給一棟房屋居住。我把所攜帶的現金，除少數外，全部存在包楚楚那裡，以備不久入藏時使用。包楚楚是德格更慶寺的大管家，掌管全寺的動產和不動產，也是德格縣最大的貿易商人，他的身份仍是更慶寺的喇嘛，而且沒有娶妻。所有在他商行任職的人，也多半是喇嘛，他全年經商所獲得的利潤完全奉獻給更慶寺。由此可見西康的喇嘛不僅誦經修法，而且利用他們的資金從事商業投資，將所獲利潤用於佛教事業，所以康藏寺廟大多擁有強大的經濟基礎。

到德格後，我就換上了喇嘛裝。喇嘛裝包括：內裙、外裙、內襯衫、背心及披肩。內裙是棉織品；外裙是毛織品，有本地貨及英國嗶嘰；背心一部分用中國緞或俄國金絲緞；披肩與外裙是同一品質，都是紫色或醬色。此外，頭上戴雞冠帽，腳踏皮靴。遇到天冷不做法事時，在室內可穿棉襖或披上皮大氅取暖。外出旅行時，可穿上有袖子的錦緞棉襖或皮襖，外加披肩。活佛及堪布可戴水獺皮帽或金盆帽，夏季則戴北京製造的涼帽。騎馬時一般用北京出產的金鞍或銀鞍。至於西藏地區的喇嘛裝，又和康地不同，他們所乘的馬匹大多是從青海來的，因康藏地區不產良馬。

在整個德格縣城，只有我一個人是漢族喇嘛，因服裝整潔，舉止斯文，當地人把我當作活佛一般，都用甲喇嘛稱呼我。每當我走在街上時，當地人便恭敬地站在路旁，向我彎腰、伸舌並脫下帽子，懇求我為他們摸頂賜福。我在德格住了一個多月，因為聽說麥宿村宗薩寺將傳授薩迦教密法大全，機會難得，於是請求范縣長發給烏拉馬牌，又請德格土司寫信介紹，準備前往宗薩寺求法。

德格求法

德格是康北的文化中心，市中心有一所龐大的印經院，那就是馳名康藏的德格印經院，藏有藏文經板數十萬塊，最有名的是甘珠爾和丹珠爾兩部大藏經板，也就是所謂德格新版大藏經。與後藏的那塘版、前藏的布達拉宮版，以及北京的雍和宮版比較，這個版本更加清楚易讀。其他如黃教、花教、白教、紅教等顯密典籍經板，也保存得十分完備。西康有一種風俗，印經的人要自備紙墨，另外還要付給印刷工人工資，就可挑選自己喜歡的經板進行印刷。印經院每年四月開放，十月底關閉。據經庫負責人說，國內、國外，甚至遠到英、美、日本研究西藏的學者，每年都有人前來德格印經。

德格還是喇嘛教的大本營，全縣計有薩迦派寺廟十三所，寧瑪派寺廟九所，黃教寺廟四所，白教寺廟三所，苯教（又稱黑教）寺廟五所，共計有各派寺廟三十四所。喇嘛人數共有兩千八百二十三人。根據德格縣政府一九三八年的統計，德格全境人口是九千七百四十四人，村戶共三千二百五十六戶，喇嘛人數幾乎佔德格總人口的三分之一，差不多每三個人當中，就有一個是喇嘛。

在這些寺廟中，以下幾所喇嘛寺最出名：

一、更慶喇嘛寺，屬薩迦教派，有喇嘛六百五十人。所在地是更慶村，也就是德格縣及德格土司所在地。寺內有一位活佛，名叫更慶欽哲，精通梵藏語文，修喜金剛，獲得了大成就，因有神通而遠近馳名，信徒極多。

二、八蚌喇嘛寺，屬噶舉教派，有喇嘛約四百餘人，所在地爲八蚌村，在更慶寺西南方的深山之中，是康藏各地及不丹王國噶舉派的領導中心之一。寺中有兩位大活佛，一爲大寶法王噶瑪巴，一個是四寶法王——泰錫度仁波切。大寶法王曾受明清兩朝冊封，所以與漢族及滿族關係密切。我到八蚌寺朝禮時，十六世大寶法王年方十七歲，是阿都土司之子，四寶法王年約五十來歲。

三、宗薩喇嘛寺，屬薩迦教派，有喇嘛約兩百人，地點在麥宿村。這裡的大活佛第二世宗薩欽哲蔣揚卻吉羅卓德高望重，是康藏百姓皈依的主要人物。康藏各地的薩迦教徒來宗薩寺求法的人極多。

德格縣的全部軍政要員

四、佐欽喇嘛寺，屬寧瑪教派，寺在竹青村，有喇嘛約兩百五十人，是康藏各地寧瑪派的領導中心。寺中喇嘛有很多人因苦修而獲得成就。由於位置處在牧場之中，周圍荒寒冷寂，人煙稀少，交通困難，生活清苦。漢人喇嘛也有在該地求法的。

以上四個寺廟，分屬三個教派，彼此和平共處，沒有發生過衝突磨擦。因為喇嘛教在西康沒有政治權力，不像黃教在西藏的勢力龐大，以致於發生過強迫其他教派改宗的現象。康地各寺喇嘛多數戒律精嚴，解行並勝，所以能吸引廣大民眾信仰。至於漢人中傳說寧瑪派及薩迦派因為想即身成佛，修那洛六法，也就是所謂雙身法，我不敢說絕對沒有此事，可能在偏遠的地帶存在這種修煉；但我可斷言，在寺內不可能存在。康藏各派密教都有雙身修煉法，可很少用女子為明妃，而大多以觀想中的空行母代替，特別是黃教在這方面的限制最嚴。

宗薩寺距更慶寺約有五十公里，而且山路崎嶇難走，要兩天時間才能到達。第一天從更慶寺經龔椏、再生垛，再到八蚌寺，次日由八蚌寺至宗薩寺。龔椏原是德格土司的夏季行宮，有廣大的宮殿和園林，當時為二十四軍一營所佔住。營長姓蕭，看上去短小精幹，營外附近設有一座無線電台，以便和外界聯繫，台長叫陳治國。當我路過龔椏時，蕭營長和陳台長殷勤招待，使我感到盛情難忘。因我到達德格已經有一個多月，每天用糌粑酥油充饑，已有多日沒見大米了。在龔椏吃完午飯後，就騎馬告辭轉入山溝。當時節令雖是涼秋，山上卻已積了數寸白雪，下午四點左右行抵八蚌寺。

在我所參訪過的康藏眾多喇嘛寺中，可以說八蚌寺的風水最好，可見當地喇嘛在擇地建廟時，非常懂得堪輿之學。八蚌寺建在一個小山頂上，四面群山環抱，寺前二水合流，如同二龍搶珠。寺廟的正殿坐北朝南，當太陽照射在上面時，頓時金瓦放光，顯得氣象萬千。此地遠離塵囂，真是個人間仙境。

我在成都的同學張澄基居士當時正在八蚌寺學習密法，他帶了兩萬大洋來到八蚌寺，將這筆錢存放在廟子作爲學法期間的食宿和各項費用。老朋友見面，自然歡喜異常，我當晚就留宿在八蚌寺，與張澄基就佛教中唯識學的幾個問題一直討論到拂曉。第二天，由他幫我引見了大寶法王和四寶法王，承兩位法王摸頂賜福，祝我早日赴藏成行，並祝旅途平安。

在八蚌歇宿一晚後，在強烈日光的照射下抵達宗薩寺。此寺依山而建，僧寮直接建築在懸崖上，初看覺得懸在半空十分危險，住久也就習慣了。第二世宗薩欽哲蔣揚卻吉羅卓活佛是名聞康藏的大德，他的前世第一世宗薩欽哲發起了近代藏傳佛教史上著名的「利美」運動，即主張融合藏傳佛教的各派修法，不分教派地修持和弘揚藏傳密法。這一世的宗薩欽哲繼續發揚「利美」運動的精神，儘管他本人爲薩迦派傳承，但通曉各派的密法，證境高深，成爲各派喇嘛一致敬仰的上師。

宗薩欽哲活佛體格魁梧，相貌莊嚴，舉止神態安詳自若，令人一見便肅然起敬。他的經堂內佈置得也很樸素，大多是些經書法器，不像八蚌寺二法王居住的經堂，佈置得那般奢侈豪華。活佛因

二十四軍政治部主任戴烈

德格土司澤旺登登

爲接到德格土司爲我寫的介紹信，對我另眼相看，親自教我密法儀軌。當時悟開法師也在宗薩寺學習密法，對我十分照顧。自從進住寺廟後，一切都需要從頭做起。寺廟方面僅免費給我提供一間居室，我須自費購買坐墊、炊具、茶具及食物。西康人吃糌粑，喝酥油茶，但喝酥油茶需要攪茶器，攪茶器就像一門迫擊炮發射器，把茶油混合攪拌約十幾二十分鐘，就製成了酥茶。這個器皿有貴有賤，也須自己購買。德格市面上買不到米麵及雜貨，宗薩寺所在地又是偏僻鄉村，除糌粑、乾牛肉外，什麼也沒有，所以日常生活相當困苦。

我在宗薩寺跟隨宗薩欽哲活佛一共學習了一百六十七種密法，其中尤以隱身法最爲稀有，眞可以說是千載罕遇，萬劫難逢。

在宗薩寺法會期間，透過宗薩欽哲的介紹，得以結識索康汪欽色古學（色古學在藏文爲「貴族少爺」的意思）。汪欽是西藏大貴族，他從昌都來德格，是爲參加大金寺懸案的，順便來宗薩寺參拜宗薩欽哲活佛，並向全寺喇嘛熬茶佈施。西藏人大多是佛教徒，不論是貴族還是平民，都喜歡朝拜佛寺，佈施喇嘛，或者在佛前供酥油燈。雖然是爲個人或家庭修福，有時也竟然會收到意想不到的政治效果。

當我與他攀談後，他知道我有意去西藏學習密法，於是主動爲我寫了一封致西藏各地邊防關卡的手令，囑我在赴藏途中，可隨時用這張手令曉示西藏邊防守軍，一定會放行不誤。當初我並不知道他的眞正身份，也不清楚爲什麼他會有如此大的權力。後經打聽，才知道他當時是西藏當局噶廈（西藏地方政府）設在昌都的秘書長，而昌都邊防軍司令正是他的父親。他是以四品官的身份派到昌都工作的，又因爲出身貴族家庭，受過良好的教育，會說漢語，通達漢情，所以派他作爲全權代表，來德格參加大金寺會議。索康汪欽色古學先派昌都漢文秘書王廷選前來德格籌備和談事務。王君是昌都漢人，祖籍陝西，曾受中文教育，漢藏文都很精通，爲人也很和善。王君來後不久，索康汪欽也帶領大批僕從跟隨而來，可是住了很久，劉文輝的代表仍然遲遲沒有出現，索康一行只好到各寺廟拜佛，以求加被和談成功。我卻也因此獲福，能夠順利入藏。

我因在宗薩寺獲得了所有薩迦教的密法灌頂，求法可以暫告一段落，於是在十月上旬返回德格。原先聽人說，德格更慶寺有一位活佛，學貫顯密，並有大神通，我請德格土司介紹，向更慶欽哲活佛求授密法。大師慈悲爲懷，當即答應了我的要求，傳授喜金剛大法，每天上午還爲我講解喜金剛生起圓滿二次第，內容神奇，不可思議。因此確信無上甚深的密法，如喜金剛生起次第之類，對於密法修習信心不堅定的人，眞是不可以隨便傳授的。

第二世宗薩欽哲蔣揚卻吉羅卓活佛，當地康巴人聽說我拍下了這張照片，爭相前來索取，擺在家中佛堂供奉

我在學習喜金剛密法時，因爲有上師的介紹，結識了玉龍土司夏果刀登，就是那位與紅軍作戰被俘而出任博巴蘇維埃政府財政部長，後來又用低價買得爐霍喇嘛寺佛頂金帽，把它改贈德格更慶寺而惹起風波的名人。因爲在同一師門下學習，我們成了朋友。他知道我有一架柯達照相機，喜歡攝影，而他正好也有此愛好，並擁有全套顯影定影的暗房器材，無條件供我使用。因此我時常到他居住的地方沖曬照片，結果我們成了莫逆之交。在結識刀登以前，我的攝影底片必須寄往成都沖曬，往返需要很長的時間。後來因使用他的暗室，沖相片就方便多了，我便將宗薩欽哲活佛的照片印出幾張，贈給友人供奉。哪知一傳十、十傳百，最後竟然有上百個康巴人聚集在我的住處，要求我送給每人一

宗薩欽哲活佛法相

張活佛的照片，我只好說自己沒有那麼多的印相紙，只能寄往成都加印。據說，一張宗薩欽哲活佛二乘二的半身像，可值十幾元康洋！價錢貴，還很難買到，因為甘孜、德格一帶，沒有一家照相館。康藏人供奉上師或活佛的畫像，多數用布畫，上面塗上彩色，俗稱「唐卡」。這種畫像有大有小，大的有數丈長，小的僅有二、三寸見方，可以裝在銀盒中，出門時也可佩帶在身上作為護身符。

十月底，劉文輝主席委派出席大金寺會議的首席代表章鎮中團長冒著嚴寒行抵德格。他帶有一排衛隊及許多文武隨員，這使沉寂已久的德格邊城突然熱鬧了起來。我與章團長在甘孜相識，原以為別後各奔東西，難以再次相聚，沒想到分別僅僅數月，又在邊城相會，人生因緣真是不可思議。章團長及其隨員都寄居在德格官寨子內。官寨子範圍很大，除德格縣立小學外，德格縣的保安團團部也設在裡面，大金寺的會議也在此召開。章團長到德格後不久，就召集康方有關的土司、頭人，與藏方代表一起召

更慶寺的更慶欽哲活佛

開會議，我也被邀請列席。由於雙方開誠佈公，經過多次會商之後，終於使多年成爲懸案的大金寺事件順利圓滿地得到了解決。

協議要點如下：漢藏雙方出資重建大金寺，大金寺喇嘛逃亡西藏境內者，准以回康安居，既往不咎。漢藏雙方同意撤退金沙江邊駐屯兵，漢方將原駐屯於德格龔椏之駐軍一營，撤至甘孜。藏方將原駐屯於崗拖之駐軍，撤至江達。中央社記者劉尊棋專門撰寫了一篇題爲「康藏關係新紀元」的文章，可以參考。我在會議的開幕日，特意拍攝了一張照片，作爲歷史性的留念。

爲了學法方便，並且就近依止上師，我決定搬到德格土司的隔壁，更慶欽哲佛堂中居住。佛堂是一座獨院，院中雕樑畫棟，佈置得很華麗。活佛住在下層，我則住在上層，我住的再上一層還有寬大的月台可以眺望四周風景。上師慈悲爲懷，免收房租，並且撥出一名僕人，爲我燒茶煮飯。安排妥當以後，我從此心無二用，專心修習密法。

成爲一個眞正的密宗弟子並不是簡單的事情，有著嚴格的要求和步驟。密宗不同於顯教，要依上師而成就，因此第一步就是找到一位眞正具有修證，而且具備菩提心的金剛上師。上師的好壞，對於你的修法影響很大，所以必須多方打聽，挑選一個學德俱佳又誨人不倦的良師，然後以師禮侍奉。如何侍奉，在宗喀巴大師所著的《菩提道次第廣略論》中有詳盡的說明。此外，藏文中有一部法典叫作《上師五十法頌》，其中對於密宗弟子如何依止上師有著詳細的規定，每位弟子都必須認眞學習，以此爲衡量自己行爲的標準。密宗弟子要將上師視爲佛陀，上師與佛無二無別，這樣才能與上師身、口、意三業相應。

拜了師，第二步就是求受密宗戒。基本戒有十四條，與比丘戒二百五十條、菩薩戒五百條比較

漢藏雙方就大金寺事件談判的會議現場，我應邀列席會議，拍下了這唯一的一張照片

要簡單很多，但文簡而意繁，眞正履行起來卻並不容易。第三步就是向上師求受密法灌頂。康藏各派的密法，算起來有幾千種，學習每一種法都必須由上師灌頂傳授。密教學派，注重傳承，代代祖師相傳，繼承不斷。求受密法灌頂雖多，但不必每種都修，有的僅是爲了保持傳承，以備以後度眾生之用。一般是選擇一兩種與自己最相應的法來修持，持之以恆，才能成就。初修者應該從儀軌簡單、容易起修的法開始，儀軌太繁瑣，初修的人往往不易觀想，觀想不清楚，就不能得到定，而無定則無法生出般若智慧，因此也就難以獲得成就。

在德格期間，還遇到過一起德格縣政府民事訴訟案件。事情起因是德格縣屬龔椏村附近有一個小金礦礦坑，原來由漢人李某開掘。經過一、兩年的開採，因採不出黃金，李某自願無條件放棄，表示任由他人採掘。有位姓王的漢人聽說後就進入礦坑繼續發掘，此君眞是吉星高照，不到一個月，居然挖到一個重五十多斤的大金塊。李君聽到消息，要求均分，王君當然不會答應，兩人只好對簿公堂。

范縣長對這個官司感到十分難斷，徵詢我的意見，我說，李某已經放棄這個礦坑，所挖出的黃金，都應歸王某所有，不應該均分。我還說，在人類社會中，糾紛雖多，卻總離不開天理、國法、人情三個方面，如果根據這三個原則處理爭端，凡事都可迎刃而解。

【第四章】

藏地風情

兩個不尋常的徒弟

我在西康得格學習密法共十個月（一九三八年八月十一日至一九三九年六月六日）。到了一九三九年六月，天氣漸漸轉暖，我又開始考慮準備西行入藏，完成求法的長征。我將這個想法與范重三縣長商量，范縣長十分贊成，並答應提供經濟上的援助。我自從抵達德格後，用於縫製喇嘛裝、印刷藏文經書、備辦騎馬用具及供養上師等等的開銷，耗費極大，身上帶的和存在包楚楚處的現金差不多已經用完。這次入藏除沿途備足用費外，到達拉薩後，還要在三大寺熬茶佈施，算下來至少需要大洋三千元左右。除內地好友匯寄來少數資助外，還缺少大洋三千元，范縣長聽說後慷慨解囊，用此數相贈，這樣就解決了我西藏之行後續階段的大問題。

籌備將要停當，甘孜的友人李棟庭居士來信，信中說特意介紹兩個人作為我入藏的同伴。李居士年前因參加大金寺會議前來德格時，聽說我不久將隻身入藏求法，覺得未免孤單和危險。在他返抵甘孜後，到處為我尋找同伴，結果皇天不負苦心人，他為我找到了譚興沛與顏俊兩人。這兩人都是湖南籍，譚君是湘潭人，是無線電台報務員；顏俊為益陽人，是無線電機械工。他們兩人受國民政府交通部派遣，前往西藏拉薩電台工作，但西藏地方政府沒有允許入境，所以暫時寄居在班禪大師的行轅中，想透過別的辦法進入西藏。兩人自從離開南京以後，歷經內蒙、華北、青海等地，在邊疆地區已跋涉了多年，後因班禪大師在青海玉樹圓寂，中央政府想借助班禪活佛恢復漢藏關係的計畫完全破滅，譚、顏兩人正一籌莫展之時，聽說我將赴藏求法，認為機會難得，很想同我結伴而行。然而在當時漢藏關係的形勢下，他們如果以公務員的身份入藏，是很難通過西藏關卡的。想到這一點，我回信說康藏人民極其尊崇喇嘛教，最好讓他們兩人作爲我的徒弟，穿上喇嘛裝混入西藏。

經過二十多天的等候，譚、顏兩人終於在一九三九年五月三十日到達德格。這天雨雪紛飛，道路濕滑，我在縣政府內猛一見到這兩人時，頓時大感失望。原來兩人穿的衣服不是喇嘛裝，而是內地的和尚裝。如果這樣入藏，藏人不能辨別是僧是俗，反而會壞事。而且兩人所帶來的騾馬及僕從，十分招人眼目，既不像是商隊，也不像是旅行香客，於是我要求兩人在我的詳細指導下重新進行化裝。經過幾次磋商，兩人不僅需要重新化裝，而且僕從及騾馬太多，目標太大，容易引起藏方的注意。爲了安全起見，我提議我們幾個人分三批渡過金沙江，在昌都西邊一個叫浪蕩溝的地方重新集合。

我們約好，凡是先到達該地的人要等候後來的同伴。譚興沛自願出任先鋒，把自己化裝成一個窮苦的安東娃子朝佛香客，步行前進。當年按照康藏習俗，每年從青海、內外蒙古、西康、四川等地步入藏地朝佛的「阿菊娃」人數很多，藏邊各地關卡對這類香客一律放行無阻。這些人大多是衣衫襤褸，身體黝黑，身無分文，白天遇到村莊就沿家乞討，夜晚就露宿荒山之中，常常有的人就這樣葬身雪窖，也有的人中途病死，還有的則被野獸吞噬，遇到的種種苦難，數不勝數。然而他們都有極其堅強的佛教信念，所以仍堅持百折不撓地前往拉薩朝佛。

譚興沛既然要與這些人結伴，在生活習慣和服裝修飾方面都應該與他們相同。我的康巴老僕阿嗡有一身舊藏袍，已穿了十一年，看上去破爛不堪，我花了十幾塊康洋買了下來，囑咐譚某穿上。譚興沛一見這套破舊的藏袍，臉色就沉了下來。我對他說，如果不這樣打扮起來，你根本不像一個窮苦朝佛的香客。他聽了這番話才勉強穿起了這套藏袍。

譚某雖然能步行，但兩肩不能負重，糧食及簡單臥具都要另找人幫助背負，本來跟隨他的僕人沒有一個人願意與他同行，誰都不願意吃這份苦。這時正巧有青海邊區三十九族蒙古族後裔阿菊娃十來人步行入西藏朝佛，經過德格，正住在德格近郊的山洞中。我馬上派僕人強巴同他們商量，結果他們願為譚君背負行李和糧食，並且沿途照料。這些人看上去相貌友善，不像是兇惡之徒，與他們結伴，大概不會有什麼危險，譚興沛於是決定和他們一起走。我又特意囑咐譚興沛一路上要裝聾作啞，如遇到藏人盤查，一概不回答。

一九三九年六月三日，德格縣政府設宴為我們三人餞行，宴席非常豐盛，有熏牛肉、醉雞、皮蛋、海蜇皮等冷盤；頭菜是紅燒海參及燒烤等，共計九大盤，這是我到德格後吃到的一頓最豐盛的晚餐。晚餐過後，天色已黑了，只見冷風瑟瑟，雨雪紛飛，心中突然蕩漾起了一種「壯士一去兮不復還」的悲壯情緒。

譚興沛倒是不怕風雪，攜帶簡單的臥具和鹽茶糌粑、乾牛肉各一袋，於當夜十一點左右趕去阿菊娃們棲居的山洞，準備一大早隨他們一起起床，在天未亮前渡過金沙江。當我和顏俊為他送行時，他的態度和表情十分堅毅，沒有顯出有什麼顧慮。我心裡卻想，他明天就要開始過一種艱苦萬分的生活了。他們交通部的人員一向待遇優厚，尤其是在邊疆工作的人員更有特殊津貼，所以平時生活比較優裕，作為政府官員能夠吃這樣的苦，真算是難能可貴了，心裡不由得對他產生了敬佩。

譚興沛臨別時和顏俊開玩笑說：「怎麼樣，和我一起去吧？」顏俊立刻回答說：「別，別，我可不願意把這條小命搭進去。」

譚興沛離開後，第二天我就開始籌備第二批人員的出發工作。第二批人的主要工作是負責馱運一些無線電器材和行李，由隨從僕人強巴及葛殿英負責押運。他們兩人生長在邊疆，懂得漢藏兩種語言，而且熟悉經商的門道，但因為行李過多，原有的騾馬不夠分配，只好托人到處物色。經過了兩天，才花了一千八百塊康洋，買到兩頭騾子，第二批人馬這才在六月五日起身西進。

最後一批，也就是第三批，只有我和顏俊兩人。我到德格後，早已換上了喇嘛裝。為了使顏俊儘快裝扮起來進入角色，我特意為他買了一套舊喇嘛裝，共花了八十元。顏俊穿上正好合身，看上去儼然像是一個甲喇嘛。接著我又教了他一些喇嘛禮儀和簡單的經文，囑咐他要多念經，少說話，以免被藏人識破。范縣長得知我們就要出發遠行，特地叫人送來幾馱川茶和幾袋糌粑、酥油和麵粉，以便途中食用。德格土司澤旺登登也派人送來幾袋米、麵、酥油、奶渣奶餅，並寫信給沿途藏方戍邊官員請求給予照料。帶著大家的深情厚誼，我與顏俊在六月七日啓程直奔金沙江，踏上了入藏之路。

金沙江的關卡

金沙江，蒙古語為「木魯烏蘇」。舊誌中記載：金沙江源出於巴薩通拉木山東麓。近代人查出金沙江發源於唐古喇山北麓，流經西康的鄧柯、德格及巴塘等地，流入雲南的麗江，經武定府到四川界而入敘府，與岷江流會合，最後流入長江。這條江有許多渡口，其中有幾處毗鄰此時的漢藏邊界。談到這所謂的邊界，就要從十三世達賴喇嘛講起。

十三世達賴喇嘛的藏名叫作圖丹嘉措（一八七六至一九三三），是一位很有政治手腕的統治者，與五世達賴一樣是歷代達賴中的佼佼者。他的一生處在西藏前所未有的大動盪時代，經歷曲折而極具戲劇性。他曾經兩次逃亡，第一次是在抵抗英國軍隊入侵失敗後逃亡內地，投靠滿清政府；第二次卻是反過來，與清軍交戰失利，逃到印度去投靠英國人。最初英國人想方設法進入西藏時，他堅決抵抗，同時寄希望滿清政府，能幫助他將英國人拒之門外。英國人進入西藏的要求被達賴喇嘛拒絕多次後，便決定動武。一仗打下來，藏軍大敗，而滿清政府的昏庸和駐藏大臣的無能，又令達賴喇嘛依靠中央政府保護的希望徹底破滅。英軍攻入拉薩時，達賴喇嘛逃往內地避難，而在拉薩的滿清駐藏大臣有泰對英國人卻是百般恭順，非但未能保護西藏的利益，反而迫使藏人與英國簽下了不平等條約。此舉大大地刺激了達賴，使他覺得風雨飄搖的滿清政府根本無力再為西藏提供任何保護。以後他到了北京為慈禧太后祝壽時，慈禧不顧達賴在西藏至高無上的教主地位，堅持要他見面時行跪拜禮。皇太后大概忘記了，清朝初年五世達賴進京見順治皇帝時，非但沒有行禮，順治帝反而出宮親迎。這樣一來，再一次讓十三世達賴喇嘛感受到了莫大屈辱。

不久，滿清政府開始意識到西藏問題的嚴重性，於是派出了幾位精明強幹的大臣，其中以唐紹儀為代表，與英國人談判西藏條約；張蔭棠為欽差大臣，入藏主持藏務。談判的結果使英國在條約中確認了中國對西藏的主權，而中國也為此付出了大筆的戰爭賠款。另一方面，張蔭棠利用達賴喇嘛不在西藏、西藏貴族群龍無首的難得機遇，在西藏推行各種改革，使中央政府在西藏直接插手處理藏務，真正行使主權。

與此同時，在四川的川滇邊務大臣趙爾豐在西康地區，即西藏東部、四川西部和雲南西北部的地區，開始推行「改土歸流」政策，將過去由地方土司管轄的土地劃歸爲縣，由政府任命縣長輪流來管理，取代當地土司的統治。如此一來，大大削弱了地方土司的勢力，加強了中央政府對邊區的控制。趙爾豐在川邊的這一改革遭到了土司們的反抗，但趙爾豐以心狠手辣聞名，人稱「趙屠夫」，對付土司的反抗毫不手軟，率兵東征西討，廢除了一大批土司，也殺了不少人，連拉薩派在西康地區的官員也被他驅逐出去。就這樣，他將德格、巴塘及昌都一帶收歸了過來。趙爾豐後來在辛亥革命時被四川革命黨人尹昌衡所殺，但他推行的改土歸流政策卻爲後來西康省的建立打下了基礎。

張蔭棠等人在西藏實行的改革，和趙爾豐在西康推行的改土歸流，大大損害了西藏貴族的利益，威脅到達賴喇嘛的政權，達賴爲此恨之入骨，他開始號召藏人起義反抗。爲了鎮壓可能發生的叛亂，清政府從四川調遣了一支三千人的軍隊趕赴拉薩。這時，達賴在北京晉見慈禧太后之後回到拉薩，不久便與駐藏大臣聯裕發生了正面衝突，雙方正式翻臉。

川軍入藏後，將藏軍打得潰不成軍，一路打到拉薩。剛剛回到西藏的達賴只能再次出逃，經由大吉嶺逃往印度。清軍在後緊追不捨，這時達賴衛隊中一個士兵奮勇阻敵，用箭一口氣射倒了十幾個追兵，保護達賴逃了出去。這個士兵本是個木匠，一個不知名的小卒，這一次卻成了達賴喇嘛的救命恩人，以後獲得達賴喇嘛的提拔，成了西藏的大貴族。

達賴喇嘛出走後，清朝政府視爲叛逆事件，下令廢除達賴的名號，另選達賴轉世靈童，形成了達賴與中央政府徹底決裂的局面。另一方面，入藏川軍的軍紀渙散，進入西藏後又殺又搶，引起當地藏民憤恨。不久，辛亥革命爆發，駐藏的清軍內部發生分裂，事實上這批川軍早已爲四川的幫派「袍哥」所控制，一切由袍哥中的「老大」、「老二」說了算，當時任統領的鐘穎根本無法指揮。軍隊發生嘩變後，先是綁架了駐藏大臣，以後軍中的保皇派和革命派又發生矛盾，彼此爭鬥不休。加上達賴喇嘛在暗中命令西藏的商人不准賣糧食給川軍，逼得川軍士兵不得不四處打劫搶掠，駐藏軍隊實際上已失去了戰鬥力。這時達賴看準了時機，開始發動對駐藏漢軍的掃蕩。這一次他依靠英國人提供的新式來福槍，將漢軍徹底摧毀，把他們趕出了西藏。從印度回到拉薩後，達賴喇嘛開始秋後算帳，對曾經幫助過漢人的西藏人，喇嘛也好，平民也好，一律賜死。貴族四大林中的丹吉林活佛因爲幫助了漢人，被達賴下令處死，活佛廟子中的喇嘛無一倖免，整個廟子被燒毀。一個名叫擦絨的大貴族也被列入清洗的名單，本人被殺，妻子和所有的財產莊園由達賴喇嘛封賞給了那個在他逃往印度時用箭保住他性命的士兵，這個當年的無名小卒從此搖身一變，成了大貴族擦絨。

達賴掃蕩了拉薩的漢軍後，並不甘休，又派出一支五、六千人的軍隊，由一名喇嘛率領攻打昌都。由於駐守昌都的漢軍與內地失去了聯繫，被藏軍擊潰。就這樣，達賴政權的勢力暫時達到了昌都以及金沙江以東幾個縣的範圍，藏軍開始在那裡設立哨卡，阻止漢人進入西藏，切斷了與中央政府的往來。直到大金寺事件爆發，漢藏雙方再次交戰，劉文輝指揮二十四軍收復了金沙江以東被藏軍佔領的地區。民國二十一年（一九三二年），康藏雙方在崗拖簽訂停戰協定，方以金沙江爲界，金沙江以西屬西藏當局管轄，以東屬康境。

我們到達江邊，實際上已經站在了當時的康藏邊界上。我從江邊向對岸大聲呼喚了幾聲，要求藏方幫助擺渡，不久就看見對岸划來了四艘牛皮船。金沙江的牛皮船不同於甘孜附近的白里，白里的牛皮船腹部大而深，容量也較大；這種牛皮船，口部敞大而且扁，容量不能超過兩馱犛牛的重量。但因渡口江面的水流不太急，所以能安全橫渡。

渡過江後，我囑咐顏俊留在江邊看守行李，我就前去拜訪藏官甲本章堆。此地有一所村莊，設有檢查關卡，由甲本章堆駐守。甲本是連長官階，章堆是他的名字。我與章堆是舊相識，去年大金寺會議時，他曾跟隨西藏代表索康汪欽色古學來德格參加會議。一見到我，章堆立刻彎腰相迎，並說：「本來以爲您早應到駕，爲什麼一直拖到現在才到?」隨即派人去江邊搬運行李。

不久，顏俊也到了，甲本不認識他，我趕緊介紹說，我之所以遲遲沒有入藏，正是因爲等候我這位徒弟。甲本含笑望著顏俊，眼神中似乎在懷疑這人是不是個眞的喇嘛。這位甲本雖是軍人，但沒穿軍服。西藏軍服分兩種，軍官穿英國陸軍制服，打領帶，穿皮靴。士兵則穿藏式黃色氆氌袍，頭戴呢帽加帽徽，穿藏式的黃色長筒靴。這天甲本穿的是藏色長袍，腰纏絲帶，耳朵上佩戴兩寸長的松耳石耳環，待客謙恭有禮。

我到達的時候，正碰上甲本和他的夫人在用晚餐。見到我來了，他們迅速將杯盤收拾到了一邊，把我請到上座。西藏風俗，不設坐椅，只設坐墊，坐墊上鋪西藏織造的羊毛地毯，地毯是方形或長方形，並有彩色花紋圖案，地毯四周用英國紅呢絨鑲邊，十分美觀。我盤膝坐在上方，顏俊盤膝坐在我的側面。甲本僕人取來一盤乾牛肉、少許辣醬及一壺酥油茶、一小袋糌粑，作爲我和顏俊的晚餐。康藏人習慣，當吃糌粑時，先在碗中倒上少許的酥油茶，然後放入糌粑，用手指慢慢地攪和，就像和麵一樣，然後用手捏成團，送入口中，不用筷子。吃乾牛肉時用刀削片蘸著辣醬吃。漢人剛入藏地，往往很不習慣這種飲食方法。

晚飯後，我爲甲本家誦二十一尊度母禮讚經，顏俊則念誦大悲咒。甲本爲了表示虔誠，一直在室內陪伴我們，直到修法完畢，甲本夫人也向我頂禮致謝，請求加持家宅平安。這位甲本爲人心地善良，看到我們兩人孤單西行，就對我說：「有兩位康巴商人準備去拉薩，你們如果願意，可以和他們結伴同行。」我表示同意後，甲本隨即招呼進來兩個人。我抬頭一看，心裡吃了一驚，原來這兩人不是別人，正是譚興沛和顏俊的僕人強巴和葛殿英。他們兩位比我們提前一天出發，想不到竟然在這裡巧遇。我們幾人生怕引起甲本的懷疑，雖然雙方都猛吃了一驚，可又都馬上鎮靜下來，裝作彼此互不認識。

第二天早上，在誦經祈禱後，甲本獻上哈達及酥油、乾牛肉等物作爲路上的口糧，並交給我一紙烏拉馬牌，告訴我只要有了這張馬牌就可徑直到達江達。從江達到昌都的馬牌要由江達代本（編註：官名，意爲箭官。清乾隆五十八年定制，設六人爲管兵官，四品，每人統兵五百人）簽發，他的轄區界線是由崗拖到江達爲止。說完這番話，甲本牽來兩匹備有鞍轡的駿馬，供我和顏俊騎乘；爲了馱運行李和貨物，又爲我們準備了八頭馱牛。

此地烏拉的收費也和西康不同，是用藏銀計算。騎馬每匹每站收取藏銀六錢，馱牛每匹每站收取藏銀四錢。藏幣是以兩爲單位，兩以下是錢，錢以下是分。十分爲一錢，即一枚銅幣。十錢爲一兩，即十枚銅幣。兩以上用銀元，有三兩銀元，一兩五分銀元，有時也用七分五厘的銀幣，叫作白藏噶。

江達受阻

從崗拖到江達大約八十五公里。江達是昌都和崗拖之間的要衝，爲防守昌都的前哨，這裡駐著藏兵二百五十人，由一個代本率領。我們剛一進江達地界，就飄過來一陣悠揚的軍樂聲，仔細分辨它的音韻，很像英國蘇格蘭人演奏的樂器。這個地方每年五月都有一次集市，各種土特產品都會陳列出來，有印度運來的布匹、顏料、廚具、皮鞋等等，不過價錢十分昂貴，當地一般老百姓根本買不起。

我和顏俊騎馬直奔官寨子，由當地頭人負責招待。休息了片刻，我就前去拜訪江達代本。代本是個西藏貴族，名叫多德，四十多歲，身體瘦長，臉上留著鬍鬚。我在甘孜時，曾由一後藏官員介紹與他相識，但事隔一年，印象已經模糊。我打聽到代本住在村南的兵營內，就前往兵營求見。兵營藏語叫作「馬噶」，大門向東，到門口時就看見有兩個身穿藏式服裝的衛兵，坐在兵營大門外的崗亭裡釘鞋底，步槍就掛在牆上，其中一位藏兵把我引到了代本室。

代本正坐在藏式矮榻上，身上穿著一件黑色的氆氌長袍，頭頂中心有一個髮髻，上面嵌有一個小金佛盒，這是貴族階級特有的標記。代本的左耳朵上懸掛著嵌有松耳石的金耳環，大約有三寸長，坐榻前放著一張長方形的矮桌，上面擺著藏式茶具，茶杯是江西瓷，茶蓋、茶托都是銀製的，用來喝酥油茶。我按照藏俗，先獻上一條潔白阿喜絲哈達，然後呈上索康汪欽色古學的手諭及德格土司的介紹信。

代本看完信後遲疑了一會兒，抬起頭來慢慢說道：「索康汪欽色古學的手諭是在去年九月簽發的，你們爲什麼去年不來西藏，卻拖到今天才來？」我回答說去年天寒地凍而且沒有找到同行的伴侶，所以拖延到今年夏天才出發，並沒有其他的特殊原因。

代本說：「不一定吧？最近昌都有公文來，囑咐我加緊防範匪徒，尤其要防範漢人偷渡入藏，所以我不敢放你們過去。你們既然是索康汪欽色古學的朋友，我會請示昌都總管，等到有答覆後，再放你們入關，怎樣？」我心裡清楚這時再說什麼也沒有用，只好起身告辭。

我把和代本會見的情況告訴了顏俊，和他商量有什麼補救的辦法。顏俊對我說，他住在邊疆已經多年，按他的經驗，藏官來到康地，都是橫徵暴斂，貪婪成性，個個貪小便宜。不如咱們帶上二十元康洋，找個機會偷偷送給他，也許會起些作用。我說二十塊康洋恐怕拿不出手，不如送上一包川茶效果更好。於是我讓烏拉巴兩人抬著一包茶葉，和我一起再次向代本居所走去。果然不出顏俊所料，代本一看有禮物送來，臉上立刻露出了幾分喜色，殷勤地對我說，「你們遠道而來，先小住幾天，稍安勿躁，不久自然會有好消息。」

我說：「我們這些人急切盼望著早日入藏求法，如果中途耽誤太久，會感到十分煩悶。況且江達市區過於喧鬧，很難淨心修法。」

代本說，「我不能違抗昌都總管的命令，如果你們覺得台站周圍環境過於喧鬧，我可以爲你們尋找一處安靜的地方。我會馬上派人用快馬向昌都火急遞送公文，請你們耐心等候。」

正巧這時台站的樓下住著兩個從康定來的小喇嘛，正在商量明天的行程，我便招呼他們過來問話。這兩個小喇嘛大概只有十來歲，一個叫阿旺，一個叫多傑，準備從康定去拉薩求法。我問他們願不願意幫我到昌都送信，多傑表示願意前往。我立即寫了兩封信，一封給索康汪欽色古學的信，用藏文寫成；另一封是用中文寫給昌都總管府中文秘書王廷選先生，請他們兩人幫忙迅速通知江達的代本放行。接著我給多傑準備了一袋糌粑和三十塊康洋，囑咐他立即動身，徒步前往昌都送信，得到回信後馬上趕回江達。他的同伴阿旺就留下來和我同住，作爲我的隨從。

菊潑寺，我在這裡閉關十幾天，等候來自昌都的消息

江達距離昌都約有七站，全程大約是二百四十多公里，步行往返需要半個月，快馬來回也要六、七天。送走了多傑，代本告知已經爲我們找到了一座喇嘛寺作爲臨時住所，寺名叫菊潑，是噶舉派的道場。寺中有喇嘛二十多人，離江達約兩公里。寺廟座落在一個山溝中，環境顯得頗爲幽靜。寺內住有兩位活佛，年紀都是四十來歲，學問和修行都很不錯。

代本派來的幾位夫役及騾馬幫助我們搬運行李，菊潑寺的僧侶看到我們前來，引到客室招待，並送來兩壺酥油茶及兩條哈達表示歡迎，我則奉上川茶和中國綢緞作爲禮物回贈。兩位活佛神態非常慈祥，聽說我們在江達被阻，都表示同情。而且告訴我，萬一進不了西藏，就請住在菊潑寺中，他們會毫無保留地傳授我噶舉巴密法。噶舉巴密法在康藏傳播極廣，信眾極多，甚至遠播不丹王國，而且德格八蚌寺就近在咫尺，很容易親近大寶法王和四寶法王。

菊潑寺正在大興土木，翻造大殿。大殿的頂端有一處藏經樓，珍藏著一部漢藏合璧的大藏經手抄本，是幾百年前的珍本，極爲珍貴。我與顏俊和阿旺搬進寺廟後，我就開始閉關修煉十一面觀音密法。顏俊則是每天誦大悲咒上百遍，祈求佛力加被，脫離苦境。

山中的歲月流逝如梭，一轉眼閉關已經十幾天，昌都方面還沒有任何消息送來，我們於是出關懇請寺中的活佛修法。活佛在法事完畢以後，又特意爲我們占卜，估算我們的命運如何，結果得到的是上佳的卦相，活佛說不出今明兩天就會有好消息。活佛果然神算，第二天清晨，即六月二十二日，也就是我等被阻在江達的第十三天，忽然聽到寺外有馬鈴聲響，鈴聲由遠而近，只見一個藏兵騎馬直奔寺前，下馬後就急匆匆地詢問甲喇嘛在什麼地方，說是奉了代本的命令前來邀請甲喇嘛，我馬上應聲出來迎接，隨同藏兵一起返回江達。

查驗香疤的煩惱

我們一行回到江達兵營，見到代本，他告訴我說，已收到昌都總管府的公文。我側眼一瞧，代本手上的公文是一個三英尺見方的西藏土紙，呈卷軸式由下向上內卷，用西藏文草書體，由上從左至右向下書寫。首行是藏文隸字體「江達代本知照」。公文的最末一行是發文日期及昌都總管黑色四方官印。

按西藏習慣，從達賴喇嘛以下，凡是屬於僧侶階層，公私印章，可用紅色印泥；凡是俗人及政府機關，都用黑色印鑑。代本隨後向我宣讀公文內容，大致是說：凡是漢僧，頭頂都有戒疤，三粒、九粒或十二粒不等。我一聽到這裡，不由得愣住了，我雖然是僧人，也曾受戒，但並沒有燒疤。後來想到我的頭頂上有幾枚艾疤，大概可以蒙混過關。於是就對代本說，漢僧的戒疤有各種形式，有的疤燒成鼎足而三的形狀，也有的疤在頭上燒兩個、在手上燒三個，這是漢地特有的制度，並未傳到藏地。我說完伸出腦袋讓代本查驗，因爲頭髮很密，代本忙活了一陣什麼也沒有找到。我抓過他的手故意讓他摸到了我的艾疤。代本大爲驚訝，感歎地說：「這種疤眞是少有。」然後又問我的同伴們是否都有香疤，我自然說他們也有，我會帶他們來接受查驗。

我在返回菊潑寺的途中，一直爲顏俊的香疤問題發愁。他做我的徒弟還不到二十天，哪裡會燒出香疤？他開始想用額頭後面的一處大疤蒙混過關。我對他說，這次查驗關係到你能不能入藏，一定要愼重考慮一個穩妥的方法；況且你雖然出家，卻還沒受戒，正好藉此機會完成手續。顏俊表示同意我的建議，我於是爲他拔去一些頭髮，製成三個香疤，然後前去接受代本檢查。代本察看後說，這三個疤好像是新作成的，我馬上回答，這位徒弟

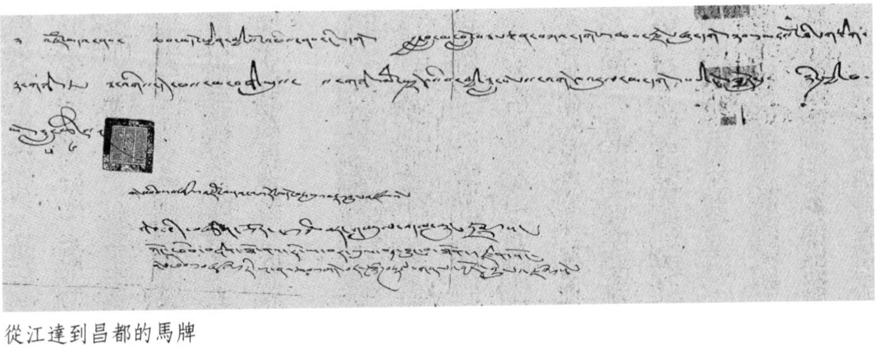

從江達到昌都的馬牌

出家已經多年，頭上肯定是老疤，所以有頭髮生在其中。代本看著我，表情半信半疑，卻也沒法辨明眞僞。

正在這時，代本的夫人突然從側室闖進客廳，請求我爲她看看手相。她早就聽說漢僧精通相術，想抓住機會看看自己的運程。我在重慶時，因爲和精通掌紋的重慶羅漢寺方丈定九和尙經常相處，曾經得到他的親身傳授，對掌紋學也略知一二，雖然不敢說是精通，可因常給人看相，每次往往還大多能說中。代本夫人在聽完我的一番解說後，表示十分信服。

查驗過香疤後，代本交給我一紙烏拉馬牌，計有騎馬三匹、馱牛八頭，每匹馬每站需付二兩藏銀，馱牛每匹每站需付一兩藏銀，從江達到昌都共七站，與從崗拖到江達比較，貴了許多。我本想請代本酌情降低馬價，但因烏拉馬牌已經用印，不能更改。我立刻離開兵營前往頭人處，囑咐他將牛馬直放菊潑寺。頭人正在開懷暢飲，醉態朦朧，我強迫他在馬牌上簽字，並發出傳票。菊潑寺中的活佛已經知道我將在明天離開，特意贈送我一袋乾肉及一克酥油、土麵一包、糙米數斤，並請我寫封信給劉文輝主席，以便他日後赴康定募捐修廟。

一切準備妥當後，六月二十四日清晨我們告別了菊潑寺僧人，繼續踏上征途。當乘馬路過江達時，心境十分舒暢，十五天的等待，心中像掛滿了吊桶一樣，七上八下，忐忑不安，心想從今以後終於可以完全放鬆心情，直奔拉薩了。可剛走了沒到一里地，江達頭人飛騎狂奔而來，我頓時心裡一沉，不知又發生了什麼事情。停下來一問，原來是要求我補足少算的馬價，我雖然教訓了他幾句，最終還是滿足了他的要求。

將近朗多的時候，遠遠看見小喇嘛多傑正由昌都步行歸來，急速地向前趕路。他的背包中攜帶

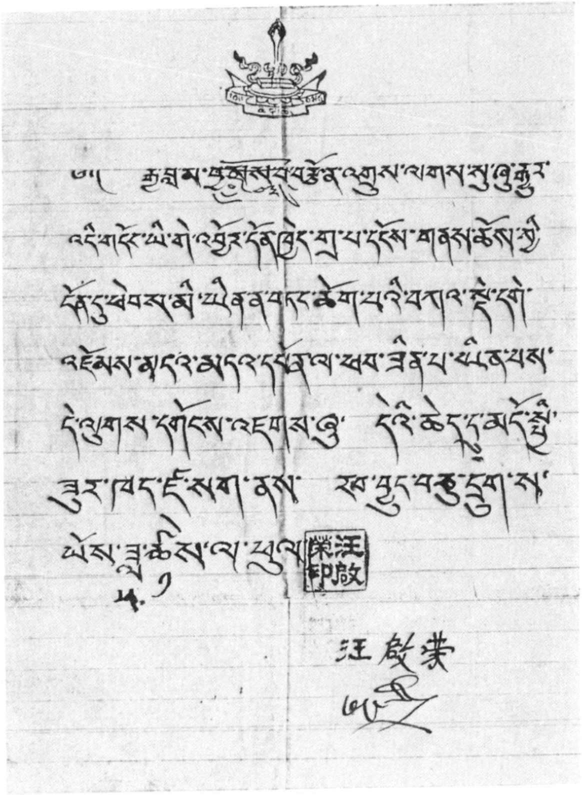

昌都藏軍司令札薩索康的親筆信

著昌都藏軍司令索康札薩及漢文秘書王廷選漢藏文復信各一件。索康的藏文信中說：「書寄洛桑珍珠（我的藏文名字）足下：來函敬悉，足下是眞正出家人，爲訪求密教而來西藏，我已令江達代本放行，專此奉複，容當面敘。昌都總管札薩索康印。」札薩是西藏官銜，索康是世家名，他的藏名是羅桑巴登，漢文名字是汪啟榮。

王廷選在復信中說：「來書敬悉，法駕如藏事，已蒙昌都總管正副二位總司令許可，令飭江達代本放行矣。至於烏拉馬價事，俟足下抵昌都後再設法。此時因藏政府嚴厲杜絕濫支烏拉，是以不便更改，匆複，敬叩旅安。」

看完這兩封信後，我內心非常感謝昌都漢藏友人的幫助，尤其是多傑作爲我派遣的信使，勇敢而出色地完成了任務，從此以後他就作爲我的隨從，由我沿途免費供給衣食和烏拉馬騎乘。

我們開始向昌都進發，途中要翻越喀工拉山，山裡有土匪出沒，搶劫過往客商。爲了安全起見，我在中途的朗多歇息了一晚，同時趁烏拉巴返回江達的機會要他轉告代本，火速派遣一名武裝騎兵前來護送我們到昌都。幾個小時後，江達代本特地派一位專差來朗多告訴我說，明天將派騎兵護送我們赴昌都，請我們前往喀工拉山麓等候。

藏兵護送登山

我們在朗多住了一晚，這裡有幾十戶居民，還有一名村長辦理日常事務。村長年紀四十多歲，衣衫襤褸，披髮赤腳，一點也不像是地方有勢力的頭人。村長招待我們住在驛站內，還贈送了我十幾顆雞蛋，我回贈了一磚川茶。

康藏境內海拔高，空氣乾燥，雞蛋儲藏時間一長，內部水分就會蒸發，變成空心雞蛋，有蛋黃而無蛋白。土人有時將雞蛋浸在水中，或埋在地下，等到積攢到一定數量，才拿出來獻給長官，或賣給顧客，他們本人一般很少自己食用。

我在驛站中焦急地等候著護送的藏兵，眼看天色已晚，還不見人影，心想藏兵或許不能在當天趕到，於是只能做好多住一天的準備。深夜時分，忽然聽到一串馬鈴聲由遠而近，接著就聽見有人在院裡大聲喊叫著問甲喇嘛住在什麼地方。我知道藏兵到了，馬上把他叫進屋內，借著酥油燈的微弱光線一看，只見這個藏兵年約四十多歲，身體瘦長，臉上長滿了鬍鬚，身穿西藏軍裝，荷槍佩刀，看上去倒是有幾分威武。他告訴我，明天的路途很長，加上沿途土匪出沒，所以必須在雞鳴時分就要啓程，否則就趕不到指定的驛站。當晚有很多留宿在驛站的徒步香客，都在猶豫著不敢前進，聽說我們有藏兵護送，紛紛要求和我們結伴，我答應了他們的請求。

大家雞鳴就起床，在夜色蒼茫中摸索前進。抵達山麓時，東方才慢慢顯出魚肚白來。喀工拉山海拔約三千三百八十公尺，綿延數十里，峰巒起伏，重重疊疊。當時正是盛夏，山中雖缺少樹木，但水草豐美，適合放牧牛羊，所以放牧人零散分佈的黑牛毛帳篷隨處可見。漸漸深入喀工拉山的腹地時，只見山中溝渠縱橫，道路迷離，如果沒有識途的嚮導引領，肯定會迷路。我們尾隨藏兵走到一處山間平壩，猛然發現這裡有野鹿和野獐成群地奔跑，藏兵舉槍要打，被我喝止住了，勸他不要殺生。越過平壩後，到達一處牛毛帳房，承蒙牧民接待，取出優酪乳子招待我們。優酪乳子顏色潔白，味道酸甜，有止渴生津的效果，我端起一碗一飲而盡，頓時覺得周身舒暢。這時藏兵也不失時機地做起了生意，從懷中取出一束四川芋葉，想在此出售。因爲牧民出價太低，交易沒有做成。雙方最後達成協定，以貨換貨，用一束芋葉換了兩克酥油。

爬到喀工拉山頂，天色已近黃昏，只見山麓中有幾個人尾隨追來，個個赤裸著上身，挎槍佩刀。我看了一愣，懷疑是匪徒劫道。藏兵和同行的人都躊躇著不敢向前，我這才知道西藏軍人原來是膽小如鼠，中看不中用。我上前查詢問話，才知道也是旅客，大家這才鬆了口氣，然後一同下山趕赴驛站休息。

喀工驛站設施頗爲簡陋，只有幾個頭人住在這裡應付往來的差役。驛站附近有一處溫泉，可惜因爲沒有設備，無法洗澡，我們只好望著蒸騰的熱氣遺憾地歎了口氣。西藏人的家庭沒有沐浴設備，如果想要洗澡，要等到夏季天熱時到藏布河或湖泊中去洗。嬰兒出生後也不洗澡，只是將嬰兒放在太陽底下曬一曬，然後用酥油塗抹全身就可以了。雖然有一些天然溫泉，但數量不多，而且大多分佈在山間偏僻的地方，交通十分不便，所以顧客不多。

在路上我遇到了一位蒙古喇嘛正在徒步向東趕路，他知道我是個甲喇嘛，於是用漢語和我攀談了起來。原來他的家鄉在東三省，多年在西藏求法，去年考到格西學位後，因爲思鄉心切，所以取道西康，準備繞道四川回東北老家。我告訴他內地正在抗戰，到處都是烽煙彌漫，東北已被日本人佔領，成立了僞滿洲國。我勸他還是先往四川住下，等到抗戰勝利後再回東北家鄉。他聽到這些話後，臉上露出了十分難過的表情。

藏軍司令的款待

昌都，也就是古代的察木多，是川滇入藏的要道，西有昂楮河，東有札楮河。昌都此時有居民約六百多戶，川、滇、陝三省的漢商，有許多在此地經商。昌都市的北面是戎空喇嘛廟，也叫強巴林寺，屬於黃教系統，有喇嘛三千多人，大活佛名叫帕巴拉格列朗傑。喇嘛寺的前面就是西藏邊防軍司令部，或稱昌都總管府。東南是兵營，駐有藏軍兩千多人。我看到西藏軍旗在上空飄揚，不禁生出幾分感慨。因爲在民國六年（一九一七年）前，此地還是川軍統領彭日升的駐地，直屬四川省。十三世達賴喇嘛在掃蕩了駐拉薩的漢軍之後，派遣喇嘛噶倫（編註：官名，爲主持噶廈之官，總辦西藏行政事務，受駐藏大臣及達賴喇嘛管轄）江巴丹達率藏軍八代本（約四千人）的兵力，圍攻駐昌都的川軍。川軍因武器落後，無法和英國新式的來福槍抗衡，又因後援斷絕，彭日升大敗而逃。藏人在掃蕩了昌都川軍後，一九一八年在昌都設立了噶廈所屬政權，首任昌都噶倫就是喇嘛江巴丹達。

扼守昌都對外交通要衝的地方有兩座橋，凡從西康南路或雲南來此地的人，必須經過雲南橋；凡由西康北路來這裡的人，則要經過四川橋。每座橋長約十丈，橫跨瀾滄江上，橋下有石頭基座，用三根巨木作爲橋樑，上面鋪設木板以便行走。過此橋時，人和牲口在上面走動，會感到劇烈的搖晃。低頭向橋下看去，只見大江在腳下奔流，令人感到頭暈目眩。橋的西頭設有稅卡，一看我帶有幾馱川茶，稅警就要索取茶稅。西藏茶稅的徵收率很高，一般是值百抽十，凡運茶十馱的人，都要被抽去一馱作爲茶稅。我在金沙江邊的崗拖時，曾獲免稅放行的禮遇。在此我也對稅警說，這些貨物都是贈送藏官的禮物，所以獲得免稅通過的特權。

進了昌都城，本來打算前往王廷選家拜訪，結果藏兵陰錯陽差地把我送到了蒙藏委員會派駐昌都的調查員唐磊的地方。唐磊這人我在德格時就已久聞其大名，一直無緣相見，今日在昌都巧遇，雙方都有相見恨晚的感覺。想當年，我們都是有志於邊疆工作的漢族青年，因此聚在一起自然非常投機。

唐磊詳細告訴了我們有關譚興沛的消息。原來他在我們被阻擋在江達時已經到達了昌都，開始時仍跟隨著阿菊娃們寄宿在昌都郊外的一個馬廄中，大約住了有三天左右，後來因爲阿菊娃內部發生內訌，他無法繼續停留，才偷偷跑到了唐磊的住處。唐磊猛一見譚興沛的一身打扮，懷疑是個乞丐，剛要把他趕走，譚君急中生智，馬上用湖南湘潭話與唐磊交談，這才被延請進屋，私下裡問清了他的身份，方知譚是交通部官員化裝入藏。昌都總管府因爲我們被阻於江達正在加緊斡旋，不知是誰走漏了這個消息，弄得滿城皆知。後來唐磊他們也聽說公文已到江達，代本已經放行，按時間計算，應該早已到達，卻遲遲不見我們的蹤跡，不知到底發生了什麼事。

譚君住在唐磊家日夜焦慮不安，生怕發生其他變故。昨天正好有昌都喇嘛寺幾十人準備取道藏北草地前往拉薩朝佛，經過多方努力，譚君終於被允許加入這支隊伍，踏上征程才不過幾個鐘頭。我一聽這話，馬上想騎馬追趕。唐磊阻擋住我說，西藏人多疑，追上了反而不好。我感歎一聲，只好作罷。

譚與沛與一班阿菊娃鬧翻，其中另有緣故。譚君到拉薩後曾經告訴我說，阿菊娃中有幾個女人，權力比男人要大。其中一位最有權有勢的婦女看中他年輕俊秀，體格健壯，生了愛慕之心，要以身相許。譚君知道這個婦人有花柳病，害怕被傳染上，所以堅決拒絕。婦人一看好事不成，就聯合一些阿菊娃對他進行人身凌辱，譚君終於忍無可忍，逃到唐磊處請求幫助，於是才發生了以後的故事。

我抵達昌都的時候，藏官們大多去他處度假，昌都總管府暫時停止辦公。西藏習俗，每到夏季的時候，有遊柳林的風氣，富有的人會在私人擁有的柳林子內撐起帳篷，邀請親朋好友來郊外飲酒談天，共享園林之樂，時間持續一天或數天。藏官甚至徵調民間美女，陪酒侍寢。普通人民往往肩上背著背包，攜妻帶子，帶足食物，前往郊外的公共園林，往草地上席地一坐，飲酒作樂，放喉高歌。每到夏季，康藏各地，多半如此。寺中喇嘛也無法免俗，因高原氣候，冬季長，夏季短，所以每當柳垂新綠、綠草如茵的時節，藏人會抓緊時間盡情享受郊外生活。唐磊君告訴我說，你若想迅速離開昌都，可以前往柳林中會晤札薩索康索要馬牌。我考慮後覺得這樣做不太妥當，所以打算等他度假歸來再去拜訪。

七月五日晨，我聽說藏官已從柳林返回，決定先去拜見王廷選。王君住在市區的內部，我請他

左：昌都藏軍頗本（軍糧官）阿沛・阿旺晉美
右：與札薩索康（中）、昌都總管府漢文秘書王廷選合影

幫我引見札薩索康。索康藏名叫羅桑巴登，是當時的昌都邊防軍司令，身體清瘦頎長，臉部黝黑，上面還有一些麻點，年紀約有五十多歲，有極深的阿芙蓉癖（註：指吸鴉片成癮）。他原來是個平民，被貴族招贅才入了索康家，成為貴族。但發跡以後吃喝嫖賭、不務正業，被他的夫人趕出了索康家族，只得自立門戶，成為索康蘇巴，又娶了一名西康女子為妻。

我到他府上拜訪時，只見他身穿西裝，精神奕奕，我奉上八方上等黃緞和一馱川茶作為見面禮，同時對他簽發公文讓江達代本放行表示感謝。札薩則客氣地把我讓進客廳。客廳十分寬敞，陳設的傢俱也很華貴，裡面的沙發和鋼椅都是從英國運來的。札薩能說一口流利的漢語，所以我們彼此都能暢所欲言。當札薩向我詢問德格龔椏漢兵是否已經撤退到甘孜時，我對他說，當自己經過那裡時，已不見漢軍的一兵一卒，證明確已撤退。札薩對此回答表示滿意。

過了幾天，我聽說索康汪欽色古學也已從外地返回，就前往他的府上求見，並贈送八方大公司緞。緞子的顏色

與昌都總管府官員合影：前排左起：頗本（軍糧官）阿沛・阿旺晉美，札薩索康，代本機布；後排：秘書長索康汪欽（中），雲南商人何某

是黃色，西藏習俗，凡是四品以上的藏官，可穿黃緞作爲禮服；四品以下的藏官，只能穿紫色或赭色的緞子禮服。當時汪欽雖然還沒授正四品，卻因他父親的保薦，已擁有四品的官階，所以可以身穿黃緞。這種緞子的原產地是南京，要從上海運到印度，然後從印度運抵拉薩，最後才從拉薩運至昌都，兜一個大圈子，所以售價非常昂貴，每方售藏銀二十四兩。如果用當時的法幣折合，那麼每方約値袁大頭五元。

因爲考慮到汪欽是昌都總管府秘書長，有權簽發烏拉馬牌，更有權提高或降低烏拉馬價，因此送上這份厚禮。我一見汪欽就爲江達放行的事向他道謝，他則不好意思地感歎道：「沒想到人事變更，我的手諭竟然不起作用了。」我趁此機會請他幫忙疏通有關方面降低馬價，因當時昌都總管府鑑於西康方面提高烏拉馬價，所以也隨即採取了同樣的報復性行動。我向汪欽解釋說，我是入藏訪求密法之人，既不是商人，也不是官員，不可拘泥於此例。汪欽允許騎乘的馬匹每站減收二兩銀子，馱牛每匹每站減收藏銀一兩，實際上這個價錢已比藏官出差支取烏拉的馬價高出了許多，而與江達至昌都的馬價相等。

在我抵達昌都的第九天，札薩索康特地設宴招待我和顏俊。我心中思量，札薩能說流利的漢語，而且為人精明，如果帶顏俊赴會，恐怕會露出破綻，事情反而會不妙。於是我找了一個藉口，推說顏俊正在閉關，因此不能前來。

這天的宴會除主人札薩和夫人外，還有陪客札薩喇嘛、四品堪窮、索康汪欽、代本機布、頗本阿沛·阿旺晉美、中文秘書王廷選、雲南茶商何君，加上我共十人。

西藏人的服裝與金沙江以東康人穿的服裝有所不同，尤其是西藏貴族更特殊。貴族男人頭頂有一個髮髻，是由兩條小辮組成，不同於漢人的道士髻，因為道士髻是圓形的，而貴族的頂髻是長方形的。髮髻中間有一個約一寸見方的金佛盒，這種髮髻是西藏貴族特有的，普通的西藏人即使富甲一方，也只能梳一條長辮垂在腦後，不准有髮髻。但是身為貴族，如果犯法，比如身為軍官卻作戰不力，身為民官卻貪贓枉法，或勾結外國、陰謀叛逆等等，就有失去頂

札薩索康的妻子，西康女子，據說因鴉片煙燒得好，被索康看中

髻的可能。如果頂上沒有了頂髻，就表示這個貴族已被降成了平民。另外還要根據他犯罪的嚴重性，再決定懲罰的輕重，嚴重的要家產充公、妻子改嫁、流配遠方、當奴僕，甚至要經受挖去雙眼、切斷手足等等酷刑。

西藏貴族的官服大多用中國緞縫製，領口看上去像戲裝，內著外翻的白綢襯衫，腰繫綢帶，腳踏藏靴。婦女則穿緞袍，顏色或是紫色或是綠色，內著粉紅色襯衫，週邊絲線所織成的圍裙，頭戴珊瑚巴珠、脖子間佩一個黃金佛盒，踏彩色藏靴。

這天札薩破例穿上西裝，腳上穿了一雙皮鞋。札薩夫人是一身緞袍，外面罩著黑色坎肩，腳穿一雙半高跟鞋，顯得體態輕盈。汪欽及機布兩人則穿漢式藏青色嗶嘰長袍和皮鞋，阿沛是一身緞子長袍加上皮鞋，王秘書及何君穿的是漢人布衫，我穿的是喇嘛裝。但我這套喇嘛裝和札薩的喇嘛裝不同，札薩的喇嘛裝是英國嗶嘰、緞襖、俄國金絲緞背心、藏靴，這一身的打扮價值連城，我的喇嘛裝可不能與他相比。

西藏貴族宴請賓客很少只請一餐，大多一請就是全天。如遇到類似升官這種喜慶的日子，還可能連續請七、八天的客。這些貴族都有自己的廚子，他們選擇自己屬下的臣民到四川去學習中餐手藝，或到印度去學習西餐和西點，學成回來後爲主人烹調。但西藏貴族的日常生活卻很儉樸，多數人都以糌粑和酥油茶充饑，平時很少專門烹調中西餐點。這一天宴會的程式和食譜如下：

一、午餐：主食是新鮮中國銀絲麵，原料麵粉是從印度輸入的，潔白如雪，拌以雞蛋，是由札薩的私人廚師用手擀製而成，因此既柔軟細滑又美味可口。麵湯是用雞肉和雲南鶴慶火腿煎熬而成，喝起來香甜味濃。主食之外還有四個熱炒：四川榨菜牛肉絲、炒三冬、雲南火腿雞鮑片、回鍋

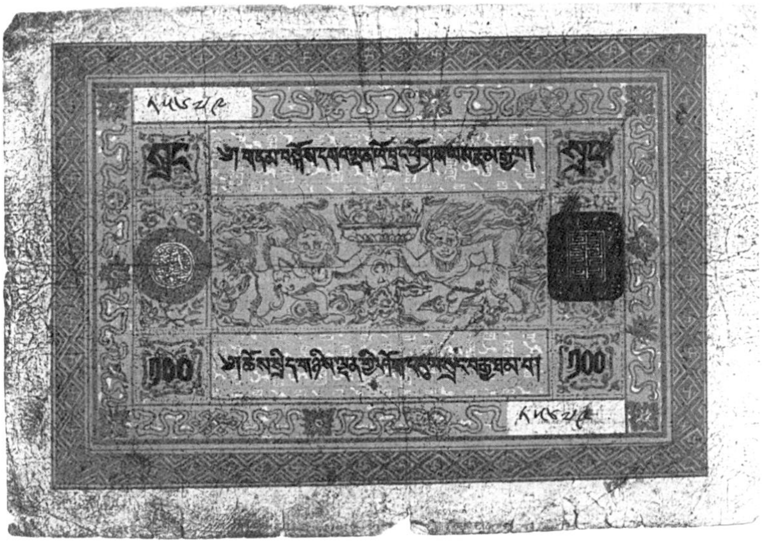

上：藏銀一百兩銀票
下：藏銀七兩五錢銀票

肉。盛菜的碗碟，都是從拉薩運來的上好江西瓷器，漢席是用筷子，不用刀叉。午餐後，札薩索康、汪欽、機布、阿沛及雲南茶商何君，開台打起了麻將。紅中白板，都是用漢語。賭碼很大，而且有廣東飄，所以輸贏的機率也很大。我與札薩喇嘛和另一個僧官不懂打牌，只能在一旁觀戰，正覺得無聊，汪欽囑咐人搬來了一台留聲機，播放中西唱片，供我們消遣。

二、茶點：下午三點是英國式茶點。茶是立頓紅茶，茶壺茶杯是英國瓷。糕點有英國蛋糕、奶油卷、咖啡糕、蘋果派等等，都是札薩的西餐廚師做的。

三、正餐酒席：晚上八點，是正式漢人酒席。第一道是冷盤，計有熏香獐肉、鹵牛肉、醉雞、鮑魚片、皮蛋、海蜇皮、火腿片、咕嚕肉等等；第二道菜是牛筋海參；第三道是脆皮雞；第四道是烤乳豬……共十二道。甜點是八寶飯。席間還有法國白蘭地、西寧大麴、瀘州白乾，藏官們互相猜拳，五魁八馬，都用漢語。其中最會猜拳的人是機布。汪欽笑著對我說，這個鬍子將軍眞是可惡。十點散席後，藏官醉眼惺忪，又去尋找別的娛樂，我則告辭而去。

第二天昌都總管府送來烏拉馬牌，上面蓋有藏文奪埋基巧黑色關防，而且措辭極爲客氣，上寫「漢藏本爲一家，茲甲喇嘛入藏求法，仰沿途官吏，地方頭人，小心照料」等等。王廷選君對我說，「有了這個馬牌，沿途將通行無阻，可見札薩對你十分尊敬，不是普通人可以比的。」

藏官們聽說我將要離開昌都，紛紛向我贈送禮物。汪欽送來兩包土產米及幾克酥油；札薩喇嘛則送給我幾十紮雲南粉絲和幾十塊瓦兒糖。我前往唐磊處，將前一天拍攝的我和藏官的合影照片請他沖洗出來，趁往各處辭行的機會，分送各人。

【第五章】

走近拉薩

西藏紙幣

將要離開昌都的時候，我的房東杜拉噶太太對我說：「你們今天西行的路途雖然遙遠，但已經日益接近拉薩。你們所攜帶的西康銀元份量太重，如果用來支付烏拉水腳錢，折合率時高時低，用起來不很方便。我家裡有很多西藏地方政府發行的面額七兩五錢的紙幣，我願意低價與你們的康洋兌換。雖然我自己吃點虧，但你們攜帶起來會既輕便，又容易支付沿途的開支，豈不是兩全其美麼？」

我拿過一張仔細觀察，紙幣是用西藏地方出產的夾層土紙印刷，屬於五寸半乘三寸半的長方形。正反兩面都印有紅綠黃三色的油墨花紋，正面上行印有西藏文字樣，下行印有藏文「四部功德主利樂通寶貝足世出世法第十六世紀紙幣」。上下四角有藏文五十藏噶數字（即七兩五錢），上下兩端有編號，左右兩端有攝政王的紅色印鑑。夾層中間印著藏文「天建甘丹頗張殊勝圓滿」字樣。因爲紙質粗劣，印刷簡陋，猛看上去，不知這就是紙幣，倒很像普通的契券。

西藏的尼泊爾商人善於仿造，因此僞幣充斥於前後藏及西康一帶，西藏地方政府無力查禁；而康藏的老百姓因爲知識淺陋，無法辨別眞僞，所以有很多人上當受騙。西藏地方政府發行七兩五錢紙幣，原是想通過這個手段固定對印度盧比的兌換值，每一盧比當時可兌藏銀七兩五錢，但後來盧比的兌換價格時漲時落，一個盧比有時兌藏銀九兩或十兩，要看自由市場的需要而定。盧比匯率最低時，每一盧比僅能兌換藏銀一兩五錢。如對日抗戰期間，四川對外交通被封鎖，川滇商人雲集拉薩，迫切需要藏銀用來支付運費，這是盧比兌換率最低的時候。

西藏地方政府採取強迫手段發行紙幣，並制定了極嚴厲的法律來推行，對那些拒絕使用紙幣的西藏人民，處以砍斷手腳的酷刑。但這種法律只在繁華地帶才行之有效，窮鄉僻壤卻仍然用生銀作爲交易的貨幣。

我曾嘗試用紙幣購買酥油，商販竟然高抬市價，甚至不願出售，這正是因爲紙幣剛發行不久，老百姓還不習慣用它。在昌都總管府我還看到過一張西藏的原始紙幣，長方形西藏土紙上印著黑色的簡單花紋，一點也不像鈔票。除面額七兩五錢的西藏紙幣外，一九四二年發行了面額五兩的紙幣，加上陸續發行的面額藏銀百兩的紙幣共四種，都是擦絨所主管的乍基康所印製。

我將手頭的康洋與房東的紙幣兌換以後，杜噶拉太太十分高興，送上酥油茶及考色（西藏油炸果子），祝我一路平安。王廷選和兒子特意趕來爲我送行，等了很久還不見烏拉到來，於是囑咐藏兵去差務處催促。管理差務的是一個西藏僧官，身穿藍色英國嗶嘰長袍，四十多歲的樣子，正坐在高座上指揮烏拉差民爲我撥出三匹馬、八頭馱牛。藏兵和烏拉民夫將牛馬牽到我的住所後，我們就將行李及貨物分別馱上牛背。正要出發，忽然接到唐磊的來信，信中解釋說，之所以不能前來送別，是怕引起藏人疑心，帶來不必要的麻煩。我很瞭解他當時的處境，因爲唐磊來自昌都，純屬私自入境，首先並沒有獲得西藏地方政府的批准，抵達昌都後又屬於非法居留，所以藏人並不以政府官員的身份對待他，既不供給柴草，又不提供免費的房屋，還希望他最好早日離開。札薩索康曾諷刺地說，怎麼有這麼多來西藏的湖南人？（當時駐拉薩的行政院參議蔣致余及拉薩電台台長張威白都是湖南人）因爲湖南地方貧瘠，人民生活窮苦，所以西藏貴族往往看不起湖南人。

顏俊到昌都後，唐磊曾叮囑他，如札薩詢問你的籍貫，最好回答是河南，以免被藏人譏笑。我在給唐磊的回信中勸他小心忍耐，不要因小不忍而亂了大謀。

從譚興沛的遭遇說起

七月十一日晨九點出發後，沿著昂楮河西北，行經喇嘛寺時，看見有許多石刻的佛像，周圍有很多藏人圍著石像遊走禮拜，讓我肅然起敬。我一見這景象，忽然想起了唐磊曾經告訴我說，譚興沛剛到昌都時，跟隨阿菊娃一起繞佛，途中恰巧碰到札薩索康。札薩覺得他長得很像漢人，看了他好一陣突然問：「你是誰？」譚興沛裝聾作啞不回答，札薩轉身問譚君的同伴，一位老婦人代他回答說：「這個人是我們安東來朝佛的聾啞人。」札薩這才沒再追問，把譚興沛放了過去。想起來眞是好險哪！

越過喇嘛寺後，翻過一段高坡，再沿河前行，就到了昌都總管府的柳林。柳林在河的南岸，景色宜人，每到夏季，藏官們常在此地遊憩。林子的左邊就是昌都大活佛帕巴拉的園林，規模不大，但很精緻。活佛的前世曾在乾隆五十七年（一七九二年）平廓爾喀之亂時踴躍向清軍捐獻糧草，支持滿清入藏大軍，從而受到清廷的冊封，賜金冊金印，歷代相傳，直到這一世，仍然與漢族關係密切。

沿著柳林向西幾里路，就到了俄羅橋。橋長約三丈，橫跨昂楮河，橋在昌都西邊大約二十公里，是昌都西行進入西藏的要道。橋的右面建有一座高高的佛塔，看上去好像是在指示凡夫俗子在苦海中尋求迷津的意思。因爲凡是入藏的旅客走到這座塔，都必須選擇下一步要走哪條道路，走康藏大道，就要渡橋向南；如果走小道，就要沿塔向西前進，約走上八天就到了類伍齊，俗稱類伍齊草地。這裡雖然道路平坦，水草豐美，但常常幾天見不到人煙，所以只適合於大隊人馬的旅行，像我們這樣只有幾個人的隊伍，走這樣的路顯然是不合適的。

跨越俄羅橋後，仍沿河西行，下午六點左右到達浪蕩溝，這裡距昌都約三十七公里半。這條溝在山谷之中，陰森清涼，有一所新建的驛站孤零零地矗立著，周圍沒有任何別的建築。地方頭人見我們到了，趕忙打掃房間。我們把從昌都帶來的乾牛肉及粉條，加水煮熟後當晚食用。

在康藏旅行，一切日常生活必需品都要自備，否則中途就算有錢，也沒有地方買東西。當我住在西康德格時，僅僅知道浪蕩溝在昌都西邊一站，今天身臨其境，才知道只有一所驛站，沒有別的居民。如果要譚興沛在這裡等候我們，很難不暴露身份，還好他已結伴離開了。

不久我們到了一個名叫日朵的山腳下，山中瘴氣彌漫，我的隨從就有人因瘴氣而生了病。我馬上給他服了中藥丸，才獲得痊癒。顏俊避瘴氣的辦法是抽香菸，我則在口中含上雲南瓦兒糖。在西藏旅行，隨身的藥品必不可少，尤其在煙瘴彌漫的山地旅行，香菸和虎標八卦丹尤其有用。據藏兵說，這座山是川滇進入西藏的要道。

山中奇趣

從拉貢向西行，都是平坦大道，走了大約十公里就到了松羅橋。松羅橋橫跨扎楮河上，橋面上泥土的重量把橋身壓得彎彎曲曲。過了橋繼續向西，就到了擦噶拉山。大雨過後，路基被山洪沖毀，滑濕無比，有時需要雙手抓著藤葛，繞道而行。山裡有人工架設的棧道和巨木搭起來的天梯，用來連接兩山之間的交通。西藏當局不重視公共交通的建設，也不想改進落後的交通設施，生怕道路暢通以後，外人就會湧入，再也不能閉關自守，喇嘛政治必然被外來勢力所顛覆，建立大西藏雪山獅子國的夢想也會因此破滅。

走了大約三十公里到達恩達寨，這裡海拔約四千三百公尺，氣候寒冷，不宜播種五穀，只見成群的牛羊放牧在附近山間。寨子中有十數棟民宅，看上去殘破不堪，一片衰敗的景象。因爲此地是康藏的交通要道，差役繁重，老百姓被壓迫得透不過氣來，生活十分困苦。我們的烏拉從昌都到此已走了三站，應該在恩達更換了，於是我將昌都總管府簽發的馬牌，交給當地頭人查驗。驗明無誤後，頭人答應明天早晨把烏拉牽來。

恩達寨的烏拉照例由差民供給。應差的民夫由於長途跋涉，往往幾個月不能返回家鄉，加上飲食不良，生了病又缺醫少藥，所以常常有人病死他鄉。西藏號稱佛國，可人民所受的虐待，眞非其他地方可比。年輕一輩受過英國教育的西藏僧侶想對現狀加以改革，但西藏的統治大權操縱在貴族和頑固的喇嘛手裡，所以留學生返回西藏後大多無所事事。英國人深知西藏掌權貴族的心理，所以投其所好，利用贈送英國武器和金錢，由印度進口貨物，在海關免稅放行等各種手段，控制西藏的政治經濟。反過來再看中央政府駐藏的官員，非但不想方設法去改進漢藏關係，反而用種種方法滿足個人私欲，蒙蔽中央政府，結果造成漢藏關係日益緊張。

七月十四日早上，我們偕同護送的藏兵和徒步朝佛的同伴繼續西行，另外有昨晚剛到的一名藏兵請求和我們結伴同行，他帶著兩匹坐騎，準備牽往麻利迎接貴族上司。我看他人較樸實，便同意了他的要求。

西藏軍人路過大山時就怕遇到劫匪，按照西藏的法律，如果槍械被搶劫，必須自己賠償。經過了兩天的翻山越嶺，我們接近了羅隆宗，只見路旁崖上刻有烏斯使者保泰題的一首漢文詩。保泰是乾隆五十四年至五十八年的駐藏大臣，以副都統銜領藏事，當時正值廓爾喀侵略西藏，朝廷出動幾萬兵馬花了一年的時間才平定大亂。這首詩是他任滿離藏時刻上的，至今已經有將近兩百年的歷史了。

在羅隆宗巧遇劉曼卿

七月十六日下午到達羅隆宗，此地距嘉玉橋約四十公里。西藏的「宗」，等於漢地的「縣」。漢地縣治所在地，大多扼守著軍事、政治及經濟要衝。不過漢地的縣有城牆環繞，城牆四面設有城門，有護城河圍繞。西藏的「宗」也設置在要衝地帶，周圍密佈碉堡。羅隆宗的宗寨建在一所高丘上，遠離市區。

西藏古代時也出現過部落割據的局面，就以「宗」為據點，反抗外來侵略。現在時過境遷，宗寨已成為宗本的官舍。羅隆宗市區在宗寨的南面，約有五十來戶居民，商業方面極其落後，農業卻十分發達。此地屬昌都管轄，宗本則由拉薩委派。西藏制度規定，任何一宗，均派有兩位宗本，一僧一俗，俗官由總管府選派，僧官則由譯倉（編註：意為秘書處，直接由達賴喇嘛或攝政領導）選派，兩人地位相等，任期三年。

我們一行到羅隆宗的第二天，就聽說有人傳報拉薩將有漢官到來。我心想中央政府駐藏官員並不多，蔣致余參議已離開西藏，目前在西藏的官員只有掌管交通部電台的張威白，所謂漢官莫非是他？到了第三天，才知道是劉曼卿女士從拉薩東返，經過羅隆宗。

劉女士是《康藏軺征》一書的作者，西康巴塘人。一九三〇年曾代表中央赴藏與十三世達賴喇嘛會晤，去年以康藏民眾赴難宣傳團的名義，由印度前往西藏。現在任務已經完成，所以東返內地。我與劉女士並不熟識，但因住處相鄰，所以前往拜訪，打算請教一些有關沿途交通和拉薩方面的情況。與劉女士同行的還有格香九女士，即格桑澤仁太太。格太太長得面貌娟秀，身材苗條，儼然是一副明星的模樣。據劉女士說，這次入藏宣傳抗戰很有成效，因為藏人遠居高原，交通閉塞，只知道中原發生了抗日戰爭，而不知其中的詳情，所以這次來藏，主要用電影的形式向他們宣傳抗日戰爭的眞相，同時用藏語解說，獲得了西藏民眾的同情，藏人踴躍捐獻，支持抗戰；但因滿清封建餘毒還未清洗乾淨，漢藏民族之間仍有隔閡，所以沒能收到百分之百的效果。

就我所知，藏人思想並不像外人所傳說的那樣頑固，他們也瞭解一些世界大事。藏人無論在經濟上、文化上、佛教上、物資上均樂與漢人交往，所謂獨立自主的想法，僅僅是少數極端份子的狂妄思想而已。

我本來想在羅隆宗多住幾天，以便訪求當地的密教大德，但按照西藏的習慣，旅客沒有特別的事由，如果居住三天還未離開，就要停止柴草和差役的供應。我怕惹出麻煩，於是催促頭人徵齊烏拉。這天供騎乘的烏拉都是馬匹，讓我很高興，因為在康藏旅行騎騾馬最快，其次是毛驢，最慢的是犛牛。

當我離開羅隆宗時，劉曼卿女士特意為我送行，並贈送我五十兩藏銀。康藏人民大多是佛教徒，常常供養僧侶求福，有時用紙幣，有時用現銀。用紙幣的時候，是將紙幣封在藏紙封套內，寫上藏文「供緄」字樣並附上一條哈達。用藏銀時，則用白布包裹，將銀元或銅元捆上一大包，面交當事人，做得非常禮貌周到。

碩督漢人的生活

離開羅隆宗後，沿途道路平坦，到處是星羅棋佈的村莊和廣漠的田野。二十公里後到達鼻奔拉山，山不太高，上坡如履平地，等到下坡時才覺得有點陡。鼻奔拉山的西麓點綴著一些村莊。烏拉巴告訴我，此地出產的農產品十分豐富，我當初以爲昌都是藏邊沃野，到了羅隆宗才知道此地也有大片的農田，農產品豐富的程度還超過昌都，所以能養活駐紮在康地的上萬名藏兵。聽說在滿清時代就曾用羅隆宗出產的糧食作爲清軍大本營的給養，所以這裡應該設有糧台。我當時就想，今後經營西藏東部，應以羅隆和碩督二宗作爲農墾區。

離開羅隆宗大約五十五公里的地方，名叫作曲齒，又名紫駝，這是因當地的紫駝喇嘛寺而得名。喇嘛寺屬於黃教系統，有上千個喇嘛，寺廟周圍環繞著幾十頃農田。當天我們駐紮的驛站就在寺廟內，從事驛站差役的人就是紫駝寺的喇嘛。寺廟的喇嘛聽說有甲喇嘛來了，都紛紛過來探望，並用泥壺裝滿酥油茶表示歡迎。

離開紫駝行走了二十五公里，當天下午兩點左右到達碩般多。此地又名碩督，人煙稠密，是西藏東部的一個重鎮。滿清時代此地駐有重兵，和西部的拉薩、東部的昌都遙相呼應。宣統二年（一九一〇年）波密事變，清軍駐軍統領羅長琦率兵由工布江達進攻叛匪失敗，以後又派川軍從碩督進攻波密，才生擒了反叛首領白馬青翁。所以碩督在地理上的重要性，不僅在於它處於西藏東部的中途位置，而且還能控制西藏的東南部地區。我到碩督時，還發現遺留著清代修築的城牆殘跡，市內街道也有些規模。我們抵達後準備停留三天，以便朝拜密教大德，補充糧食和整頓行裝。

我到達碩督後，當地許多漢人前來探望問候，因為這裡多年來很少有內地漢人出現。這些在碩督的漢人生長在邊疆，一方面孤陋寡聞，消息閉塞；另一方面經濟實力又不如藏人，所以遭到藏人的歧視，有時還會受到凌辱，處境十分尷尬。

在羅隆宗時，我曾遇到一個陝西籍的漢人，姓皮，年紀大約四十來歲，已和康地婦女結婚多年。那時他來驛站探望我，我留他一起吃飯。這位老兄飯量驚人，能吃好幾大碗，吃完後還請求我再給一些飯菜，好帶回家中給他的妻子。他對我說，全家已經很多年沒有聞到飯香了，一是因為窮困，二是就算有錢，也無法在市面上買到大米。他還向我打聽內地情形和抗日戰爭的有關情況，我都一一做了回答。他表示抗日戰爭的勝利當然是他所希望的事情，然而他最為渴望的是漢人勢力能再次伸展到西藏，讓居住在西藏的漢人有揚眉吐氣的一天。

還有一位姓尤的漢人，也是陝西人，居住在此已有三代，年約三十多歲，經營商業，家道小康，能說能寫漢藏語文，經常往來於拉薩和碩督之間。他因為看到我的桌上擺著一本英國前錫金商務官員麥克唐納所著的《旅藏十七年》中譯本，很感興趣，翻閱一遍後告訴我說，麥氏書中所說的有關拉薩新建設的情況未免過於誇張，書中所提到的員警、郵政、電報及電燈等設施，都還在草創的階段。就他所知，全拉薩只有在大昭寺前有一盞電燈，根本沒有普及到商家和民居；郵政只是以拉薩作爲起點，東到工布江達，西止日喀則，西南到帕里。電報則是有線電報，直通印度，是英國人豎立的。所以所謂西藏的新政，實在沒什麼成績可言。

旅居碩督的第三天，傳聞前面有土匪出沒，打劫行人，心中頗感不安。因爲在藏地旅行，旅客的安全全賴個人自己，政府概不負責。跟隨我多天的藏兵，因有要事，不能隨行；如果請昌都總管府另外派人前來，又需耗費時間。正徘徊猶豫間，恰恰聽說有藏兵兩人到達碩督，他們是受札薩索康的命令，押運川茶前往拉薩，有自備牲口，也有烏拉馬牌。例如馬牌上寫明應支取烏拉百匹，因有自備馱馬五十匹，僅需地方供給另一半的烏拉，其餘的一半烏拉則由地方補給現金，如以每匹每站藏銀二兩計算，則每天在每站收集藏銀一百兩。昌都至拉薩約有二十多站，一路走下來可搜刮藏銀兩千多兩。至於負責押運的藏兵也有些小好處。我請兩位藏兵來到我的住所，希望他們和我結伴同行，並請他們沿途照料。兩人滿口答應下來，第二天還爲我等催齊了烏拉。

碩般多的喇嘛寺和市區都是依山而建，喇嘛寺規模宏偉，金頂燦爛。市區有居民兩百來戶，市面上的幾條街道也顯得頗爲整潔。碩般多宗本官邸及辦公處，都在喇嘛寺內。碩般多原本是西藏的一個部落，後被準噶爾佔據。到了乾隆五十八年，征討廓爾喀的清朝大軍進入西藏，這裡的民眾起而回應，擒獲了準噶爾所派的官吏。雍正四年，朝廷將碩般多賞給了達賴喇嘛。

康藏人的區別

在西藏旅行，凡是見到農田，附近必有村莊，否則就必少人煙，這條規律幾乎是百試不爽。從碩督西行二十五公里，幾乎不見人影，到處是荒山禿嶺。到了巴喇拉山後，發現山勢並不陡峻，只是十分綿長。山間有牧民及多座牛毛帳房，是有名的左巴（牧場）地區。

我們爬到山頂，已近日落，趕快下山，到巴里郎歇宿。巴里郎距碩般多約五十公里，騎馬需要八小時三刻鐘。巴里郎僅有二十多戶居民，農產品品種極少，市面相當蕭條。從巴里郎前往拉孜也有五十公里，沿途都是山溝峽谷、懸崖峭壁，山溪在谷間湍急地奔騰著。次日清晨又走了十五公里，到朔馬拉山，山上的崖石是土紅色。《衛藏通志》記載，此山為賽瓦合山，其山勢不高，但卻逶迤漫長。翻山後三十五公里至拉孜，該地僅有居民五、六戶，似乎是專門為應差而在此居住。附近有一個喇嘛寺，規模很小，僅有喇嘛五、六人。此地荒寒，不產五穀，一切柴草馬料都由別處運來，所以價錢非常昂貴。我與一個藏兵先騎馬到達拉孜，希望找到一個比較寬敞的住處，可找來找去只能找到一間低矮破舊的房子，進門還得彎腰，房主人是一個又老又黑的康地女人。向我作揖後把我迎進室內，求我摸頂賜福。

我的隨從及另一個藏兵巴扎隨後陸續到達。巴扎還未進屋，就聽到他在外面不斷地咆哮，進屋後對我說，十幾枚雲南茶在途中被馱牛撞散，如果不能得到賠償，他將受到上司的處罰。然後他將圓茶放在地上，把烏拉巴叫過來惡狠狠地告訴他：「這些茶是昌都札薩命令我押送的，如果有任何損壞，必須照價賠償，否則我就會把牛殺掉，賣掉牛肉，作為補償。」烏拉巴沒有辦法，只好向當地熟人借款賠償。每枚圓茶約合藏銀三兩，一共賠了四十多兩，比市面價格高出許多。但破碎的茶葉仍歸這個藏兵所有。事後藏兵笑著對我說：「康巴人都是小氣鬼，如果不借題發揮，就很難榨到他們的錢。我們當兵的在康地戍邊，每月的餉銀只有三兩，怎麼能維持生活？所以必須另外找些外快。」

康藏的民族語言、文化及宗教信仰雖然一致，但彼此之間存在著極多的矛盾。藏人批評康人行爲粗獷，缺少禮貌；康人則批評藏人口蜜腹劍，心懷狡詐。特別是在經濟方面，康人的實力不如藏人，所以康人旅客剛到拉薩，房間主人一定會問他，你是康人？還是安東娃？如果屬於這兩種人，在拉薩很難租到房屋，因爲他們的行爲舉止粗獷好鬥，經常惹是生非；又因爲康地婦女來拉薩後從事的都是比較低下的職業，經常在屋裡喧嘩吵鬧，吵得周圍不得安寧。其實康地面積很大，人口又多過藏人，如果康人治康的計畫能夠實現，則東起康定，西止工布江達，都屬於康人的地界，因此藏人雖然嫌棄康人的粗獷，但對於地方上有影響力的康人，也會運用籠絡的手段。如德格土司澤旺登登的弟弟，西藏地方政府就授予他「台吉」（編註：源於漢語皇太子、皇太弟，分爲四等，相當於一品官至四品官）的名義，允許他長居西藏，以便將來有機會可以作爲傀儡使用。

七月二十五日晨，我們從拉孜向西南行進了十公里，再翻越畢達拉山以後，就到達了一處草壩。我想起在羅隆宗時，劉曼卿女士曾經告訴我說，有一個甲喇嘛從西藏向東走的時候，因爲年老體弱，在此處圓寂，當地土人打算爲他修建骨塔，以便供奉。我向當地土人詢問此事，沒有能問出骨塔的確切位置。

康藏普通人死後，大多把屍體切割成塊，背到山上餵鷹，就是有名的天葬。遇到大活佛或高德喇嘛死後，就爲他們修建肉身塔，永久供奉。至於旅藏的漢人死後，往往仍是裝入棺材殮葬，保持原來的風俗。

夏工拉雪山中的神廟

拉孜距邊壩僅有二十五公里，騎馬不久就到了。這個地區是西藏比較遼闊的地帶，有數十戶居民，頗爲富庶。還有一座喇嘛寺，環境幽靜，適宜修道，邊壩宗本就住在寺內。寺廟的東南有一座大山，山頂修了一座亭子。當地土人傳說，每年四月十五日，此山上空定有彩雲出現，雲端上坐著宗喀巴大師三父子（宗喀巴及其弟子克主傑、賈曹傑，被稱爲三父子）及文殊、普賢的聖像，而且能夠聽到鼓樂喧天的聲音從雲端傳來。我聽到後感到很驚奇，可惜無法等到明年四月十五日一睹這樣的奇景。

與我同行的兩位藏兵到了邊壩後分道揚鑣，藏兵巴扎需牽騾馬返回昌都交差，另一個藏兵與我一同押運雲南茶葉直奔拉薩。從邊壩啓程，全部茶葉都用烏拉馱運，不再用私人牲口，因爲從邊壩往西有數座大山，用騾馬翻越，中途很容易倒斃，而且馬料昂貴，很不划算。

從邊壩到丹達山麓約有三十公里，這天天氣晴朗，行走了不久，就漸漸接近名聞康藏的夏工拉山（意思是東大雪山）。夏工拉就是漢人所說的丹達山，丹達山之所以得名，是因爲山麓中有一座丹達王廟，廟在丹達村的西南，外形是漢式建築，因多年失修，頹敗不堪。廟中供著丹達王的塑像，白面黑鬚，中等身材，明朝的裝束。據《衛藏通志》記載：這位神是江西人，姓彭名元震，康熙年間，因受命押解餉銀赴西藏，在翻越丹達山時，正值隆冬時節，在經過山頂一個叫閻王碥的地方時，突然風雪大作，彭元震從馬上摔下，掉進了雪窖中，誰也不知道他的下落。等到夏天冰雪消融的時候，土人們驚奇地發現，他仍然僵坐在所押運的銀餉上，面目栩栩如生。於是大家把他的遺體供奉起來，並修了這座廟來祭祀他。土人說，廟子裡的神非常靈驗，凡是過丹達山的人，只要虔誠祈禱，一定獲得佑護。我與隨從人員一起前往禮拜，只見廟子中仍保留著神的幾件遺物，包括靴子、帽子和馬鞍，以供後人憑弔。

丹達山麓村內居住著一位漢人，見面並不知道他的身份，等到他從袖子裡拿出一罐漢茶，為我祝壽時，我才知他是漢人。他說自己姓萬，本是清末駐藏戍邊的士兵，淪落在邊地已經三十多年了。他看上去披髮赤腳，窘迫不堪，乍一看像個野人。他一直未婚，也沒有固定的家產，只有二十多頭綿羊，以牧羊為生。藏人看到他孤苦伶仃，常常欺負他。他聽說我到藏地，特地前來拜見，借此機會訴說心中的苦悶。由此可見，當年蘇武牧羊，昭君出塞，文成公主下嫁，漢族兒女遠戍邊邦，過著茹毛飲血的生活，他們內心的痛苦可想而知！

七月二十六日，我們開始翻越夏工拉山。夏工拉山從山腳到山頂約有七公里半，所以估計此山的高度應超過六千公尺，有的人估計海拔六千三百公尺。山勢險峻陡峭，四季積雪，山中藏有深不可測的大雪窖，如遇到天氣陰霾的時候，牛馬會行走緩慢，所以大都走到半山腰就要紮營休息一天，第二天再繼續翻山。

這天因天氣晴朗，人強馬壯，中途不停，中午就登上了山頂。只見峭壁懸崖，直透雲霄，而深達萬丈的雪窖，就在山頂的左側，看上去讓人膽戰心驚。山頂有一塊漢文的匾額，上寫「閻王徧」三個字，豎立年代和書寫人的姓名已剝落得無法辨認。

牛廠娃講笑話

翻過丹達山後三公里，就到了一個牛廠，地名叫察羅松多，分佈著茂密的森林。我們向牧牛人買了大約一加侖的新鮮牛奶，用火煮熱後，席地而飲。口乾舌燥的時候，能喝到如此新鮮的牛奶，眞是痛快。

西藏牧區盛產牛油、羊奶、牛奶，因工業落後，不能製成罐頭外銷。牛油製成後，是用羊水泡包裹，重量分一克、兩克或五克、十克不等，運往拉薩銷售，但不能持久儲藏，因爲日子久了會變味。牛油以藏北所產的較好，優酪乳則以拉薩哲蚌寺後山棍坡每天出產的爲第一，因山中盛產蟲草，吃了蟲草的乳牛所產牛奶做成的優酪乳極爲香甜。

當天的驛站是郎吉宗，距察羅松多約二十五公里，行程約四個小時。我們在碩般多所補充的伙食已經吃完，希望在郎吉宗能補充一些食品。但此地缺乏新鮮牛肉，最後由頭人找到半隻已經變了味的牛腿。這時大家都已饑餓難忍，因此顧不得牛肉是否新鮮，煮熟之後，便狼吞虎嚥地吃下了肚。

在康藏旅行，夏季一般難以買到牛肉，因爲夏季水草豐美，放牧方便，又不利於儲藏，因此牧民很少宰殺牛羊。到了冬季水草乾枯的時候，冰雪遍地，放牧困難，儲藏方便，所以是宰殺牛羊的時節，也是採購牛肉的好機會。

由郎吉宗西行，都是下坡路。夏季漲水時，經常會堵塞道路。走了二十公里的路才到大窩嘉措湖，有數戶居民，這裡有山有水，風景如畫。再向前到阿蘭多，然後到甲貢，約有三十五公里，沿途都是大山，路旁還長著許多刺樹，馬的腳部和腹部被劃得傷痕累累。山坡上到處都是流沙，就像在沙漠中行走一樣，所以這一段路常常是騎馬的時候少，步行的時候多。中午來到了一個小型的鐵索橋旁，此橋是阿蘭多通往甲貢的要道，兩岸都是千仞峭壁，中間隔著大川，橋面鋪著木板，走在上面晃晃悠悠，來回搖盪，兩邊又沒有扶手，過橋非得小心翼翼不可。誌書中稱此地叫鸚鵡嘴，也叫賈桑（鐵橋）。

過了橋後，道路比較平坦，直到甲貢。甲貢屬於拉里宗管轄。藏兵告訴我說，從甲貢向西一帶的老百姓民性剽悍，不像昌都、碩督一帶的人性情柔順。進入這一帶後感覺確實如此。單就當地人的穿著上就能知一二，這裡不論冬夏，人人都穿一件老羊皮袍，不怕風寒和冰雪，個個面貌黝黑，蓬頭垢面。

當天下午，藏兵要求頭人迅速準備烏拉。頭人查驗馬牌後說，這個馬牌是由邊壩起支，而不是昌都，恐怕是僞造的，拒絕供應烏拉。藏兵說，如果不給烏拉，請簽字蓋印，我僅要求騎一匹馬，馬上返回昌都報告札薩。頭人照樣不理，藏兵立刻動手和頭人打了起來，經大夥勸解，頭人才肯供給烏拉。我的烏拉供給也受到影響，從昌都向西行進，沿途幾次更換烏拉都是馬匹，但在甲貢卻只供給犛牛。

因爲等候烏拉，我在甲貢休息一天，早晨起身，念誦大威德金剛咒百遍，以求加被。大威德金剛是文殊菩薩的化身，具有摧毀群魔、解脫生死的作用，有雙身，有單身，黃教信徒很多喜歡修煉此法。

下午頭人找來幾位牛廠娃來給我講故事。西藏民間通俗故事中曾經有兩個有名的幽默故事，一個是笑巴登巴傳，笑巴登巴是一代滑稽家，他曾把自己化裝成女人，並混在其他女人中間製造笑

在拉里宗宿營

料；他也曾僞裝成大活佛，因勒索財物而被捕，故意以此來製造出諷刺效果。二是密勒日巴傳，稱密勒日巴是噶舉巴聖人，他所寫的詩歌哲理高妙，流傳極廣，康藏人非常喜歡讀誦。此外還有一些荒誕無稽的傳說，如鳥猴故事、西藏古代史等等。康藏青年在工作之餘，大多喜歡席地而坐，一面喝著西藏青稞酒，抽著香菸，一面按照次序，彼此輪流講故事，以消磨時光。至於貴族的子弟呢，則是聽音樂、下圍棋、打牌、射箭，也有極少數能當當京劇票友，或者讀漢文的《三國》和《水滸》。

難以入眠的荒原之夜

甲貢至拉里宗分三站，第一站由甲貢至多洞，約四十公里。多洞是一片廣

魯工拉山，西藏東部的兩大雪山之一

闊的荒原，荒原中點綴著兩座黑牛毛帳房，裡面住著幾位差民，由二十九族派來。談起二十九族，原來是蒙古族後裔，有人口一萬多，散居在西藏北部的廣大草原，滿清時代直屬駐藏大臣管轄，民國後由西藏地方政府管轄。差民每半月更換一次，當我沒有渡過金沙江以前，曾從在西藏東部旅行過的人口中聽說，從甲貢至拉里宗一段，全是荒寒不毛之地，既無人煙，也無農田，今天親臨其境，目睹如此荒涼的景象，才體會到他們並沒有誇大其詞。

驛站搭的是牛毛帳篷，四面沒有遮攔，我與隨從共五個人席地而臥，夜晚仰視星辰，萬籟俱寂，只聽到附近的牛吼馬叫和遠處的野獸咆哮的聲音，讓人感到毛骨悚然，整夜難以入睡。烏拉娃則把犛牛圈起來，人躺在牠們中間，藏兵荷槍實彈，看守著茶馱，以防被盜竊。眞是人人各懷恐懼，這種滋味，不親臨其境是體會不到的。

第二站由多洞至擦竹喀，約四十公里。八月一日晨，天未亮就起身燒茶，清早的荒原寒風瑟瑟，吹得我渾身發抖。喝完茶後離開多洞，沿附近山溝走十公里就到了魯工拉大雪山，魯工拉與夏工拉齊名。夏工拉山勢高而陡，從山腳可以仰視山頂。魯工拉則是險而長，逶迤三十里，濃霧彌漫，氣候陰森，山間的積雪常年不化。行走在山裡，人很容易頭暈，牲口容易倒斃，可見瘴氣重得很。而且不能大聲說話，聲音稍大，馬上會引來冰雹兜頭而下。魯工拉海拔五七七六公尺，山腰有一個湖泊，方圓七、八里，四季結冰。據說湖中有魚，但沒有見到有人捕捉，沿湖而行十多里地，然後又踏上廣闊無邊的荒原，在荒原的盡頭就是擦竹喀。

藏語擦竹喀，即漢語的溫泉。驛站房屋矮小，空氣污濁。我和隨從共五人，加上烏拉巴男女三人，在一間斗室過夜，擁擠不堪。第二天顏俊告訴我他一夜沒睡，因爲聽見旁邊的一對男女烏拉巴在做愛，動靜太大，令他浮想聯翩，動了凡心。我訓斥他說，你已經出家，應該斷除淫念，你難道沒有聽說過「萬惡淫爲首」這句話嗎？

由擦竹喀至拉里宗，大約是三十三公里。在途中，藏兵忽然問我，「你們的茶馱有沒有納稅的執照？」我回答說，「在昌都啓程倉促，沒有向總管府申請，能不能設法與札薩的茶混在一起，我會付你幾兩藏銀酒錢作爲酬謝。」西藏東部有四個抽茶稅的關卡，分別是崗拖—昌都—羅隆宗—拉里宗。我的茶馱經過崗拖和昌都時，都是靠了朋友的人情擔保才免去抽稅，這回在拉里宗，也是因爲藏兵設法幫忙才過了最後一道稅關。

下午四點左右抵達拉里宗，這是赴藏途中的第四大站。路旁有一座高山，拉里大寺就依山而建，寺中有喇嘛約三百多人，由堪布進行管理，屬黃教系統。寺內喇嘛以修勝樂金剛馳名，聽說十分靈驗。喇嘛寺建築得很雄偉，遠遠望去猶如拉里宗的屏風。拉里的水利資源豐富，一是同妥楮河，發源於大偏關，流經拉里，會合在拉里河。附近山麓上有一個百戶人家的小村莊，都是平房。因拉里四季多風，房屋低矮可以避免狂風的破壞。四郊農田稀少，只有一些試種的青稞，才長出一寸長的苗子。如果在羅隆宗和碩督，這時已經是收割的季節了。拉里因爲是牧區，所以牛羊肉很便宜，也出產豐富的酥油，花藏銀二十兩就能買到一克，比拉薩市面還便宜許多。每年冬季，拉里人就把牛羊肉和酥油運往拉薩，換回青稞，所以對拉里及二十九族人民來說，青稞是高貴的糧食。

工布江達見聞

拉里宗有兩條道路通往拉薩：一條是由拉里向西南行進，經吉克卡、哈噶措卡轉入墨竹工卡而至拉薩，道路較爲平坦，而且水草很多。一條是由拉里南行，翻越瓦子山，然後到工布江達，是康藏的官道，也就是我們現在走的這條路。官道沿途一帶有居民。我們先是翻過了卓拉山，抵達果利，又翻越了果利附近的革拉山，到達張多，經過三天路程來到了工布江達。這是東藏的第五大站，西藏地方政府派有宗本駐紮。滿清時代此地駐有漢軍，還設有糧台。清末四川總督趙爾豐及尹昌衡兩人都建議將江達劃歸四川管轄，主張江達以西爲藏地，江達以東爲西康，以便就近節制西藏。藏人也稱江達以東爲康。江達宗有居民百餘戶，附近田連阡陌，尼洋河橫貫全境，所以有灌溉的便利。河上架設了一座大木橋，以方便行人通過。普通人稱江達大多叫工布江達，實際上工布是地區名，包括江達以南大片土地，江達宗是在工布區內。

江達的婦女在打扮上和其他地方不同，有的頭戴圓形黑氆氌小帽，也有頭戴圓形紅珊瑚巴珠的。身穿長到腳面的綿質長衫，外罩黑氆氌長背心，腳蹬厚底的皮靴，手中常搓毛線。工布江達一帶的毛織品，在拉薩非常有名，藏人稱爲「工台」（工布江達嗶嘰），售價非常昂貴。

江達宗內除土人外，還有不少前清漢人的後裔。有一位叫馬文才的漢人，已經七十多歲，精通漢藏兩種語文，在江達郵局擔任書記，月薪是藏銀九兩。他和藏女結婚後生育了兩個兒子，如今都是喇嘛；一個女兒年紀小，還待在家中。另有一位蔡君，原籍成都，來江達已有四十多年，家道小康，一切生活方式都已藏化，育有二女一子，長女已經出嫁。他邀我到府上念經，佛堂內陳列得頗爲整齊。當時他的子女、女婿都在，他爲我一一介紹。女婿是江達宗秘書，藏文造詣很深，他對我說已見到了我的烏拉馬牌，並已批示照支，我一一爲他們摸頂祝福。

我告訴蔡君說，目前國內教育發達，工業進步，已不是滿清時代的中國了。他聽說後感慨地對我說，當初自己來西藏本來不打算久住，只是由於內地爆發了革命，回不去老家，只好在西藏生根落戶，如今年近花甲，身份卻顯得似漢非漢，似藏非藏。兩位先生兼通漢藏語文，在江達漢人中算是佼佼者，江達的漢人社會仍舊遵守著舊習俗，還有保正制度，但多數的漢人在當地社會中經濟地位落後，因此遭到藏人鄙視。

爲補充糧食，我在江達停留了四天。糌粑每克的價錢是藏銀九兩，不但貴，而且還難以買到。爲了慶祝顏俊的生日，我特意購買了一點新鮮牛肉、白菜，還買到一點西藏豆腐，眞是讓人喜出望外。哪知將豆腐浸水泡了一夜以後，仍然硬得像石塊一樣，原來這東西形狀像豆腐，實際上是西藏的乾奶塊，我們都大呼上當。

在離開江達繼續前進的路上，我第一次見到了西藏傳遞信件的郵差，郵包是黃色，重量約有五公斤，郵包外層包皮上有郵局負責人的火漆印。郵差手持馬鈴短棒，身上背著背包，徒步行走，由一個札康到下一個札康，每個札康的距離約五公里。郵局規定從江達到拉薩，限期五天到達。郵差的薪金用天計算，每天有糌粑四升。前面提到過，西藏的郵政以拉薩為中心，東至江達，南至亞東，西至日喀則，北至黑河，多年來沒有發展。

在前往鹿馬嶺的途中，因為不識路，所以尾隨騾幫行走。先沿著河邊，再進入山溝，因為路途平坦，到達鹿馬嶺比預計時間要早。鹿馬嶺有居民三十多戶，村莊建在高山上，此地盛產皮革。西藏用土法製革，先把牛皮的毛刮乾淨，用酥油浸泡，再用腳把皮踩柔軟後，用火熏成白色。每雙靴底賣藏銀二兩。我的鞋底從昌都旅行到現在已經破了洞，於是買了皮革，請皮匠更換鞋底。皮匠的縫法非常拙劣，我在旁邊說你的縫法不對，他卻不高興地對我說，這是我們西藏通行的縫法，至於你們漢人怎麼樣縫我可不知道。

深夜藏兵趕到鹿馬嶺對我說，明天需翻越工布巴拉大山，這一站很長，要提早起身趕路，否則當天趕不到烏蘇江。於是我們在夜裡三點即離開鹿馬嶺，抵達工布巴拉山麓時，天剛放亮。此山不高，但以綿長荒僻著稱。七月裡，拉薩某個貴族的管家就被殺死在山間，至今兇手還沒抓到。因為管家仗著主人的勢力虐待當地人，引起當地人的不滿，所以被殺。

經過整整一天的行程，我們在晚間到達烏蘇江。這裡有居民三十多戶，村莊座落在山谷平坦的地方，村子前有一條溪流，就是烏蘇江，水流細得像條小溪一樣，再向西就流入拉薩河，這時河身漸漸寬大，沿著江西走，岸邊都是田野，周圍山上長滿青翠的樹木。鄰近拉薩了，四下的氣象漸漸改觀。

拉薩河中沐浴

從烏蘇江沿河西行三十公里到仁進里，此地的婦女大都在面部塗上黑茶油，猛一看像非洲的黑人一樣，大概是當地民俗。再向前五公里就是墨竹工卡，只見沿途大片農田，路上來往的人也很多。墨竹工卡因爲接近拉薩，市面比較繁榮，居民大約一百多戶，街道兩旁小商店很多。西藏人通用的泥質酥油茶壺，就是仁進里出產的，但是手工粗劣，很容易破碎。買了新茶壺後，壺底要用酥油和豬血塗抹，以免漏水。每只上等的泥壺大約值藏銀三、四兩，下等的值一兩，銷路西至後藏，東到拉里，在拉薩銷售得最多，光是三大寺的喇嘛就有兩萬多人，每人都要買一把酥油茶壺，拉薩居民還沒有計算在內。

拉薩已經近在咫尺，以後的旅途平坦安全，不需要護衛了，我就在這裡和護送我們的藏兵告別。從碩督開始，藏兵和我們一路同行同住了二十七天，大家相處得很融洽，現在馬上要各奔東西，眞有些依依不捨的感覺。

由墨竹工卡至拉薩，水陸交通都很方便，水路由墨竹工卡乘牛皮船順流而下，一天就可到達拉薩。經營木材的商人往往將木料馱到江邊，再用牛皮船運往拉薩，既快捷又便宜。陸路是用牛馬，或騎或馱，但是這裡的村莊密集，我的馬牌每到一個村子就要換，耗去大量時間，所以走陸路反而不如走水路便捷。如果是自備牲口，就沒有這種麻煩。

由墨竹工卡向拉薩前進，當晚歇宿在一個叫八角朔的地方。這裡有二十多戶居民，都是甘丹寺的佃戶，從八角朔可遙望到甘丹寺山頂的殿堂。甘丹寺是三大寺之一，爲黃教教主宗喀巴大師生前親自建立，時間是明永樂八年，歲次乙丑（一四〇九年），當時宗喀巴大師五十三歲。寺廟距離拉薩約三十七公里，宗喀巴大師的肉身塔及歷代甘丹墀巴的骨塔，都供奉在寺內，多少年來一直是黃教信奉朝拜的中心。

由八角朔到德慶只有二十五公里，我們到達後在此更換烏拉。德慶是個農業區，有居民五十多戶，在這裡可以遠遠看見布達拉宮金碧輝煌的雄姿。宮殿初建於七世紀藏王松贊干布時代，地基是用石塊及生鐵鑄成，十分堅固。宮殿剛剛建立的時候，規模很大，有房屋千間，芒松芒贊時被一場大火焚毀；直到五世達賴喇嘛（一六一五至一六七七）加以擴建，才完成了現在的格局。每年春冬兩季，達賴喇嘛就住在這裡；夏秋兩季，則移居珠園。布達拉宮除達賴喇嘛隨從外，還有一所經院，名字是「囊結札倉」，有喇嘛兩百多人，專修密法，經常舉行法會及護摩等儀式。每年冬季十二月，布達拉宮還會舉行打鬼會，也由囊結札倉年輕喇嘛扮演。

德慶距拉薩約三十公里。我們從德慶西行二十里到蔡里，民間傳說蔡里就是唐僧取經所經過的高老莊，其實不是。唐僧取經是經新疆高昌而達印度，經過今天的拉達克，唐僧並未經過西藏。從蔡里西行十公里，就到了拉薩河邊。拉薩河發源於唐古喇山南麓，山在拉薩西北方，拉薩河從東流過墨竹工卡，向西流經拉薩城南到曲水，與雅魯藏布江會合。拉薩河在冬季枯水時，兩岸之間用大木船引渡；夏季漲水時，用牛皮船引渡，牛馬泅水過河。我們一行人到達河岸後，乘牛皮船過河抵達西岸，兩岸相距約有三百公尺，河岸平坦，有很多的沙石，光禿不毛，沒有任何建築，西藏人把這裡叫作「公布堂」。

拉薩的氣候四季乾燥，日照時間長，因此被稱作日光城。四周高山環繞，號稱鐵圍，拉薩盆地就在其中。東西縱長約七十多公里，南北橫寬約二十餘公里。拉薩河流經它的南部，按照西藏本地堪輿學家的說法，拉薩古時本來是在海底，其地形就像一個魔女仰面朝上的屍體，拉薩中心就是魔女的女陰，所以大昭寺的建立就是為了鎮壓魔女。

這時的拉薩市人口大約兩萬多人，包括藏人，康巴、青海人，賀巴、蒙古人，尼泊爾人，不丹人，拉達克人，錫金人，漢人，英國人等，真是一個人種大展覽場。布達拉宮以及與布達拉山相連的藥王山寺、三大寺之一的哲蚌寺，以及羅布林卡都分佈在拉薩市的西部。色拉寺、札什城及小昭寺，在拉薩的北部及東北部。我們由東面進入拉薩市，首先經過的是劉樸忱先生紀念亭及回教清真寺，再走一里地就到達拉薩市中心最繁華的商業區——八廓街。因為顏俊是交通部職工，所以直接前往交通部拉薩無線電台所在地報到。他的同伴譚興沛這時已經比我們提前到達拉薩。

交通部拉薩無線電台設在拉薩市內八廓街附近的桑杜頗章（編註：即宮殿）別院內。桑頗是西藏有名的大貴族之一，曾有兩代達賴喇嘛出生在他家。桑頗大廈坐北朝南，與大昭寺南門講經台相隔一條街。拉薩電台原是國民政府專使黃慕松代表中央在民國二十三年（一九三四年）入藏致祭十三世達賴喇嘛時的行轅電台；黃慕松在完成任務後，認為拉薩有必要設立一座電台，為中央與西藏地方的聯繫提供方便。西藏地方政府同意了他的要求，撥給電台房屋及日常用品，並派民工背水打雜，西藏地方政府還指派了一名聯絡官常住照應，其實也是來監視電台工作人員的舉動。電台此時由張威白負責主持，另外還有報務員福建人趙季灝及藏文翻譯員馬寶軒，他們每天與成都通報兩

達賴喇嘛的夏宮羅布林卡

次。電台同時也對民間開放，經營商業電台的業務，官商都覺得很方便。

到達拉薩的第二天，我就按照西藏的習俗，到拉薩河去痛痛快快地洗了個澡。自從西康得格到拉薩，一共走了七十一天，沿途一直沒有機會洗澡。入藏前，很多人都說我這樣的體質受不了沿途的辛勞和高原的氣候，堅持不到拉薩我就會病倒，甚至可能送命。但結果是這一路我連小病也沒生過一次，而且每次在關鍵時刻總有貴人相助，令我能成功地到達目的地，對此，我只有萬分感激諸佛菩薩的加持。

洗清了身上的污垢和旅途的塵勞後，我買了一克酥油及香花等物，前往大昭寺朝拜釋迦牟尼佛。大昭寺的正門向西開，門前有唐柳及唐蕃會盟碑，裡面的佛殿大多常時開放，唯獨釋迦佛殿，每天早晚只開放幾個小時，因這尊佛像是唐朝文成公主下嫁藏王松贊干布時由長安運來的，是釋迦牟尼佛十二歲時的身像，釋迦世尊住世時親自爲這尊佛像開光，所以藏人把它看成寶物。佛像全身及佛龕內外到處裝飾著珠寶，大如雞卵，顯得極爲莊嚴。佛像前的桌子上供滿了金燈，每盞大的用好幾斤黃金做成，小的也要用一斤左右的黃金。這些都是歷代達賴喇嘛、攝政王、噶倫及蒙藏各地的王公、土司等供奉的，普通人即使有能力供奉

哲蚌寺的御匾

拉薩的琉璃橋，這座封閉式橋屋頂鋪琉璃瓦，建於清朝年間

金燈，不經看管人同意，也不能在佛像前擺放。佛殿開放時，朝拜人魚貫而入，頂禮膜拜，然後繞佛一圈出殿。很多人爲了朝拜這尊釋迦佛像，一步一拜地磕長頭，從西康、青海、甚至外蒙古一直磕到拉薩，有的需要幾年的時間。西藏本地人凡遇到喜慶的事情，如升官、嫁娶等，都會來佛前供燈，這已經成了習慣。

出了大昭寺，又前往朝禮小昭寺。該寺在拉薩市的西北，地名拉摩車，寺廟是由文成公主建成，所以大門向東，向著長安的方向。寺中的釋迦牟尼像是尼泊爾公主從尼國帶來的，莊嚴貴重。但小昭寺經常被上密院用作經堂，所以不如大昭寺那樣朝禮方便。

我到達拉薩的第三天，由交通部電台台長張威白先生引導參觀布達拉宮及羅布林卡。布達拉宮地理位置特殊，據說在風水上有獨特之處，其所在的紅山地勢就像一條龍，布達拉宮正好建在龍背上，而藥王寺是建在龍尾上，前後相連，遙相呼應。當年清軍大將岳鐘麒率兵平息了廓爾喀之亂後，看到這一代的風水太強盛，恐怕將來禍亂再起，於是下令用大炮把布達拉宮和藥王寺連接的地方炸斷，想打破這裡的氣勢。以後藏人爲了恢復這一帶的風水，在山脈被炸斷裂的地方修了一座佛塔，用鐵索和銅鈴把前

拉薩西門「搖鈴接脈」

後兩處連了起來，名字就叫「搖鈴接脈」，成了拉薩的一個特殊景致。

布達拉宮是達賴喇嘛冬季居住的地方，宮中收藏唐代以來的歷史文物及歷代達賴喇嘛的遺物，都是中國明清兩朝皇帝所賞賜。我曾親眼見到慈禧太后爲賜給十三世達賴而親筆畫的花卉。布達拉山腳下是雪里宗，那裡還保留著兩座乾隆皇帝十全記御碑亭。

羅布林卡在布達拉宮西邊數里，原來是第七世達賴噶桑嘉措所建，作爲達賴喇嘛夏宮的一座人造園林，隨後陸續擴建，成爲現在這個樣子。它的門前有兩個石頭獅子，經常有藏兵把門。門前鋪設了一條甬道，直達藥王山，道路非常寬闊，兩邊樹木夾道。自從十三世達賴喇嘛圓寂後，十四世的轉世靈童還沒有到達拉薩，所以園中達賴的內寢宮開放任人參觀。內寢宮除陳列幾件清代皇帝賞賜的玉如意、象牙手杖、翡翠鼻煙壺外，沒有什麼特別的古董。但因十三世達賴喇嘛生前喜歡好馬，馬廄中養著幾十匹名馬，只因爲是達賴喇嘛的寵物，沒人敢騎，所有的名駒名馬，除了吃睡之外，無所事事，都成了一群廢物。

【第六章】

喇嘛生活

進三大寺當喇嘛的學問

在拉薩電台休息了幾天，洗去了長途跋涉的疲勞之後，我便準備選擇進入三大寺，開始我學習藏傳佛教經典的使命。

三大寺是指藏傳佛教格魯派最出名的三大寺廟——哲蚌寺、甘丹寺和色拉寺。這三大寺均座落在拉薩周圍。三大寺加上位於後藏日喀則的札什倫布寺、青海的塔爾寺，以及甘肅的拉卜楞寺，共稱爲黃教六大寺廟。

說到三大寺，便不能不提到黃教祖師宗喀巴大師。宗喀巴大師生於一三五七年，圓寂於一四一九年，出生在青海一個叫作宗喀的地方，便是如今塔爾寺的所在地。「巴」字是指那個地方的人，人們尊敬他，稱他爲宗喀巴。他原名爲洛桑札巴，七歲那年即出家，法名爲「善慧名稱吉祥」。

宗喀巴大師十六歲時赴西藏，四處參訪名師大德，學習了大量的經典，二十二歲開始閉關修法，證得大成就，成爲西藏佛教史上一位承前啓後的宗師。二十八歲時，他已經講經說法，成爲一名著名的論師。他一生著作很多，有幾百部之多，其中《菩提道次第廣論》及《密宗道次第廣論》兩部巨著，爲西藏佛教的學習及修證建立了一套嚴謹和完整的修行體制和次第。他對藏傳佛教的發展所做出的巨大貢獻，使他得到西藏佛教各教派以及廣大人民廣泛的敬仰。

宗喀巴有兩個最出名的大弟子，一個叫賈曹傑，一個叫克主傑。賈曹傑本來是薩迦派的喇嘛，在宗喀巴成名時，他已經是有名的高僧，擁有大批弟子。他在佛學上的造詣高深，善於著書和辯論，後來由於敬仰宗喀巴大師，便拜其爲師。克主傑也是一位了不起的大德，但在佛學上的造詣不

哲蚌寺大殿

如賈曹傑，留下的著作不多。

三大寺之一的甘丹寺，建於一四〇九年，爲宗喀巴大師所創建，分五個階段建成。在拉薩東面約三十五里的地方，有座著日山，甘丹寺便座落在那裡。該寺分三個札倉，札倉就是學院的意思。全寺可以居住三千三百個喇嘛，殿宇有三十一棟，僧舍有一千多間。第一期落成時，宗喀巴五十三歲。宗喀巴後來將甘丹寺傳給了弟子賈曹傑，賈曹傑便成了甘丹寺的第一任噶丹赤巴（上座）。噶丹是漢文兜率天的意思。賈曹傑當了十一年的噶丹赤巴，爾後傳給克主傑。宗喀巴和兩個大弟子在西藏被稱爲三父子。

哲蚌寺爲宗喀巴大師的弟子蔣揚卻吉所創建。蔣揚卻吉出生於一三七九年，圓寂於一四四九年。他原來屬於噶舉派，後從宗喀巴受比丘戒。在一位施主的支持下，他在位於拉薩西郊北山山坡上的南喀桑布修建了哲蚌寺，距離拉薩不過三、四公里，建成於一四一六年，那年他三十八歲。哲蚌寺分七個札倉，後來歸成四個札倉：果莽札倉、羅薩林札倉、德洋札倉、阿巴札倉（密咒札倉），可以居住七千七百人。蔣揚卻吉成爲哲蚌寺的寺主，直至圓寂。

色拉寺的創立人是降清卻吉（一三五二至一四三五）。一四一三年，明朝永樂皇帝派專人迎請宗喀巴大師赴北京。宗喀巴因教務繁忙，便指派弟子降清卻吉代表他前往。一四一四年，永樂皇帝封降清卻吉爲西天佛子大國師。一四一八年，他回到西藏後，在拉薩北郊三公里處建了色拉寺。建成後的寺廟有五個札倉，後來縮爲三個札倉，可以居住五千五百名喇嘛。降清卻吉從北京帶回金水大藏經一部（用金水寫的）及檀香木雕成的十六羅漢，是永樂皇帝贈送的。一四三四年，他再次去北京，當時的明宣宗（永樂的兒子）封他爲大慈法王。他在蒙古、青海及五台山等地修建了不少黃教的寺廟，對於弘揚黃教貢獻卓著。

三大寺內分成不同的札倉，每個札倉如同一個學院，彼此之間獨立。札倉下面又分為很多個康村，康村是以地域來劃分的，每個康村裡住的喇嘛，基本上都是來自同一地區，講同一種方言，這樣鄉親之間容易相處和諧。把各種不同地方來的人都放在一起，不好相處，喇嘛之間也會發生糾紛，吵嘴、甚至打架的事情也會發生。一個札倉下面可以分出十幾二十個康村，每個康村如同一個大家庭，或是同鄉會。

進入三大寺當喇嘛不是件容易的事情，三大寺並不隨便接收新人，尤其是外地來的人想入三大寺學經更是不易。因為廟子上很難查明來人的底細與背景，無法判斷此人是好是壞，萬一不小心請進了不法之徒，便有可能將寺廟的清淨與莊嚴毀於一旦。寺廟規定，凡是新來的人，一定要有人推薦擔保，廟子上才可以接受。所以凡是想進三大寺的人，首先都要找一位當地比較有名望的喇嘛皈依，拜他為師父，這個師父叫作世間師，教授你寺廟上的各種規矩和應該注意的事項。世間師也是你的保人，替你向廟子上擔保，如果你進了廟子以後出了什麼事情，廟子會去找他。因此，外來的人要進三大寺學經，首先要找到一位有名望的喇嘛作為世間師，這樣才有可能被三大寺所接受。

有了世間師的擔保，也不是馬上就可以搬進寺廟。進寺前先要選好一個康村，這個康村同意接受你以後，才能搬入寺廟。三大寺裡面的每個康村都有一個義務服務員，藏語叫作略巴，凡是新人進了廟子以後都要當一年的略巴，即對內對外的服務員，這是康村的規矩。每一次有新人來到拉薩，各個康村的略巴就趕去與這個新人結緣，向他宣傳自己康村的好處，希望他能選擇自己所代表的康村。這自然是一種公關活動，目的是希望新來的人能為康村帶來佈施，人氣旺，佈施多，才能使得一個康村不斷昌盛壯大。但如果新來的是個窮人，佈施不起，供不起茶與飯，康村也會接受，佛門畢竟不是商號，不能只看錢而不認人。

對於漢人來說，大部分在來到拉薩前已經多少知道了一些寺廟上的規矩，做了不少準備工作，一般身上都帶了足夠佈施的錢財，供奉得起一次茶和飯。由於我是南京人，廟子裡的康村沒有一個是屬於南京地區的，三大寺裡還從來沒有從南京來的人，而我又不希望和其他所有的漢人住在同一個康村，這樣並不利於我學習語言，以及與當地的喇嘛廣泛交往。

三大寺本來有專門的漢人康村，後來被十三世達賴喇嘛解散，將漢人喇嘛殺的殺，趕的趕，原因是很多漢人喇嘛在達賴與清朝軍隊打仗期間站在了清軍那一邊，結果達賴喇嘛捲土重來時便清算了他們。從那時以後，三大寺便不再設有專門的漢人康村。十三世達賴喇嘛對支持或同情清軍的喇嘛毫不留情，不論是漢人或藏人，一律趕盡殺絕。不少紅教的喇嘛由於同情漢人而遭到迫害，有的甚至整個廟子被關閉，或是被迫改信黃教。

拉薩的地方不大，每當有什麼新人到來，消息很快便四面傳開。正在我準備進入哲蚌寺的果莽札倉，考慮如何選擇康村時，一位康村的喇嘛便找上門來結緣了。來者是一位漢人喇嘛，面目清秀，談吐斯文，傾談之下，得知此人來自哲蚌寺果莽札倉的安東康村，名叫歐陽鷙，藏文名字爲群沛笪美，意思是「無畏」。

歐陽無畏本是東北人，父親曾在瀋陽兵工廠任工程師，他畢業於東北的馮庸大學，之後赴西寧師範學院任教。那時西北軍閥馬步芳在西寧開辦了一個藏學研究所，歐陽無畏便去了那裡學習藏文。一九三四年，國民黨中央委員黎丹發起組織赴西藏考察團，並從蔣介石那裡募到了兩萬大洋的

歐陽無畏

群沛晉美喇嘛（歐陽無畏）

資助。黎丹本人會藏文，又是個虔誠的佛教徒，他召集了一批專家加入考察團，其中包括西寧藏文研究所的藏文專家楊質夫、氣象學家王廷璋等人。歐陽無畏也參加了這個考察團，一同進入了西藏。抵達拉薩後，黎丹進入哲蚌寺，學習經藏，在此期間結識了哲蚌寺的大格西喜饒嘉措大師。喜饒嘉措本是青海人，是三大寺著名的格西，在佛學和文學上都有很高的造詣，曾被十三世達賴喇嘛請去校正大藏經。黎丹在哲蚌寺並沒有長住，學習一段時間後就帶了楊質夫回到內地，同時還邀請了喜饒嘉措大師赴漢地講學。喜饒嘉措到達漢地後，先後被五間大學請去講授佛學及西藏文化，一時名滿天下，被眾多國民政府要員奉爲座上賓。解放以後，他被選爲中國佛教協會的會長。跟隨考察團來到西藏的氣象學家王廷璋則沒有和黎丹一起回到內地，卻留在了拉薩，成爲當地氣象研究所的所長，多年測量和研究西藏的氣候，對於以後西藏的開發做出了很大的貢獻。

歐陽無畏也留了下來，進入哲蚌寺當了喇嘛，學習經典。他所在的康村叫作安東康村，是哲蚌寺果莽札倉中規模很大的一個康村。康村中的喇嘛來自西藏東部、青海、內蒙、新疆及滿洲等地。由於康村的規模太大，所包括的地區又太廣，於是康村的下面又分成了八個小康村。歐陽無畏所屬的便是八個小康村之一，名叫密村。這一小康村中的人主要來自蒙古地區，只有歐陽一個漢人。歐陽君向我詳細介紹了康村的情況，我聽後覺得很滿意，當我最後決定進入這個康村時，他又帶來了康村的主管上門相見，表示歡迎我加入康村，並請茶招待。

在康村的佈施

在歐陽無畏的幫助下，我找到了一位世間師，法名叫作阿旺江城喇嘛，但拉薩的人都稱他爲蘭州僧。原來這位喇嘛本是漢人，生在蘭州，從小父母雙亡，成了孤兒，在蘭州的街上以討飯維生。十三世達賴喇嘛進京晉見慈禧太后和光緒皇帝時，經過蘭州，看到街上這個無依無靠的漢人孩子，境況令人憐憫，便將他收留了下來，當作身邊的侍者，帶回西藏。這以後他在西藏長大，學習經典，當了喇嘛，完全成了一個地道的藏人，漢語一句也不會講了，但是周圍的人還是稱他爲「蘭州僧」。他一直跟隨在十三世達賴喇嘛的身邊，當達賴的侍從，曾經紅過一陣，直到達賴喇嘛圓寂。後來他退休，西藏地方政府依然給他一棟房子住，每個月還發給若干斗的糧食。由於他是達賴喇嘛的侍者，在三大寺自然是很有面子的，有了這樣一位世間師的擔保，進入哲蚌寺便不成問題了。蘭州

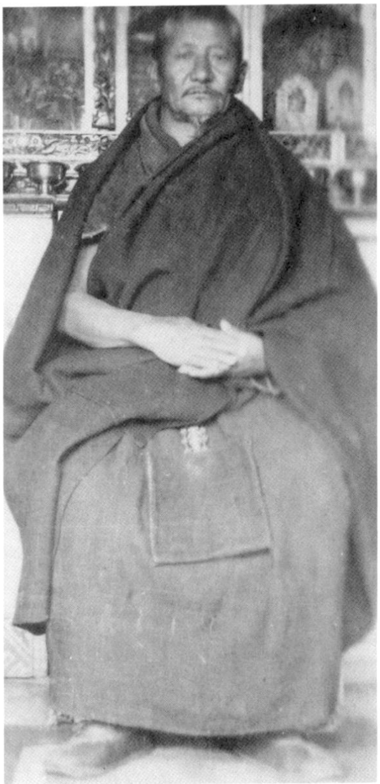
左：洛桑珍珠的世間師阿旺江城喇嘛，人稱「蘭州僧」
右：退休後的阿旺江城上師

洛桑珍珠喇嘛，一九三九年攝於哲蚌寺

僧先後收了三個漢人徒弟，第一個就是歐陽無畏；第二個徒弟叫作米霖浦，北京人，來西藏前在北京經營綢緞買賣；我是第三個。

被康村接受之後，接下去要做的第一件事情便是在康村內佈施。康村並不要求每個新來的人必須佈施，但卻要求初進廟子的人都要當差，從事很多的雜務。哪些算是雜務呢？比如掃地，打掃院子，別人佈施的時候在大殿上倒茶伺候，每當達賴喇嘛從布達拉宮去他的夏宮消夏時，要到街上去扯旗幟站隊恭迎，諸如此類。

與藏人相比，漢人的體質天生虛弱，長期從事這些繁重而瑣碎的雜務，身體吃不消，更何況當差會耽誤不少學經的時間，因此爲了免去這些差事，只有佈施一條途徑。

按照廟子上的規矩，一旦新來的人布了施，爲康村上下供奉了茶飯以後，便可免去當差，藏語稱此爲「群哉」。群哉翻譯成漢語是智悲的意思，指放群哉的人具有智慧和慈悲之心。放群哉包括佈施茶、飯，還要給錢，康村裡的喇嘛人人有份。

這個康村有一百多人，每人一碗酥油茶、一碗飯，飯裡摻上牛肉和酥油，另外佈施給每位喇嘛一至二兩銀子，同時再向康村的庫房佈施二百至三百兩。放群哉的儀式在康村的大殿上舉行，這時全康村的喇嘛集中在一起，由執事向大家介紹新來的人，並宣佈此人便是今日放群哉的大施主，請大家將功德迴向給他。這樣放了群哉之後，就可以免了康村的差，從此以後不必做雜務了，而全康村的人也都知道你是位施主，稱你為群哉。許多年後，儘管我離開了廟子，哲蚌寺的喇嘛每次見到我時，依然稱呼我為群哉。

歐陽無畏幫助我安排了這次佈施，一共用去了大約一千兩藏銀。一兩藏銀相當於七錢二分五厘大洋，算下來差不多是五百個大洋。在三大寺裡，這種在康村放的群哉，只能算是最低等的佈施；大的群哉可以包括在整個札倉，甚至是整個廟子。在全廟子佈施，叫作「措欽群哉」。措欽是全廟的意思。凡是做這種大佈施的人，西藏地方政府都會登記在案，以後每逢遇到達賴喇嘛的集會或大的場合，這些施主都會被邀請參加，對他們是很給面子的。通常做這種佈施的大施主們都是外地來的大活佛、大喇嘛，他們的財產豐厚，擁有自己的廟子和田產，成群的牛馬，有眾多的僕從和農奴為他們工作，又有管家專門替他們打理財產。他們帶了大把的銀子和大批的傭人來到三大寺學經，一次在全札倉或是全廟子的佈施可以用去幾萬、甚至是幾十萬兩銀子。相比之下，來到西藏學經的漢人大多是靠內地施主們集資供養，身上所帶的錢財十分有限，只能在康村放一次基本的群哉，靠它免去差役，減少以後的辛苦與麻煩。

進了廟子，布了施，免了差，便正式加入了康村。住的房子是由康村分配的，我所分配到的房子位置並不算好，好的房子早就被先來的人佔上了。房子是公寓式的，每個喇嘛一間，有的附有廚房，有的沒有。如果本康村的房子住滿了，新來的人也可以到其他的康村借房子住。住房要向康村支付房租，房租很便宜，每年只要幾兩藏銀。這些房子從外邊看上去很像宿舍樓，每一棟都有三、四層樓，從外面看不到走廊，走廊設在裡面，房間則是一間挨一間。上下樓用的是獨木梯，就是用一根粗木頭，在上面砍出一個個台階，用來當作樓梯。走這種獨木梯上下樓要很有些技術，因爲它的兩邊沒有扶手，而且木頭還會晃動，一不小心失去平衡就會摔下來。我初走時心驚膽戰，生怕一頭栽下去。廟子裡的喇嘛長年這樣走，不論年長還是年幼，有時身上還背了幾十斤重的東西，照樣走獨木梯上下自如。

房子有了，但裡面卻是空空如也，沒有任何傢俱，所有的傢俱和平常使用的用具都要自己準備。我在拉薩的市面上買了兩副床墊子，一些鍋碗瓢盆等用具，還有一個櫃子，用來供佛。櫃子上了油漆，還刻了花紋，價格要幾十兩銀子。另外還要置辦喇嘛裝，市面上有新舊兩種喇嘛裝，貧窮的喇嘛一般都買舊衣服穿，這種舊的喇嘛裝已經被別人穿了不知多少年，外表磨得光亮，佈滿油膩，看上去骯髒不堪，只有窮喇嘛才會買來穿，漢人是穿不慣的，因此只能多花一些錢縫製新裝。除了衣服，經書也要自己去買。如同喇嘛裝，經書也有新的和二手的兩種，就像在大學裡讀書一樣，高班的學生把自己讀完的課本賣給低班的學生。就這樣東一點西一點，我一步步地把需要的東西置辦齊全，總算是安頓了下來，也開始體會到在西藏的廟子裡吃穿用樣樣事情都要自己去解決，沒有人可以依靠，是徹底的自力更生。

喇嘛寺的管理機構

康村是喇嘛寺裡最基層的組織，一般一個康村的規模起碼有百十來人，否則不具備成立康村的資格，只能與其他的康村合併在一起。大型的康村還可以再分出若干個「密村」，即小康村。康村內部的管理是以自治的方式，由村裡的人推選出管理人員，通常是一批年長的喇嘛來管理，由四、五個人組成管理機構，相當於一個委員會，藏語叫作「沖都」。除了沖都，康村又設置一位執事，藏文稱作「略巴」，任期爲一年，由新來的人輪流擔任，負責監守戒律，招募新人，以及幫助新來的人安頓下來。此外，康村還設有一位庫房，藏語爲「強左」，負責管理康村的財產。

康村的大部分錢財來源於佈施，除去開銷，多餘的錢拿出去放債，收取利錢。放出去的債有時收得回來，有時收不回來，遇到壞帳的時候，只能把賴帳不還的人拉來揍一頓了事。富有的康村用多餘的錢在外面投資，購買田產和房地產，每年能夠收取不少租金，這樣以錢生錢，獲利十分可觀。庫房的錢用來維持康村的殿堂，燈、火、香、油等，以及上殿時的茶和飯等佈施，還有房舍的修繕等。有時康村的錢光靠佈施得來的不夠用，還需要向外化緣。有一年，我所在康村的強左經過大家的同意，遠赴南京化緣找佈施，誰知到了那裡卻正趕上日本人開始轟炸南京，人們四處逃亡，逃生尚且難以自顧，哪裡還有心思佈施。結果這位強左白白走了這一趟，沒有拿到一分錢的佈施，空手而歸。康村裡有人指責他白白花了路費，卻沒有辦成事情，要求他把路費退回給康村。最後這位喇嘛只好照辦，將錢退了回去。

康村裡面所有人都是平等的，不論是大活佛，還是窮喇嘛，待遇基本上一樣。只是那些放了大群哉的活佛，有權挑選好的房子，有時一間不夠，還可以多佔幾間。因爲這些活佛身邊往往跟著成群的傭人和廚子，都是專門服侍主人學經的，這些傭人當然也要住在康村的房子裡。

康村之上便是札倉。札倉等於一個學院，由若干個康村組成。大的札倉有三、四千人之多。我所屬的果莽札倉是哲蚌寺裡很有名的札倉，出過很多著名的大德，但在規模上卻是以羅薩林札倉最大。哲蚌寺雖然名義上有七個札倉，但其中的三個只是掛個名字，並沒有僧眾，眞正有僧眾的只有四個札倉。

札倉的總管爲堪布，必須是出身於本札倉的資深喇嘛，考到了格西學位，還要得到達賴喇嘛或攝政王的認可和委派，才能坐上這個位子。當堪布是有收入的，札倉每年都有一定數目的錢和糧食供給他。

由於札倉有自己的田產和房產，靠著收租，每年有固定的收入。與康村一樣，札倉也設有沖都——委員會，由五至七人組成；另外設有一位「格規」，專門負責監管戒律的執事，相當於鐵棒喇嘛。他手持鐵棒，形象威嚴；有的手上的鐵棒上還鍍了金，看上去金光耀眼。格規身穿的喇嘛裝與眾不同，肩膀上裝有墊肩，頭上戴的是雞冠帽，這是一種特別的喇嘛帽。

此外，札倉還設有一位經頭，藏語叫作嗡哉，是專門在上殿時帶領大家誦經的。嗡哉本人並不一定要精通經藏，但嗓門要大，中氣充足，在千把人中開口誦經人人都能聽得到他的聲音，而且還必須個頭高大，身材魁梧，在人群當中大家都能看得到。經頭的喇嘛裝也是特別製作的，與其他人不同，穿在身上十分顯眼而醒目。

札倉設有大殿，每天在大殿上誦經時，各個康村的喇嘛都會前來參加，特別是貧窮的喇嘛，每次來上殿都可以拿到一些佈施。而經濟狀況好的喇嘛則通常不大會去，因爲上殿要佔去自己學經的時間，況且他們也不需要靠這一點佈施來維持生活。札倉並沒有要求每個喇嘛每日必須上殿，而且札倉有一、兩千人之多，誰去了，誰沒去，沒有人會注意到。

每當有人在札倉放群哉時，照例先由「格規」在殿上向眾人宣佈今日的茶飯是由某某人佈施，帶領大家誦特別的功德迴向文。在上殿的時候，年長資深的格西坐在最前面，其他的喇嘛按照資歷順序向後排。喇嘛念完經後，就開始佈施茶和飯。倒茶及送飯皆有先後順序的規矩，要先從坐在最前面的大格西開始，然後向後邊順序倒茶。一桶酥油茶剛剛端上來時，浮在最上面的是酥油，先倒給資格年長的格西，這時的茶是茶少而油多。因為茶裡的油是牛油，冷了就結成塊，年長的格西吃不了這麼多，便把結成塊的牛油收起來，帶回去賣給鄉下人點燈用，收些錢。倒茶越是往後面，茶裡面的油就越少，因此坐在後排的喇嘛拿到的茶是茶多而油少。茶倒到最後面往往就不夠了，這時就要往茶裡面摻水，所以坐在最後的喇嘛喝到的常常是沒有油而且摻了水的茶。

放茶之後便是放飯。飯是把米、牛肉和酥油混在一起煮，煮成的飯是半乾半稀，黏在一起，不會散開。如果遇到大施主放群哉時，放飯要給三大勺。第一勺裝滿了碗，第二和第三勺摞在碗上，可以堆上一尺左右高。這樣的一大碗飯，喇嘛們拿回去能夠足足吃上一個星期；若吃不完，也可以拿出去賣錢。

佈施錢是在最後，喇嘛退殿時，由坐在最前面的格西先退，其他的人跟在後面，分兩隊從大殿的兩個門魚貫而出。這時佈施的人便派人拿著錢站在兩個門口，逢人出來便給一份錢，直到給完為止。

喇嘛寺的最高管理機構叫作「拉基」，也是由五至七人組成，這些人都曾經是各個札倉的大堪布，由總堪布領導，掌握著廟子的最高權力。總堪布必須是當過大堪布且資格最老的大喇嘛。三大寺的堪布一般的任期是四年，都要經過達賴喇嘛或攝政王的任命。堪布必須是格西，在佛學上造詣

哲蚌寺果莽札倉的經頭

高深，因爲時常要向人講經說法。當上這個職位是很不容易的，因爲這個位置有很多人爭取，需要在上層活動和花上一筆爲數可觀的活動費，包括在達賴喇嘛或攝政王的面前遊說，獻上爲數可觀的供養。原因很簡單，當堪布是有固定收入的，堪布在一個廟子裡還擁有莊田，當一任堪布下來就可以變成一個小康，所以便有人會去爭取。如果沒有這些利益，自然也就不會有很多人努力去爭取這個位置了。人的貪欲並不因爲出家當了喇嘛、念經學佛多年，就可以去除的。

「拉基」之下便是鐵棒喇嘛，由他來執行管理全寺的具體工作。鐵棒喇嘛的手下有很多名助手，協助他處理日常的事務。此外，寺廟還設有一位經頭——「翁哉」，他也是廟子領導階層中的重要角色。每逢廟子遇到重大的事情需要作決策時，便由這些人開會來決定。哪些算是重要的事情呢？比如西藏地方政府要對外開戰了，三大寺是否要派出自己的喇嘛兵參戰？如果派兵，要派多少？這一類的大事。

西藏地方政府有自己的常規軍，但每次打仗時都會要求三大寺派出喇嘛兵參戰，按照廟子上喇嘛人數的比例而派兵。此外，西藏政治的特點是政教合一，三大寺的大堪布和總堪布都要參加西藏的國民會議，代表僧眾參與政府的決策，而他們的意見通常在國民會議中具有舉足輕重的影響。

三大寺都很富有，有自己的土地、房產，也有專門的人爲廟子經營買賣，另外加上佈施，每年都有大量的收入。但不論是廟子，還是札倉，或是康村，在財務上都是各自獨立的，不存在上下屬的關係，也沒有誰養誰的問題。

鐵棒喇嘛與習武喇嘛

廟子上的總堪布平時不大管事，具體的事務均交給鐵棒喇嘛和他的下屬來管理。鐵棒喇嘛負責監督廟子上的戒規，發現不守戒規的事情，要加以處罰，嚴重者可趕出寺廟，不得再做喇嘛。曾經有一位很有名的大活佛，在三大寺學經的時候被人發現在外面搞了女人。喇嘛犯了淫戒是大罪，不能饒恕，不論是資格多高的活佛皆然。於是鐵棒喇嘛下令將他趕出寺廟，將他的財產充公，剝去他身上的喇嘛裝，給他穿上了白氆氌——這是一種西藏的白毛呢，專給犯人穿的，並將他趕到街上，從此他便以乞討維生。

三大寺享有種種特權，如果廟子裡的喇嘛在外面犯了法，政府是不能抓也不能管的，只能把他送回到他所屬的廟子，由廟子的鐵棒喇嘛來處理。此外，西藏地方政府規定當喇嘛可以免服各種差役，因此喇嘛的地位尊貴；而一旦失去了喇嘛的身份，就不再能享受這些特權，什麼樣的苦差都要去做。

鐵棒喇嘛不僅權力大，而且能運用他的權力得到不少實惠。別的不說，在每年正月的慕朗青波——大願節時，所有的喇嘛都要來到拉薩念經，這時西藏地方政府關門，將管理拉薩市的權力交給三大寺的鐵棒喇嘛，政府便休息了。這時按慣例由哲蚌寺的鐵棒喇嘛主管，爲大鐵棒，因爲哲蚌寺在三大寺中規模最大，協同其他寺廟的鐵棒喇嘛來管理市裡面的清潔。鐵棒們派自己手下的格規四處巡街，走到哪一家店鋪門口，如果覺得這家店鋪門口的地掃得不乾淨，就要上門找這家的店主罰錢。這些喇嘛大都是練拳的出身，個頭高大，身體強壯，手上提著一丈長的棍子在街上巡邏，讓人

習武喇嘛的全套裝束

習武喇嘛在訓練場上

習武喇嘛在訓練場上

見而生畏，他們要罰哪一家，哪一家就要乖乖從命。這樣一個來月下來，鐵棒們可以收到不少罰款，所以他們的收入十分可觀。正因爲如此，三大寺的鐵棒喇嘛都是要由達賴喇嘛或攝政王指派，而且鐵棒喇嘛只能當幾年便要換人。如同當堪布一樣，鐵棒喇嘛這個位置也有很多人爭取，通常也要用去相當的一筆數目可觀的活動費，但一旦當上了這個職位，花去的錢不需要多久就能夠收回來。

三大寺裡除了學經的喇嘛，還有一種習武喇嘛，專門學習武術，準備打仗時上戰場搏鬥。這種喇嘛是不學習經典的，他們每天所做的事情只是練習武藝，接受各種訓練，包括翻跟頭、空手搏鬥和拋石頭等。石頭是他們的主要武器之一，他們能把一塊石頭拋得很遠，準確地打中目標。另外他們有一種奇特的武器，就是每個人身上都帶著一把沉甸甸的大鑰匙，用一條很長的繩子拴住。繩子平時纏在腰上，到了上戰場的時候，把鑰匙從腰上解下來，拿在手上就成了武器。他們把連著繩子的鑰匙對準敵人用力甩出去，打在敵人身上便能造成重傷、甚至打死對方，然後用拴住的繩子把鑰匙拉回來，再次甩出去。

這些習武喇嘛性情剽悍，身強體壯，肯出力賣命，平日除了練武之外，廟子上也用他們來做雜工，在殿上倒茶裝飯。每逢有人佈施的時候，廟上便招呼十幾二十個習武喇嘛來打雜服務。當這些喇嘛幹活的時候，廟子上由鐵棒喇嘛派人拿著棒子盯著他們，緊緊地跟在他們後面，就像看守賊一樣地盯著，因爲如果盯得不緊，他們便會伺機偷飯，飯放到後面就不夠了。因爲他們長期在殿上倒茶，身上的喇嘛袍都佈滿了一層厚厚的油膩，袍子裡面沒有其他衣服，光著身子，便趁沒人注意時，把一瓢飯倒在袍子裡，外面是看不出來的。他們把偷來的飯帶出去吃，或者賣給外面的人賺錢。

五部大論與四種格西

西藏佛教的僧侶們對於經典的學習是非常嚴格的，尤其是格魯巴，有著十分嚴謹的程序和次第。宗喀巴大師及以後的歷代祖師為黃教制定了一套完整的學經體系，三大寺學習經典主要為五部大論。藏傳佛教其他各派各有自己的制度，比如紅教的喇嘛要學習十一部大論，花教則與黃教相似。

所謂五部大論，是佛教重要的五部論著，第一部是《量釋論》，作者為印度的法稱論師，是因明學的一部重要著作。因明為佛教的邏輯學，在學習經典中分析與辯證時都要以因明為方法，因此這部論最先學習。《量釋論》另外還有六部附論，合在一起稱為量釋七論，這七部都要學。此外，有許多由宗喀巴大師和他的弟子所撰的注解也都要讀。

第二部是《現觀莊嚴論》，這部著作是印度大乘佛教的著名論師無著所記述彌勒菩薩的開示。無著是弘揚大乘佛教的著名大論師和大成就者，他在禪定中上兜率天聽彌勒菩薩的開示，出定後將他所聽到的開示內容記錄下來，寫成了這部大論。《現觀莊嚴論》是專門解釋《般若經》的，整部論分為八卷，前三卷解釋「境」，後四卷解釋「行」，最後一卷解釋「果」。這部經典也屬於中觀論的著作，藏傳佛教將中觀分為兩派，一派的代表是《現觀莊嚴論》，一派則是以龍樹菩薩的《中論》為代表。藏傳佛教以為以龍樹為代表的一派，才是最究竟的中觀論。《現觀莊嚴論》所講的觀空，未臻究竟，叫作自續派。以《中論》為代表的另一派，叫作應成派，所講的空性是最為究竟的。《中論》說，「眾因緣生法，我說即是空」，這是指一切都是由因緣和合所生，自性本來空。但如果在空上加有，或是以空為空，就偏離了中道。龍樹菩薩說，「執空為實有，是人不可救」，意思是有這種斷見的人是沒辦法救度的，因爲他在空上執有，把空執著爲有一個實在的空，這就是所謂的斷見。空若無空，才能證有，有又非實有，是假有，幻有，這才是正確的觀空。

第三部是《入中論》，作者是月稱論師，他是中觀應成派的代表人物，藏傳佛教認爲他眞正發揮了龍樹理論的精華，精闢地闡述和詮釋了龍樹《中論》的奧義。這部著作的前五卷講如何從發菩提心，一直到證得佛果。第六卷講般若波羅密，講慧和觀。月稱這部著作沒有傳入中國內地，卻完整地傳入了西藏。傳到中國內地的《中論》只有龍樹菩薩的一個本論的誦和他的弟子青目所作的注解。但青目的注解並不完整，留下了很多疑問。藏傳佛教認爲只有月稱的著作才是解釋《中觀》最爲究竟的論著，在西藏佛典裡有對《中論》詳細的注解。

第四部爲《俱舍論》，作者是世親，他是無著的弟弟，早年從小乘佛教的經部出家，提倡說一切有。釋迦牟尼佛滅度以後，佛教先後分出了十八個部派，其中最大部派即是經部和說一切有部。世親原本是小乘佛教說一切有部的著名論師，後來在兄長的影響下轉信大乘，成爲大乘佛教的一代祖師。《俱舍論》是一部很偉大的著作，講到世界的成住壞空，萬物的形成，大至寰宇，小至微塵，包羅萬象，很多今天科學家所探討的問題，在一千多年前世親菩薩就已經講到了。《俱舍論》代表了佛教的世界觀，證明了佛教是講究科學，而絕非迷信的，可惜今人沒有從科學的角度來研究它。《俱舍論》講到物質如何一層層地分裂，一直分裂到量子。如今科學家們有了對撞機，將來或許還能再分下去。《俱舍論》既講到世間的情形，也講了他方世界的情形，講得非常細。這部巨著共分八卷，前兩卷講世出世間的共法，即世界觀和人生觀，第三至五卷講六種輪迴之因果，後三卷講如何得到解脫。

第五部是《戒律論》，作者是功德光，他採取小乘部派中說一切有部的戒律為本。其中分成十七種事情，包括如何受戒、如何得到戒、犯戒以後如何懺悔等等，都有詳細的說明。學習戒律論就必須受戒，不受戒者是不能學戒律的，就像密教不受灌頂就不能學密法一樣。

三大寺的學制是這樣的：兩年學因明《量釋論》，四年學《現觀莊嚴論》，兩年學《入中論》，一年學《戒律論》，這樣五部大論的學習一共需要十一年的時間。如果有的喇嘛在進廟子前已經學過了其中的一部分，比如我在漢地時就已經學了俱舍和中觀，那麼他們在學習的順序上可以調整，甚至免學。還有些人甚至五部大論都已經學了，來到三大寺為的只是考取格西學位。本地人如果十一年學不完，可以延長到十五年。比如四年的《現觀莊嚴論》可以延長至六年，因明論兩年的學習可以延長至四年。

五部大論學完，就有資格考格西了。格西等於佛學博士，也是一個認證，證明你已經學習並掌握了佛教的理論部分。具備了格西的學位，將來就有機會擔任廟子裡的堪布，甚至總堪布，也有機會被其他的廟子請去講經。

一個喇嘛能不能考格西，不僅要看他是否已經精通了五部大論，還要看他夠不夠資糧，是否具備足夠的財力在康村或是全札倉，以至於全寺廟放佈施。佈施要包括茶和飯，以及每個喇嘛一份錢。如果放不起這樣的佈施，沒這份資糧，就不能報名考格西，只有等待，直到你有了足夠資糧放佈施為止，即使你經論學得再好都是一樣。

佛教裡有句話，佛弟子要修福慧二資糧，即福德資糧和智慧資糧。一個人若不具備這兩種資糧，學佛是很困難的。只有福德，而沒有智慧資糧，難以證得成就；而只有智慧資糧，而不具備福德資糧，生活都不能維持了，又怎麼學佛呢？因此，福慧二資糧缺一不可。所以放不起佈施的喇嘛只有耐心等待，等到機緣成熟時，有人捐錢給他，肯為他佈施，資糧具足了再去報考格西。也有根器差一些的，或是貧窮的喇嘛，因為要靠做雜工來維持生活，學經的時間不多，要花上十五、甚至三十年時間才能得到格西學位。

格西學位分為四種。第一種叫作拉然巴格西，三大寺加在一起，每年共產生十六名。候選人先在自己所屬的札倉和廟子裡報名，然後由札倉和廟子將他們的名字報送達賴喇嘛；如果達賴尚未成年，則報給攝政王，要提前一年就把名字報上去。每年十月時，這十六名拉然巴候選人要到達賴喇嘛的夏宮去，在達賴或攝政王面前辯論，由攝政王主考並親自審察過後決定名次。然後在大願節的時候，所有的格西們必須輪流在大昭寺的大殿門口坐上一整天，讓去那裡上香朝拜的信眾向他們提問各種佛學上的問題。這個地方每日前來拜佛的人絡繹不斷，地上鋪的磚都已被拜佛的信眾磕頭磕出了許許多多個坑，這時候任何人都可以走上前來向新格西提出任何問題，考一考這些格西的學問。拉然巴格西的前六名是排名次的，第六名之後便不再排名了。第一和第二名通常都是大活佛或呼圖克圖，因為他們放得起大佈施，一般是在全寺，有的甚至在全部三大寺佈施，將幾萬大洋佈施出去，普通人沒有辦法與他們相比。達賴喇嘛也要參加格西考試，按照規矩，在他二十歲執政以前必須要考到格西學位。但對他來講，考格西不過是個形式罷了，不論怎麼考都會考上，因為他是達賴喇嘛。班禪喇嘛也是如此。在拉然巴格西每年的十六個名額之外，攝政王有權在特殊情況下額外增加兩名。比如某某大活佛要考格西，然後要趕回到自己的廟子去做住持，便可以算入增加之列。

第二種格西叫作措然巴格西，三大寺加在一起每年有十至十二名，在二月小願節時考。這種格西也要上報達賴喇嘛或攝政王批准，但不必在達賴或攝政王的面前辯經，只需在所屬的廟子考試就可以了。考這一等格西的喇嘛通常是錯過了拉然巴格西的報名時間，但措然巴格西的地位並不比拉然巴低。

第三種叫作林賽格西，這是在本廟裡面產生的，不需要報攝政王，也沒有名額的限制，是由廟子的堪布決定。

第四種叫作多然巴格西，是在本廟所屬的札倉裡產生的。

四種格西中名望最高的，當然是拉然巴格西。但其他的格西在佛學造詣上並不見得比拉然巴遜色，甚至可能更優秀；這些喇嘛有的是不具備考拉然巴的資糧，也有的是錯過了時機，還有的則是根本不在乎名次，能夠學成經論便心願滿足了。考得了格西後，他們便離開廟子，去深山閉關，幾年甚至幾十年，專心修持密法。

上下密院與噶丹赤巴

學完了五部大論，拿到了格西，只能證明你在密宗的理論部分或者是顯教部分過了關，具備了修持密法的資格。黃教對於喇嘛學習密法有很嚴格的規定，要先顯後密，打下了堅實的理論基礎，對於佛學經典能夠融會貫通，有了對佛法的正知正見，才能學習密法，這時你才能在修持中得到受用，而不會生出邪知邪見，墮入邪魔外道。這時你才有資格進入上下密院，專修密法。密院在藏語中叫作「舉巴」。密法中分父續和母續，「舉」字是指傳承。凡是密法的法本和書籍都稱之爲「續部」，漢語的意思是屬部。

上下密院是眞正傳授密法的地方，並不屬於任何一個寺，與三大寺是平等的。下密院由宗喀巴大師的徒弟喜饒僧格創立，擁有自己的僧舍供喇嘛居住；上密院是喜饒僧格的徒弟貢噶敦珠所創立。兩個密院是平等的，密院裡面有金剛上師專門傳法灌頂。格西進入密院後的第一年先學經和各種儀軌，以後依次第而接受灌頂和傳法。上下密院的灌頂傳法大多數是黃教的主要密法，其中包括勝樂金剛、大威德金剛、密集金剛和時輪金剛等，這些都是黃教的大法。進入密院學習密法的喇嘛必須是格西，他們叫作「佐仁巴」。也有不是格西的喇嘛在上下密院裡，但他們沒有資格學習密法，只能在那裡做些雜務，比如佈置壇場、供燈、供果、供飲食等等。在密宗設壇場是很講究的，供養不同的金剛和護法有不同的方法，這些不是格西的喇嘛就專門做這些事情，叫作「介仁巴」。

上下密院的生活十分艱苦，難以形容。那裡的佐仁巴每天早上四點就要起身，經常要步行很長的路到另外一個地方去修法，行李就背在背上，長途跋涉，這時除了堪布以外，其他人一律不准騎馬，不管你是身份多高的活佛，或是多麼有錢的貴族。密院的喇嘛沒有床可以睡覺，每個人只給一個四方形的墊子，面積比床要小很多，念經修法、打坐睡覺都在這個墊子上面。上下密院只能吸收五百人左右，裡面也分康村。上密院沒有自己的房舍，只能借小昭寺作爲道場，有時還要搬到其他地方去。有不少格西報名進入密院，做了佐仁巴，但很多人忍受不了那種艱苦的生活，不久便中途退出，堪布也是答應的。

眞正的高深密法不是隨便可以傳授的，傳法上師要對弟子進行種種考驗，看他是否眞的發心純淨，具有善根和大慈悲心，以及對於佛法的正知正見，才能傳法給他；隨便傳法的上師是犯戒的。

左：四大林之一功德林活佛（中）與僕人

右：一九四三年多傑格西向我傳授密法，傳法後，我為他拍下這張照片

西藏佛教的大聖者密勒日巴祖師經歷了無數世人難以忍受的考驗，才得到了他的上師瑪爾巴大師的傳法，證得大成就。拿到格西學位的喇嘛也有不少的習氣，難免有驕慢之心，自認爲深通佛學經典而沾沾自喜。密院裡艱苦的生活就是要磨掉這些格西的種種習氣，驅除他們的驕慢之心，堅實他們對佛法的恭敬心和修行的精進力，這樣在修習密法時才能得到受用，證到眞正的成就。

入了密院，能吃得了苦，經受了考驗的佐仁巴，經過兩年左右的時間就有機會升爲密院的「格規」，即管理人，等於鐵棒喇嘛。當了鐵棒三年以後，就可以當「嗡哉」，即經頭；再過三年，就有機會擔任堪布了。當一任堪布大約四年的時間，然後退休下來，這時人們稱他爲「曲結」，意思是噶丹赤巴的候選人。噶丹赤巴是黃教的教主，按照規矩，連達賴喇嘛見了也要向他頂禮。退休的堪布要按照先後順序排隊等候擔任候選噶丹赤巴。當了候選噶丹赤巴後，就要等著坐上噶丹赤巴的位子了。這一等，就不知要等多久，二十、三十、甚至四十年，有的人一生也等不到，因爲要等到前一任噶丹赤巴去世後才能輪到下一位。而且這個位子是由上下密院的候選人輪流坐的，這一次是上密院的人，下一次則輪到下密院了。能夠坐上這個最高位子的喇嘛，起碼都在七十歲以上，有的甚至八十來歲了。他們從學習五部大論考格西開始，幾十年來從最低，一步步向上，到了得到這一最高榮譽時，已是夕陽歲月，來日無多了，因此歷任的噶丹赤巴任期都不會很長。從一個普通喇嘛到當上噶丹赤巴是極其難得的，因爲他不僅要長壽，還要具備足夠的福報。

黃教到解放的時候，一共經歷了九十七代噶丹赤巴，有的做完了任期，有的只做了兩三年便圓寂了。除了達賴喇嘛，在拉薩只有噶丹赤巴出門時是可以撐黃傘的，前面有人開路，有人手持香爐跟隨，浩浩蕩蕩，就像皇帝出巡。到了大願節傳大昭的時候，他會登上法座，講幾句法。在黃教，噶丹赤巴的位置至高無上，不僅地位尊貴，所收的供養也很多，貴族們都要請噶丹赤巴，送上供養。同時，噶丹赤巴又是攝政王的候選人之一，如果達賴喇嘛去世，所有夠資格當攝政王的貴族都不滿二十歲，還沒有受過比丘戒，當這種情況出現時，攝政王就由噶丹赤巴暫時擔任，因爲按照西藏的規矩，不到二十歲沒有受過比丘戒的貴族是不能當攝政王的。在達賴喇嘛不在時，噶丹赤巴還可以代理達賴執政。滿清末年，十三世達賴喇嘛和滿清政府鬧翻了，交戰敗給了清軍，當他從大吉嶺向印度逃亡時，就是把他的官印交給了噶丹赤巴，由他來代理。噶丹赤巴圓寂後有資格尋找轉世活佛，一般的堪布是不具備資格轉世的。但噶丹赤巴不像達賴喇嘛，他只擁有黃教的教權，而無政權。

密院固然是專門傳授密法的地方，而且要做到堪布以及噶丹赤巴的位子，只有進入密院；但是密法卻並非一定要在密院裡才能學到，如果有機緣能夠得遇好的金剛上師，一樣也可以求到。我進入哲蚌寺前，在德格時就已經學習了薩迦教的許多種密法，在拉薩的八年期間又陸續求到了不少法，這一切都有著特別的因緣。

一九四四年，四大林中的功德林活佛請出了哲蚌寺著名的拉尊大活佛傳授密法，並請我一起參加傳法。我與功德林同在果莽札倉學經，彼此相處得很投機，他很尊重我這個來自漢地的喇嘛。拉尊活佛是黃教中繼頗邦卡大師及康薩仁波切之後，少數幾個在修持上享有盛名的大德，很少對外傳法，一般人是很難請得動的。功德林在貴族中的地位顯赫，他的前世曾經擔任攝政王，乾隆五十七年清軍入藏時，功德林將自己莊園的糧食供給清軍，立了大功，被皇帝封為濟隆呼圖克圖，成為西藏的第一呼圖克圖。即便是這樣大的面子，功德林在求法時還是誠惶誠恐，帶去了大量的供養，上萬的銀元，還有米、麵、酥油等等，由大批的傭人捧了送去，如此虔誠隆重，心裡卻還沒有把握活佛老人家會不會答應。就這樣恭恭敬敬地上門請求了三次，拉尊活佛才答應下來。

依照藏傳佛教規矩，弟子向上師求法，首先要盡其所有的供養上師，虔誠祈求上師，一次不成求第二次，二次不成繼續求第三次，直到上師認為弟子的信願堅定，根器俱足，符合了傳法的條件，方才答應。密法是無上的佛法，不是隨便可以求到的。一旦上師答應了，到傳法時不僅他本人，連跟隨他的所有侍者都要由求法弟子供養招待，每日廚房裡要特別準備飯菜，傳法灌頂一個月，就要供養所有人的飯菜一個月。到了圓滿這一天更是不得了，有很多匹綢緞、金銀和貴重的禮物供養給上師老人家，作為酬謝。我是和功德林還有其他一些貴族一起接受灌頂傳法的，靠了功德林的供養，才能有這樣的機會。

上師傳法要遵照嚴格的儀軌。傳法前，上師要先修法，修法以後的灌頂才有加持力，而不是隨便就可以給人灌頂的。所以在西藏求法很不容易，也很難找到真正有修證的上師。能講經的人很多，格西們個個都能講經，經論上的功夫都很厲害，但一般的格西是不能給人傳法灌頂的。只有那

清朝皇帝賜給策墨林活佛的御匾

黃教大德拉尊活佛（右）與功德林（左）

功德林贈送的咕嚕咕哩護法像，漢語稱為「作明佛母」

些在佛法的修持上眞正具有證德證境的金剛上師，才具備傳法灌頂的資格。他們一定要閉過關，有的閉關很多年，自己證得了成就，才能爲弟子灌頂。所以在西藏要有很大的福報與豐富的資糧，才能請得到眞正的好上師，求到眞正的佛法，得到受用和成就。

那次在功德林家中舉行的傳法，歷時整整一個月，拉尊活佛先後傳授了三百多種密法，幾乎將黃教所有的密法傾囊相授了。當時參加法會的弟子有一百多位，都是西藏有名的活佛與貴族，只有我一個是漢人喇嘛，這樣的因緣可謂千載難逢。

拜師學經

西藏的學經方法與漢地大不相同，在漢地是廟子裡的住持或上座講經，弟子在下面聽；但在西藏，學經要自己去找師父，廟子是不負責爲你提供師父的，也不限制你一定要跟哪一位學。你要自己去探訪打聽，瞭解哪一位師父對於哪一部大論最爲精通，然後去拜他爲師。歐陽無畏比我提前進入寺廟，對這些都很清楚，知道哪一位師父最通因明，哪一位最通《現觀莊嚴論》。每位師父可能各有長處，因此不一定只拜一位師父，哪一位師父教哪一部大論好，就去找他教。教經的上師可以是格西，也可以不是格西，但必須學問好有名氣。

拜師學經並不是一件很困難的事情，拜師的時候，弟子要帶上一條哈達。最上等的哈達叫作阿西，是由絲做成的，一般見師父不需要這種最好的哈達。我們通常用的哈達叫作素西，品質差一些，也就可以了。另外要帶上一罐優酪乳，優酪乳以哲蚌寺後山的牛所產的最好，因爲哲蚌寺的後山長滿了蟲草，牛吃了那裡的蟲草所生產的奶特別香。一罐優酪乳不需一塊錢，帶了哈達和優酪乳去見上師，向上師請求學經，上師是很少拒絕的。最初的時候他單獨教你，以後也可能同兩三個人一起學，上師會按照程度將學生分成班來教。

每當弟子有問題去請教上師，上師是不會嫌煩的，因爲他自己也是這樣經過的，因此他們都有誨人不倦的精神。徒弟去見師父不需要每次都送供養，經濟情況好一點的弟子，每年會送師父一些禮品，或請吃頓飯。但師父是不會主動要求的，他們不會向學生開口要錢要供養，以慈悲心教授學生弘揚佛法是很大的功德，也是每個上師應該做的事情。在寺廟裡，這些師父和我們一樣，也住在

一九四八年與教授《俱舍論》的上師賴登格西合影

康村，有些有傭人服侍，有的則沒有，而且也要自己動手燒飯。有時我去找上師請教時，正趕上他在做飯，他便一邊做飯一邊對我講經，我就在一旁靜靜地聽他講。

西藏的這些師父與漢地的法師不同，漢地的和尚是拿了經書來講經，照本宣科，然後叫你去看各種參考書；而西藏的上師講經時根本不需要看經書，完全憑著自己的記憶和理解，經藏能夠倒背如流，隨口就可以講出哪一部論的哪一章哪一段，所以漢地的大部分法師在這方面是無法和人家相比的。

教我因明的師父是位蒙古喇嘛，名叫喜瓦拉；教《俱舍論》的師父名叫賴登喇嘛，也是蒙古人，學識淵博，還懂得俄文。與我因緣最深的，要算是教授我《現觀莊嚴論》的上師袞曲丹增格西。

這位格西原是熱河一帶的蒙古人，是一位拉然巴格西，佛學造詣深厚，也很有名望。他是歐陽無畏的上師，於是歐陽便介紹我去拜他為師，一同向他學習《現觀莊嚴論》。從師於他後，我進步很快。開始時和

左：因明專家阿旺格西
右：教授《現觀莊嚴論》的袞曲丹增格西，是我最親近的一位上師

歐陽一起從他學習，後來歐陽無畏離開了廟子，回到內地教書去了，在中央政治大學當了教授，便只剩下我一個人繼續跟隨他學經。在學經的過程中，我們師徒之間建立了很深厚的感情。上師很喜歡我這個漢人徒弟，將他的學識對我傾囊相授。每到過年的時候，我必定要請師父在自己的住處吃頓飯，自己做飯給師父吃。那時拉薩還沒什麼像樣的飯店，館子都是回教徒開的，飯菜很蹩腳，還不如自己下廚。每年我照例要請上師吃一次火鍋，另外奉上一些供養，感激老人家對我的慈悲和教誨，但是師父卻從來沒有向我開口要求過什麼。

每年到了臘月的時候，三大寺所有的喇嘛都要離開廟子到拉薩去參加大願節的念經，這時拉薩會有幾萬名喇嘛集中在一起，找房子住便成了一大難題。上師在拉薩有一個公寓，每到大願節時就要我去和他住在一起，上師自己睡在客廳，把房間讓給我睡。

那一年的年三十晚，我照例請上師吃火鍋，供養他老人家。這時上師的身體開始有點虛弱，吃飯的時候他突然開口對我說：「有幾本書是你喜歡的，一本是關於印度晚期佛教的宗派，另外兩本是關於密法的，這幾本書你隨時可以拿去。正月十五左右，我就要圓寂了。」我聽了他的話後吃了一驚，師父此時看上去只是虛弱了一些，並不像是身患重病的樣子，吃飯時胃口也很好。但是我知道他修行多年，證境深厚，什麼時候要走自己是一清二楚的。

到了正月十五那天，我依然住在上師家。白天一整天，老人家看上去一切正常，感覺不出有什麼異樣。到了深夜，我已經熟睡了以後，忽然聽到房門上傳出答、答兩聲，像是有人在敲門，是一種很奇怪的聲音。我馬上從睡眠中驚醒，立刻從床上跳起來，跑到客廳去看老人家。只見上師在那裡安詳地打坐，就像平時一樣的姿勢。我把手放在他的鼻子上試一試他的呼吸，呼吸已經停止。上師就這樣走了，正是在他所預言的時間。房門上發出的聲音非常清楚，而我那一晚也正好沒有睡熟，一下就醒了。

上師生前表示遺體不要火葬，要依照西藏的傳統天葬。我便按照老人家的遺囑開始辦理他的後事，先找到了剖屍的人，把身體剖開。天葬的規矩是這樣的：當人死了以後，剖屍的人先把遺體的雙腿搬到胸部，用皮繩綁緊，這樣遺體便縮成一團。然後把遺體包在毛毯裡，背在身上，帶到天葬的地方，將遺體分成塊，讓老鷹把遺體吃乾淨。剖屍的人身上帶了很鋒利的刀，凌晨的時候就來了，把上師的遺體捲起來背走，我並沒有一起去看上師天葬的情形。

西藏有天葬、火葬和水葬。水葬是把遺體用牛皮裹住，往雅魯藏布江裡一丟，隨水從流。達賴的葬法是先把身體的水分抽乾，然後用西藏的一種藥粉來擦身體。水分沒有了，遺體就不會腐化。之後再用綳布把遺體包起來，再上油漆，最後上金粉，這樣可以保存很多年。

天葬後大約六、七天，上師突然托夢給我。我平時很少做夢，但那天晚上的夢卻非常清楚：上師出現在我面前，栩栩如生，就像生前一樣，向我交代事情。老人家要求我把他所有的東西，不管是值錢還是不值錢的，全部拿去賣掉，將賣東西的錢趕在大願節的時候拿去大昭寺佈施。

接到他在夢中的囑咐，我醒來後馬上一一照辦。上師一生清貧，沒有留下什麼值錢的東西，所有的遺物加在一起也沒有賣掉多少錢，於是我便四處去募捐，找了很多的朋友，包括在西藏辦電台的漢族官員，大家一起捐錢。我把這些錢湊起來，在大願節時拿到大昭寺，全部在那裡佈施給了念經的喇嘛。從此以後，我就再沒有接到上師的夢。我心想，上師老人家對我完成了他的心願一定是很滿意了。

袞曲丹增上師一輩子修持大威德金剛法。在西藏的密教裡，大威德金剛是文殊菩薩所化現的憤怒身，這個法有無比的威力。上師有一串念珠，他用這串念珠修法幾十年。念珠是用一百零八顆人頭骨做成的，具有很大的加持力，隨身帶著能夠驅災避邪。上師圓寂前把這串念珠留給了我，這麼多年來，我一直把這串念珠保存在身邊。按照西藏密教的傳統，修大威德金剛法用的念珠必須用人的頭蓋骨做成，最好是被雷劈死的童男童女的頭蓋骨。密教有很多事情是不能隨便對外宣講的，不瞭解的人聽起來會覺得很奇怪或生起恐怖，以致造成誤解，進而誹謗佛法。實際上密教修行的各種儀軌、壇場和供品的設置等等，都有很深奧的佛法法義，絕非外人所能理解。而世人卻往往用世俗的眼光去看待這些，用他們固有的觀念去分析。根據法義，密宗壇場的很多供養甚至對沒有修證到一定程度的弟子都不能講，比如用人皮來做供養，以便修一種很兇猛的法。人皮的來源是靠罪犯，過去西藏懲罰罪犯的一種酷刑是剝皮，如今早已經沒有了。

結場辯經

由於我在漢地時就已經學習了不少經論，因此在經典上已經有了一定的基礎，像因明和俱舍論等都已經學過，加上在漢藏教理院打下的藏文底子，因此學經對我來說並不算困難；但是在三大寺學經當中，最重要的部分——辯經，卻是我在漢地的寺廟時從來沒有經歷過的。

西藏喇嘛在學習經典上有他們的獨到之處，並不光靠死記硬背或聽師父講經開示，最主要的學習方式是在辯論場上透過辯論來彼此印證，互相學習，進而達到對於經論的理解和融會貫通。這一點是漢地的寺廟所沒有的，漢地的廟子裡沒有辯論的制度，師父在台上講，弟子在下面聽，有問題再向師父請教。但在西藏，喇嘛們從師父學經只是第一步，不僅僅學經，還要向師父學習辯論的方法、技巧和語言，接著就要上辯論場辯論；在辯論中產生了問題時，回來再向師父請教，然後再去辯論。每個喇嘛都必須參加辯經，這種辯經對於喇嘛們學習經論的水準是最好的考驗，每個人的水準在辯論場上顯露無遺，學得不好的人講不上幾句就敗下陣來，過不了多久，整個康村，以至於札倉和全廟子的人都會知道某某人的水準如何了。

康村裡面每天有三次辯經，分別在早、中、晚。辯論的場地是在一個空壩子上，周圍有樹木，地上鋪有碎石。開始時，大家先集中誦經，然後按各自的班級集中在一起，開始辯論。辯論時大家圍著一圈坐在場上，首先由高班的人向新人提出問題，這時新人要把頭低下去，當高班的人發問時，要低頭回答，不可昂首，這是規矩，也是對高班人的尊敬；高班同學的問題問完了，輪到低班的人問高班的，這時高班的人可以把頭抬起來，答覆問題。班上的人有活佛，也有普通人；有學問

康村內的辯經

好的，也有學問差的，這時大家都是平等的，活佛並沒有特別的待遇，大家全都席地而坐。辯經時一律平等，沒有特權，不論你是多大的活佛，也要和大家坐在一起，不准帶坐墊，這叫作結場辯經。

每次的辯經會至少兩個小時。上辯經場是不能帶經書的，辯論的內容全部要背得滾瓜爛熟，每一頁每一行都要能背出來。參加辯經的喇嘛都屬於同一個班次和水準，學習的是同一部經論，大家就這部經論某一部分的內容進行辯論。辯經按照秩序進行，比如《現觀莊嚴論》共分為八品，學第一品的人在一起辯論，學第二品的人另外分組辯論。有人專門發問，有人專門回答，然後調過來，由先前回答的人發問，發問的人回答，大家輪流，每個人都有機會。發問的人要不斷地問下去，問題不能中斷，而回答者的答案很簡單，只需回答「是」或「否」，不需要囉唆。如果辯論時問不出問

辯經場上

題，或答不出答案，你就要退下去，換別人上來。由於同學之間各自跟隨的師父不同，因此在辯論中會出現很多問題，於是各自回去請教自己的師父，特別是新人，幾乎每天都要到師父那裡去請教，師父會詳細告訴你應該如何回答，解釋你遇到的各種問題，以便下次再繼續辯論。

除了每天的辯經外，康村每個月有一次考試，所有的人都要參加，參加考試的人名都會提前安排好。考試時，由低班的人發問，高班的人回答，旁邊有老資格的格西坐鎮，幫助新人發問。每當新學生問不出問題時，便由這些老格西人幫著提問題。這樣的辯經考試每次連續進行三天，每次的辯經都是在晚上舉行，就在自己居住的範圍之內，常常是通宵達旦，從晚上一直辯論到第二天早上。發問的一個接一個地問題不斷，回答的答案不假思索便隨口而出。每個喇嘛都使出渾身解數，全靠他們平時的記憶和學識，這時一個人的水準就充分展現出來了。這種考試都有大格西在旁邊監考，有時甚至堪布也會來參加。

在三大寺裡的學經全靠自己學，廟子上不會給你壓力，也沒有規定你一定要花多少時間來學經，一切由你自己決定。勤奮的人日日夜夜發憤苦讀，懶散的人也有混日子的。遇到這種人，廟子並不會派人來督促你，這一點又和漢地的寺廟不同。喇嘛在學經時是有壓力的，但考試則沒有，考不出就下去，下次再來。在辯經場上遇到問題了，便去請教師父，弄明白了，解決了問題，下次再去辯論。

平時的辯經是針對某個經論的某個段落而進行，比如《中觀》的某一段落。當你把全部的《中觀》學完，分段辯論完成了，這時就有總辯論，這種辯論一般是從晚上開始一直到第二天的清晨。這個時候就要看你對《中觀》整部經典的把握如何了，別人可以拿中觀裡面的任何一段或一句話來考你，你若答不出來，或者答的不對，就是一個差，簡單得很。考試評分只有通過或不通過，yes 或 no。經過很多次這樣的考試，全寺上上下下的人都知道某個喇嘛的水準如何、學經的程度如何，名聲很快便傳出去。

雖然學的都是五部大論，但三大寺所用的教科書並不同。即便是在同一個廟子裡，不同的札倉所使用的教科書也有所不同，因此廟子上在每年夏天都會舉行一次全寺的辯經會，各個札倉的喇嘛都集中到廟子的中心去辯經。由於各札倉所用的教科書不同，其中有互相爭議的地方；學生各自從師不同，而師父們對經典的理解有時也不一樣，這就造成了在辯經中常會出現爭執不下的情況。每逢遇到這樣的情況，一律以宗喀巴大師的注解為準，只要一方引證出宗喀巴大師的注解，爭論便到此結束。

宗喀巴的理論在黃教是不容置疑的，也是辯經的最後標準，不論是學經還是辯論，最後都要以宗喀巴的理論爲中心。這是經過了多少年的辯論，多少祖師大德們的研究，證明了宗喀巴的理論和見解是正確的。宗喀巴大師將經論分類，制定了一套嚴謹的學習程序和方法，他在佛學理論上的造詣和自己對於佛法的修證，在西藏廣受各派的尊敬，他的兩個大弟子在皈依他以前都已經是有名的大學者，但都因爲崇拜他的學識和見解而皈依他。

三大寺的喇嘛也有集中在一起辯經的時候，那是在每年的十一月底，凡是學因明論的喇嘛，他們當中有大名鼎鼎的因明專家，也有初來乍到的新人，都要去拉薩西面大約六十里一個叫作蔣揚袞曲的地方，在那裡集中學習和辯論因明兩個月。這個地方有個破廟子，很久以前是個紅教的寺院，當地的外道嫉妒寺廟裡的喇嘛，便想方設法地除掉他們。有一天這些外道在喇嘛上殿誦經的時候，

與多傑格西的大弟子張注旺（左）合影於哲蚌寺

從外面將廟門堵死，在廟的四周堆滿了乾柴，放起大火，結果廟子裡的喇嘛全都被燒死，寺廟也成了一堆廢墟，從此無人敢來這個地方。據說這裡常常有孤魂鬼影出沒，一般的人不敢經過。後來宗喀巴大師來到了這裡，在附近的山洞閉關修法。大師在閉關中深入三昧，親見文殊菩薩，修得大成就。出關後，他寫出了一部偉大的著作，叫作《辨了不了義論》，將大藏經所收集的經典分爲「了義」和「不了義」兩類。這本經在黃教被奉爲至高的經典，每個喇嘛都必須學習。

在這段集中辯論和學習因明的時間裡，每天要辯論三次，即早、中、晚場。晚上的辯論時間最長，從七點到十一點，三大寺的人按照程度分成很多個班，分頭辯論。兩個月的學習結束後，喇嘛們要立刻趕快回到自己的廟子，補回兩個月裡面在本廟子缺少的其他課程，否則就跟不上進度了。

辯經會上大部分的喇嘛都很有風度，君子之辯，不結私怨；但辯到激烈的時候，雙方也難免面紅耳赤，互不相讓，吵嘴甚至打架的事情也會發生。在一次辯經當中，由一位喇嘛向我發問，我回答問題，結果他問到後來問不下去了，輸給了我，便惱羞成怒，發了脾氣，在下來的時候還踢了我一腳。他這樣做是犯戒的，當時在辯論場上，我不能發作。下來以後，我把這件事情告訴了我的好朋友張注旺，他是多傑覺巴格西的大徒弟，多傑格西在三大寺是很有名望的高僧，因此他的弟子在廟子裡也很有面子。張注旺聽了以後告訴我，到了下一場辯經時，你就上去揍他，我站在旁邊，不會有事的，如果有任何事，我去找總堪布。當天晚上還有一場辯經，這次輪到我向他提問，我上去二話不說就先打了他兩拳，於是這個喇嘛便跑到堪布那裡去告狀。堪布對他說，這件事本來就是你先錯，誰叫你白天去踢人家一腳，到了晚上就該你受因果報應，這就叫作自作自受。

喇嘛寺的生活

在三大寺的生活與漢地寺廟大不一樣，這裡沒有人約束你，也沒有人會督促你去上殿學經。學不學，怎麼學，完全是你自己的事。勤奮的人，每日起早摸黑，苦讀經書；懶一點的人，每天睡到日上三竿，在廟子裡得過且過地混日子，也不會有人來干涉，一切全靠自己把握。康村裡只為你提供一個住處，其他事情都要自己想辦法解決。比如在漢地的廟子裡是不用自己燒飯的，有專人做飯給和尚吃；在西藏則不同，吃飯全要靠自己動手，除非有傭人。我在哲蚌寺的第一年生活尤其感到艱苦，吃的東西只有糌粑，偶爾自己做一些麵疙瘩，沒有蔬菜。

西藏的麵分為三等，頭等的麵從英國進口，麵粉白而細，但價錢昂貴；次等是漢麵，由漢地運來，雖比不上進口貨，但也是用細磨細篩所磨出的白麵粉；最低等的是西藏出的麵粉，西藏人用的磨是粗磨，篩子是粗篩，麵粉粗而且含有不少雜質，顏色看上去黑漆漆的。

好在我有兩個徒弟服侍我的生活，省去了我不少時間和麻煩，能夠把主要精力用來學經。這兩個徒弟中的一個，是我在入藏途中收的。當時我被藏軍阻在江達，正好遇到兩個孩子，他們正在商量著如何步行到拉薩學佛。兩個都是康定人，會講漢語和藏語。我讓其中的一個幫我送信到昌都，另一個則隨我一起去廟子。到了拉薩以後，我留下一個做徒弟，後來在寺廟裡又收了一個蒙古來的徒弟，這樣我就有了兩個徒弟。蒙古徒弟名字叫榔頭，會做一些蒙古菜和漢菜，後來他和我去咱日山朝聖，出生入死，經歷過種種危險，卻從來不怕艱苦地熬了過來。

康村裡的房租大約是一個月二兩銀子，相當於漢地的二十個銅板，並不算貴。這個錢是交給康村的，康村把收來的錢放入公積金，念經時熬茶就由公積金出。剛開始我在康村住的房子很小，是一間臥室連著廚房，臥室裡可以供佛、放書等，而廚房就在旁邊，有個灶，是燒牛糞的。後來換到了一間大房子，房間大，可以放兩、三張鋪，有書桌板凳，房間在二樓，光線也好。廚房在後面，很寬敞，有水缸和燒牛糞的爐灶，而且廚房和臥房沒有連在一起，比較乾淨，這樣我就可以在臥室裡專心學經，不被干擾，廚房則給徒弟住。

兩個徒弟平時沒什麼事情做，除了燒茶做飯，有時去拉薩買些東西。我每年要付給他們一些工錢，大約一百兩藏銀，數目並不算多，另外要給他們提供衣服。每天還要教他們一些經典，這很重要，因爲他們並不是普通的傭人，我們之間是師徒關係，如果他們用心學習，將來也有機會考格西，得到成就。而且他們生活有了保障，就不需要在寺廟裡爲人打雜，賺取生活費用了。

康村裡的喇嘛有富有貧。最富的就是那些在全廟子放大佈施、叫作措欽群哉的人。放這種佈施的人都是大貴族、大活佛，比如四大林之一的功德林活佛來到廟子，就是這種派頭。四大林的活佛是有資格做攝政王、已經轉世了很多代的活佛，清朝皇帝曾經封號給他們，是第一等的活佛。這些活佛的田產多，財產多，不是一般活佛可比的。每當他們放佈施時，全廟子的喇嘛都會集中到大殿，每個喇嘛都能拿到佈施。凡是這一類活佛都有管家，活佛在二十歲以前專門學經、讀書，由成群的傭人伺候。二十歲以後，他們有專門的札薩管理他們的廟子。

四大林的札薩是很有地位的，在西藏地方政府裡也有地位。這些活佛都會被邀請參加西藏的僧俗大會，並有發言權。此外，凡是達賴喇嘛有什麼活動，也會由噶廈通知他們，比如達賴夏天要從布達拉宮移居到夏宮，這時這些活佛都要去迎接達賴喇嘛，在前面引路。這些活佛擁有大批牲口，

國民政府駐藏辦事處代表中央政府佈施後，在哲蚌寺受到招待，高坐者為處長陳錫章

數不清的傭人，管家爲他們管理財產，每年提供他們足夠的金錢。到他們考格西時，還有一次在全寺的大佈施，要花掉數萬兩銀子。他們考上格西以後，有的進入上下密院，也有的回到自己的廟子，請有名的上師到自己的本廟來爲他們傳授密法。這一類的活佛被稱爲措欽活佛，每逢他們來佈施，拿到的錢通常不會少，因此我們都會去參加。

另一類是從外地來的活佛，比如蒙古的章嘉活佛，或甘肅拉卜楞寺或青海塔爾寺的大活佛等。他們自己的廟子都是財產豐厚，來到三大寺也都是大佈施，放措欽。佈施包括茶、飯和錢。這些大活佛平時在喇嘛衣服外面都穿一件外套，即披風，上殿時把披風脫下來交給跟班，因此他們可以帶跟班上殿。到了大殿，他們和其他的喇嘛一樣，也是坐在地上，沒有坐墊，只是他們坐的位置比較高一些。

與這些有錢的活佛相比，貧窮喇嘛的生活可以說是天上地下。生活窮困的喇嘛因爲身無分文，沒有錢來佈施，因此必須當差，所有札倉裡的差事都要做，掃地、站班、排隊等，無一能免。在廟子裡，當差相當於納稅。放了佈施的人可以免稅，沒有放佈施的就要繳稅。他們平時的生活來源只能靠上殿時拿到的一點佈施和爲人做雜工來維持，但廟子上能拿到的佈施很少，光靠這點錢是不夠的，於是他們便在康村裡爲人背水、做木匠活、打掃、做衣服，以及做各種雜活來賺取一點錢，補充最基本的生活費。這些喇嘛的生活十分艱苦，眞正用來學經的時間有限，但他們當中卻有不少人以吃苦耐勞的勤奮精神和超過別人數倍的努力，後來獲得了很高的成就。

我就曾看到過蒙古來的窮喇嘛，買不起傢俱便睡在地上，將馬鞍子用來當書桌，在那上面讀經，把一部經書讀得瞭若指掌，在辯經會上口若懸河，辯才無礙，令人佩服。反而倒是不少西藏本地的喇嘛卻不如那些來自蒙古和西康的喇嘛用功上進，他們之中不少人潦倒混世，不求進取，在廟子裡糊裡糊塗地謀混一生，沒有什麼成就。

哲蚌寺每年從正月到六月是一個學期，八月到十二月底是一個學期。其他的廟子開學的時間可能不一樣，有的在正月，有的在二月，但到了六月一定是一個學期。學期中間有假期，假期的名字叫卻倉欽波。從八月到臘月底的這個學期，叫作卻拉。到了十一月初，凡是學因明論的喇嘛都集中到蔣揚袞曲這個地方，學習和辯論兩個月的因明，然後趕忙回拉薩，一方面是補課，也就是補上兩個月裡的課，另外是要參加在大昭寺的慕朗青波——大願節。

慕朗青波——大願節

每年到了慕朗青波的時候，三大寺的喇嘛都要去拉薩念經，廟子封閉，只剩下看門人，所有的人都得離開，不能住在廟子裡。這時三大寺所有的喇嘛都要集中在拉薩大昭寺，連續念經三十天。於是拉薩一時湧來兩、三萬人，住的地方不夠，喇嘛們只能想辦法四處找朋友、熟人或施主的地方借住。有些三大寺的格西在拉薩有私人住處，到了這時候，一套房子便住了十多個人。

大願節期間，西藏地方政府關門不辦公，拉薩市的所有事務都交給三大寺的鐵棒喇嘛管理，其中又以哲蚌寺的鐵棒為首領，稱為「大鐵棒」。每逢此時，鐵棒喇嘛的手下手中拿著一丈多長的鐵棒在街上巡邏，威風凜凜，號令四方。

念經在大昭寺舉行，寺裡上上下下所有的角落都擠滿了念經的喇嘛，只有少數資格高的喇嘛有坐墊，其餘的就坐在地上，兩萬多名喇嘛把大昭寺擠得滿滿堂堂。如果實在坐不下了，鐵棒喇嘛的手下就走上前去用那一丈多長的鐵棒朝著一個地方一棒打過去，那邊的人四下一躲閃就騰出了一塊地方，這樣一來又可以擠下幾十個人。

慕朗青波有自己專門的基金，這筆錢來自商人、寺廟和平民百姓的佈施，足以爲兩萬多個喇嘛熬茶煮飯二十幾天。熬茶用的是大鍋，鍋有一兩人深，不僅熬茶，還要煮飯。飯裡摻有牛肉、葡萄乾和牛油，用這種半乾不稀的飯供兩萬多人吃，光煮一次飯就要宰上幾頭牛。在大願節期間，所有的茶飯都由大昭寺供養，由專門的管事負責監督，由習武喇嘛派飯。喇嘛們用的飯碗都是特大號的，裝滿一碗可以吃上幾天。

藏族人平時生活很節儉，但到了大願節便把平時省下來的錢拿去佈施，一次用去很多錢。很多茶商把運來的茶整馱整馱地賣掉，將錢拿去佈施。商人們流傳著這樣的說法，如果在每年的慕朗青波念經的時候佈施，第二年的生意一定賺錢。在拉薩的漢族商人最初不信這些說法，後來有人試著去布了施，第二年果眞賺了更多的錢。消息一傳開，大家都開始相信了，於是爭先恐後地趕去佈施，把做生意賺來的錢在大願節佈施一部分，結果第二年賺得更多。每年到了大願節時，佈施的商人要排隊等候佈施的排期，總是好不容易才能排到日子。由於佈施的人多，一次大願節下來，每個喇嘛平均可以拿到一百五十兩藏銀的佈施，對於貧窮的喇嘛來說是筆不小的收入，可以支持他們好幾個月的生活。

除了商人，中央政府也有佈施。一九三四年，國民政府派黃慕松爲特使，入藏弔唁十三世達賴喇嘛時，專門留下一筆錢給三大寺作爲基金，每年由寺廟在大願節時做佈施之用。從一九四一年

大願節結束時的大遊行

起，蔣介石每年均做佈施，向每個喇嘛佈施一塊美金，一直延續到一九四九年。這樣每年向三萬名喇嘛佈施，一次就要花去三萬多美金，這筆錢按蔣先生的指示由中央政府列入預算。每到佈施的時候，國民政府駐藏辦事處便提前將美金換成藏銀，合七兩五分，動員所有在拉薩的漢族官員出動，分成八個組，分別站在大昭寺的八個門口，見一個喇嘛便給一份錢。

我也曾參加過駐藏辦事處的佈施。有一次，我在佈施時見到幾個熟悉的喇嘛，便每人給了雙份，結果有人彙報給駐藏辦事處主任，說我給了雙份錢，結果也沒有把我怎麼樣。劉文輝將軍也在這個時候佈施，他自己本身是個佛教徒，同時也希望藉此機會拉攏藏人，每到大願節他都會派一位手下的參事，名叫賈孟康的藏族人，來到拉薩代他佈施。

降神的習俗

藏族人不僅信佛，也崇拜本土的各種神靈。老百姓家中有事必求神靈的啓示，連西藏地方政府在重大的決策上也要請神降臨，聽從神的指引。

在哲蚌寺的下面有個很有名的神廟，叫作乃瓊寺。乃瓊神是西藏地方政府的神，西藏地方政府在許多的事情上都要依靠乃瓊神的啓示。所謂降神，指的是神靈會附在某一個特定的人身上，借用這個人的嘴巴開口向世人說話，能夠回答人們的各種問題，講出未來的吉凶。當神的替身是件很辛苦的事情，身體要結實強壯，每次降神時他要穿上神的衣服，頭戴一頂很重的鐵帽子，用繩子固定在脖子上，由兩個人架著，神降下來時他會渾身顫抖，口中開始說話，降神完畢後他便癱倒在地上，昏迷不醒，如死去一般。

每一次前一個乃瓊替身去世了，就要去尋找下一個。他的替身並不是由達賴喇嘛或攝政王指定，而是由這個神自己去找。我在拉薩時的這個乃瓊神，來自後藏江孜地區，原本是個喇嘛，有一天乃瓊神忽然降到他身上，他開始爲神代言，說出種種事情，這個消息不久便一傳十，十傳百。西藏地方政府聽說後，立刻派人把他從江孜請到拉薩，住進乃瓊廟，成爲新一任的乃瓊神替身。乃瓊寺是有財產的，擁有自己的田產，是個很漂亮的小廟子，座落在哲蚌寺的下面。

哲蚌寺的果莽札倉有一個名叫冬噶的神，有一年札倉舉行降神儀式，在神剛剛要降的時候，我拿起照相機準備拍照，誰知此時降神的人突然倒了下來，神沒有降成，喇嘛們一查原來是有人用照相機照相，結果神跑掉了，喇嘛們很生氣，把我的照相機沒收了，大家都說神從來沒有被照過相，你一照相他就跑了。後來我請駐藏辦事處的人替我把照相機要了回來。每隔十年，所有的降神都要集中在一起，到拉薩大聚會，可惜當時我沒有將這一場面拍攝下來。每到這一年，十個神的替身會同時穿上各種神的衣服，一起降神，是很難得看到的場面。

在哲蚌寺的東面還有一座女神廟，女神名叫德瑪，每天早上降神。這個神的替身是有家室的，是一位家傳的神，在家族內代代相傳，但只傳女不傳男。每天降神的時候，左鄰右舍的人便紛紛前去詢問各種問題，問的大都是些瑣碎的家事，商人也會去詢問生意的運程，我也去問過，但是女神並沒有認眞答覆我的問題，只是隨便應付了我幾句。這位女神並不是一個大神，但也能知過去未來，問她有沒有什麼災難、做生意順不順利，她都能講出一套。在西藏各地這類的神很多，在民間很受尊重，很多都擁有自己的廟子。

藏族人和漢地一樣，也喜歡打卦算命。有修證的喇嘛可以打卦，打卦必須先念經修法。打卦用三個石子，如同求籤一樣，有道行的喇嘛只要將石子向空中一丟，便知道是上卦、中卦、還是下卦。比如我入藏在江達被阻時，等了很多天還沒有消息，便去向一位喇嘛請教，他告訴我消息就要到了，卦相很好，今天或明天一定會有消息，結果當晚消息果然到了，眞的很靈驗。密教中，就有專門打卦的法。

三大寺的漢人喇嘛

自從十三世達賴喇嘛掃蕩了駐藏的清軍，藏軍以昌都爲界，對入藏的漢人嚴格把關，不輕易放人，漢人僧侶來西藏求法的機會便大大減少。我在哲蚌寺學佛時，三大寺各有一部分漢僧，但人數不多，入藏的時間也先後不同。其中有單人匹馬來到西藏的，也有的是在漢地時遇到西藏活佛，皈依爲上師，與師父一起來到西藏。例如多傑格西就從漢地帶回來三個徒弟，一位是我的好朋友張注旺，北京八里莊人，多傑格西在漢地時，他一直跟隨在身邊，後來多傑格西的錢財都是由他掌管，在漢人喇嘛裡算是富裕的；另外兩位徒弟一個名叫熊先名，年紀很輕，西藏文和經典的學習俱佳；另一個叫隆義，因明和中觀學得都很好。多傑格西在漢地弘法時，收了許多弟子，廣結善緣，得到不少大施主的供養，從漢地回到西藏後，他將在漢地募得的幾萬兩銀子送給哲蚌寺做基金，又將北京故宮一位弟子送給他的一千多尊金銅佛像重新鍍了金，供奉在哲蚌寺的大殿。哲蚌寺上下對於多傑格西十分尊敬，他的幾個漢人徒弟也因此在三大寺裡很有面子。

早期隨大勇法師的求法團來西藏的也有幾位。一位是恆演法師，他的父親曾在國民革命軍裡當過旅長，後來看破紅塵，出了家，拜太虛大師爲師父。恆演跟隨大勇法師入藏，但大勇法師還沒能到西藏就在甘孜圓寂了。之後，他一個人來到拉薩，進入哲蚌寺學經，生活上還算過得去，時有內地的朋友或施主會寄些錢來，但並不定時。密悟法師最初也是跟隨大勇法師，後來才單獨進藏。他因爲得到劉文輝的管家陳居士的佈施，生活上較有保證，可以安心學經。密悟是河北人，與法尊法師一樣都是來自北方，他是除了我以外，另一位考上拉然巴格西的漢人。恆演法師和密悟法師兩人雖然都算不上富裕，但也不需爲生活擔憂。

當年跟隨大勇法師出家的弟子，法號多以「密」字開頭，如密嚴、密悟、密慧和密等。密嚴是四川萬縣人，曾在漢藏教理院當過事務主任，他和密悟都先後在哲蚌寺的孟那康村學經。

另外還有一些其他的人。其中一位來自廈門南普陀寺的退休老和尚，法號轉逢，年紀很大了，自己一個人來到西藏學法。也有一批來自四川峨眉山的法師，其中有滿度和隆果兩位法師；一九四七年又來了一位滿月法師，年紀很輕。來自峨眉山的徒眾大多都受過很好的佛學教育，如滿度，曾

每年十二月在布達拉宮舉行的跳神表演

每年十二月在布達拉宮舉行的跳神表演

在南普陀寺的佛學院學習。此外還有一位來自四川的太空法師。這樣算下來，在哲蚌寺學佛的漢人大約有幾十人，分別來自不同地方，有東北的、河北的、山西的、四川的、福建的等等。漢僧多數集中在孟那康村，這其中有的窮，有的富，貧富不均，時間一長，彼此便產生了嫉妒之心，開始互傳閒話，鬧起糾紛。因此歐陽鷙和我都不願意住在孟那康村，免得麻煩，我們選擇在果莽札倉落腳，遠離是非。

色拉寺也有一些漢人喇嘛，其中有一位來自東北的法師，法號夢參。他來到拉薩的時候，日本人已經侵佔了東三省和華北。他隻身從北京來藏，隨身帶來不少的錢，令人側目，引起了當時駐藏辦事處處

每年十二月在布達拉宮舉行的跳神表演

長孔慶宗的懷疑，認爲這位法師的來路和背景都有不少令人可疑之處。夢參法師到了拉薩不久，便和駐藏辦事處的一位張姓會計交往，兩人都是東北同鄉，張某逢人便講夢參法師的好話。而夢參的口才一流，講起話滔滔不絕，招人注目。不久，孔慶宗便將這件事情報告給蒙藏委員會，說夢參有匪特嫌疑，而張會計與他過從甚密，一定也有勾結。這樣一來，張某被撤除了會計職務，從印度回到內地時受到了種種盤問，十分狼狽。夢參在色拉寺拜夏札活佛爲世間師，進了色拉寺的解札倉。夏札活佛很喜歡這個漢人徒弟，但夢參在色拉寺沒有多久便住不下去了，或許是經濟來源斷了，沒有資糧再繼續學經，只能

左：色拉寺的漢僧夢參法師
右：夢參法師的師父色拉寺夏扎活佛，活佛很喜歡這個漢人徒弟，一九四二年攝

提前離開。他離開拉薩後，輾轉至西康等地繼續學習密法，以後回到了北方，在青島的湛山寺落腳，後來當了寺廟的方丈。另外，色拉寺還有一位來自漢藏教理院的法師，在因明學上很有成就，聽說後來還了俗，與阿沛・阿旺晉美的女兒結婚。

每一個到拉薩學經的漢僧在內地都會有一、兩個固定的施主，供養他們在西藏學經時的生活費用，因爲沒有錢是不可能在三大寺生活的。我自己雖然是中央政府派出的交流學者，但政府所提供的一年一千多兩銀子遠遠不夠，而且這筆補助只提供五年，之後就要自己想辦法。靠著張蓮菩提和法尊法師等人的資助，我才有能力繼續在西藏學經，直到考到格西，否則很難想像生活該怎麼辦。歐陽無畏學經時是靠著中央大學的

左：哲蚌寺的漢僧融通法師（中）與在拉薩的漢族官員合影
右：曾在哲蚌寺學經的密慧法師，後來在駐藏辦事處任辦事員

資助，其他的漢僧也是一樣，背後沒有施主的支持將難以在三大寺生存下去。

漢人喇嘛聚在一起，時常會談論起個人今後的打算。在西藏學佛幾年，顯密佛教都學了，以後怎麼辦呢？將來回到漢地，會遇到什麼樣的結果呢？這都是我們要考慮的。到了西藏以後，環境所限，以前在漢地的很多習慣都改變了。在漢地，法師都是吃素食，到了西藏以後沒有這個條件，只能開始吃葷，這是其一。穿的衣服也改變了，在漢地穿的是和尚裝，如今當了喇嘛，身上穿的便是喇嘛衣服。將來回到漢地，這些習慣又要再改回來，否則難以安身，試想身穿喇嘛服怎麼進和尚廟子？這是其二。此外，喇嘛的修法和儀軌與漢地的法師又有所不同，就算你考上了格西，學了不少密法，恐怕也很難被漢地的很多大寺廟所接受，因爲長久以來漢地的佛教界對藏傳密教一直持有一種偏見，這是其三。其實，若講到佛學上的造詣，我們在西藏所學遠遠超過了漢地一般和尙的水準，但這對於他們來說卻是很難接受的。所有這些都成了將來我們與漢地佛教之間的隔閡，讓我們不得不考慮回去以後該如何適應。

部分漢人喇嘛在三大寺學成格西後，便遠離塵世，找個清靜的地方去閉關清修了，多傑格西的弟子張注旺就是其中一位。他並沒有報考拉然巴格西，儘管他完全有資格和足夠的資糧，但他只在康村裡考了一個林賽格西，然後便離開西藏到滇藏邊境一處人煙稀少的地方閉關修行，此後便再也沒有聽到過他的消息。也有的漢人喇嘛回到漢地後收弟子傳法，頗受歡迎，太空法師就是其中之一，他曾經在哲蚌寺做過大佈施，學習了很多經典，但沒有考格西，回到四川以後收了不少弟子，很有名氣，解放後還當了重慶佛教協會的副會長。

多傑格西的另外兩個弟子在解放以後被人民銀行吸收了，從事財政管理的工作，大概是因爲他們曾經管理多傑格西的大批財產，積累了很多經驗。他們學了很多年的經，結果沒有考到格西，令人惋惜。

密慧法師後來留在西藏，被駐藏辦事處聘請做一名辦事員。一九四九年辦事處撤出西藏時，他並沒有和大家一起撤退，自己去了印度，一直留在那裡沒有回來。

【第七章】

漢藏關係

拉薩的漢族商人和居民

漢人來到西藏做生意的不少。最早到拉薩的是北京商人。北京人在拉薩有幾家鋪子，其中兩家最大的鋪子，一家叫「文發隆」，另一家叫「興記」。後來一位名叫張奇英的北京人又開了一間店鋪，取名「德茂永」，租用哲蚌寺果莽札倉的房子。還有一家叫作「裕盛永」。這幾家店鋪都是北京人開的，以販賣內地的綢緞和瓷器生意爲主，而且都開在拉薩的八廓街上，是商業最興旺的地區。西藏人稱這些商店爲「北京沖康」，沖康在藏語裡意思是商店。在西藏的漢商以北京人的勢力最大，實力也最爲雄厚。

北京商人所經營的產品以綢緞爲主，這些綢緞大多產自南京，以前是專門提供給清朝皇室的。緞子分爲大公司緞、小公司緞和庫緞等品種，有不同的種類。西藏貴族裡面穿的襯衫都是綢子做的，領子向外翻出來，以保護外套的領子。女人的綢子襯衫多數爲粉紅色，男人多爲白色，僧官喇嘛的襯衫大多是黃色。貴族們所穿的外套都是緞子做成，綢緞不能洗，穿髒了便丟掉或賜給傭人，因此綢緞在西藏的需求量相當大。

瓷器的需求也很大，西藏貴族每個人都有自己專用的茶杯，茶杯裝在特製的盒子裡，每次去布達拉宮開會時，都要帶上自己專用的杯子，因爲布達拉宮只供茶而不提供茶杯。

大的鋪子如「興記」，也賣其他的百貨和雜貨，從皮鞋、手錶、收音機到海參、魚翅、醬油等等一應俱全，這些貨色都能賣到好價錢。西藏貴族請客時，尤其是請漢族客人時，菜式都包括海參、魚翅這些名貴菜，所用的廚子多在四川受過訓練，能夠燒出很地道的漢菜。

北京商人葉增隆老闆（右）和商店經理張某

興記的總經理名叫梁子質，北京人，後來生意慢慢做大了，在香港開了一間分店，由一位叫做喬景新的經理負責。梁老闆娶了藏族女子爲妻，把家安在噶倫堡，並不住在拉薩。文發隆的老闆名叫葉增隆，平時也不住在拉薩，常住北京，鋪子由經理代管。除了買賣綢緞，他們還在北京收購鼻煙壺、玉扳、瓷器等運到西藏出售，獲利不少；另外他們也把西藏的羊毛出口到外地去。他們的貨物都是從上海海運到印度加爾各答，然後從陸路由印度進入西藏。商人們向西藏的貴族購買英國人所發的免稅證，貨物入印度時可以免稅。貨物從上海來時用大箱裝，到了印度要分成五十公斤以下的小包，因爲去西藏要用騾子馱運，翻越喜馬拉雅山，所以重量不能太重。

德茂永在生意上的規模比不過文發隆和興記，但老闆張奇英卻是靠了另外一層關係做起了中央駐藏辦事處的生意。張老闆在西藏娶了一位名叫隆眞拉的藏族女人做偏房，把她帶回北京，但是在北京家裡的正房夫人規矩很多，西藏太太沒有辦法適應，覺得總是被大太太欺負，住了一段時間就吵著要回西藏。張奇英只好把她帶回來，這時駐藏辦事處的沈宗濂處長正要找一位西藏人學習藏語，隆頁拉能講漢語，於是就被請去當了沈的藏語老師。沈宗濂沒有帶家眷來拉薩，單身一人，與隆頁拉相處時間久了，便日久生情。於是德茂永商號也跟著沾了光，成了辦事處的專賣店，沈處長不論大小東西都要去這間店採購。但沈宗濂在西藏只待了一年多就住不下去了，想回到內地，隆頁拉不肯分手，一直跟到印度。沈宗濂自然不可能帶著她回內地，最後給了她一筆錢，將她打發回拉薩，自己回到內地後，透過蔣介石侍從室的關係，謀到了上海市政府秘書長的職位。當時上海市長是吳國楨。

還有另一位北京商人，名叫袁葆中，原本生意做得很好，卻因不聽當地人言，引鬼上身招來禍害。袁老闆經常帶貨物經錫金和印度來往於內地，有人警告他，錫金一帶巫術流行，常有巫師下蠱，這種邪術厲害無比，因此切不可隨便去碰當地的東西，否則被鬼纏上將難以脫身。袁某對此嗤之以鼻，心想光天化日之下哪裡會有什麼鬼。一次運貨經過錫金，他看到道路兩旁栽滿果樹，果園無人看守，正是豐收時節，果樹上的橘子黃澄澄的剛剛熟透，於是嘴饞了起來，順手摘下一顆橘子吃了下去，誰知就惹了大禍。當天晚上鬼找上了門，來的是個印度鬼，身材只有三尺高，出現在他面前，對他說：「主人要我看守果園，你偷吃了橘子，主人現在要懲罰我，你要把橘子賠給我。」原來錫金的果園主人請了巫師下蠱，要鬼來爲他看守果園。從此這個印度鬼每天上門糾纏，一到傍晚時分便現身，這時袁葆中便開始頭痛發燒，日日如此痛苦不堪。爲了將鬼請走，他花了大錢請喇嘛念經修法，又請天主教的神父爲他祈禱，還請道士作法驅魔，能做的法事都做盡了，還是擋不住這個小鬼。最後袁葆中被鬼纏得沒有辦法，眼看身體就要被折磨垮了，只能離開，丟下拉薩的買賣，倉皇逃回北京，從此不敢再進入西藏。聽說他一離開西藏，鬼便消失了，或許是超出了鬼的活動範圍。

在西藏做生意的漢人有他們的行規，商店的夥計很小就被送到西藏當學徒，都能講一口流利的藏語，有的還能講蒙古語，能和當地人打成一片。他們都是單身，商號除了老闆，所有的夥計一律不准攜帶家眷。每隔兩年，店上會給夥計探親假，讓他們回一次內地。夥計們平時不准嫖賭，一切要以生意爲上。漢商十分善於拉攏當地的上層人士，與西藏的貴族和政府保持著很好的關係，他們常和貴族一起打牌交際，貴族們沒事時也喜歡去漢商的鋪子裡逛店，消磨時間，彼此之間互相依靠，也互相利用。漢商靠著西藏貴族得到貨物經印度免稅的優惠；西藏貴族也透過向他們出售免稅證而賺錢，又從他們的鋪子裡買到自己需要的商品。

漢人的店鋪不僅買賣貨物，同時也經營類似錢莊一樣的生意。他們拉西藏的漢人喇嘛和駐藏辦事處的人員把錢存在他們那裡，由於每年可以收取利息，大部分的漢僧都喜歡把自己的錢存在這些店鋪裡，店鋪於是拿了這些錢去做生意，到了年底的時候向債主派發利息，存五千兩的銀子一年下來可以拿到大約一千兩的利息，很是可觀。這樣一來，喇嘛有了收入，商店也增加了做買賣的資金，兩相得益。

在拉薩的漢族商人除了北京幫，還有雲南幫。雲南人很早就來到拉薩做生意，後來成立了雲南會館，爲在當地的雲南人提供方便。雲南商人與北京商人不同，生意大多以販賣茶葉爲主。他們將雲南的茶葉分兩路運到西藏，陸路走緬甸，水路經印度，運到西藏各地。當我到拉薩的時候，雲南會館的負責人是張筱舟和他的太太。張本人好抽鴉片，他不僅在拉薩有買賣，在印度噶倫堡也設有

左：雲南商號永昌駐拉薩的經理楊漢臣
右：雲南商號馬鑄記駐帕里宗的經理，負責轉運貨物和信件

分公司，分公司的經理名叫張相誠。這位張相誠先生在印度的商界很有名，爲人樂善好施，陳健民居士在印度閉關學佛時便得到了他的贊助。另外比較出名的雲南商人爲賴家昌和馬鑄記，兩人在雲南商人中都很有影響力。

除了北京和雲南幫之外，也還有不少四川人、西康人和青海人在西藏經商。四川商人的生意在規模上不如北京和雲南商人，以經營茶葉做小生意的居多。抗日戰爭時，內地的物資嚴重匱乏，做生意的人一下子便多了起來，四川和雲南的不少公司將內地缺乏的用品，如布匹、毛呢、棉紗等經由印度運入，獲取很高的利潤，光是做運輸也能發大財。

西康的商人大多是專門代理寺廟的生意，寺廟把自己的錢交給這些西康商人去打理，生意額很可觀。他們在西康、西藏和印度等地都有買賣，運輸隊擁有幾百匹騾馬之多。青海商人則主要經營騾馬買賣，每年秋天時，有一幫青海商人將騾馬從青海販賣到西藏，很多人都會買。因爲這些騾馬年輕，又受過良好的訓練。跑得快的馬，像跑馬場上的那些賽馬，在西藏並不值錢。西藏人講究馬的顏色要好，善於小走，走時蹄子輕起輕落，步伐穩健，人騎在上面四平八穩。馬的身體健碩，肥而光亮，這樣的好馬通常要賣到藏銀一、兩萬兩。騾子也是如此，青海來的騾子身形高大，與四川的騾子不同；四川建昌也出騾子，這種騾子個頭雖小，但能吃苦耐勞，馱負貨物在路上不容易死亡。青海的騾子並不是用來馱貨物，而是用來騎的，西藏貴族一買就是兩匹、四匹或六匹，成對地買，所以這些騾子價錢也很貴。青海的商隊從青海來到西藏，一次在路上要走三個月，他們不僅僅販賣騾馬，也販賣青海的大麴酒和青海出產的醋。這些醋和酒用木桶裝運，路上三個月的時間，由於高原的空氣稀薄，到達目的地時已經蒸發了很多，因此這些酒喝起來很嗆，容易醉人；而醋呢，到了西藏，滿滿的一桶就只剩下了半桶。

除了做大生意的，還有部分漢人在西藏靠做小本生意維生，像剃頭店或裁縫鋪這類的小鋪子，靠著手藝謀生。拉薩有一位遠近聞名的剃頭匠，姓李，前清時就來到了西藏，因為資格老，後來當上了漢人在拉薩的保正，因此人稱李保正。老李的剃頭手藝高超，一把剃刀為人剃出的頭既乾淨又舒服，大活佛、貴族、商人和寺廟的大喇嘛都來找他剃頭。

還有一位名叫劉雲峰的裁縫，會縫漢袍，手藝也不錯，漢人做衣服都是請他來縫。劉裁縫在一九四九年的驅漢事件中被西藏政府列入驅逐名單。本來商人並不在西藏地方政府的驅逐範圍之內，但他平時過於活躍，時常去駐藏辦事處，凡有漢地的官員到拉薩來他都去歡迎，結果被西藏地方政府看在眼裡，最後被趕出西藏。那時這位老先生已經七十多歲，在西藏生活了很多年，最後落到被掃地出門的境地，很是可憐。

噶廈政府的漢文翻譯馬寶軒

這些商販們每年都要爲西藏地方政府當差，因爲西藏地方政府並不向商人要錢，但規定他們要義務爲政府當差，提供服務。裁縫鋪也要當差，指定你每年爲達賴宮或者是爲某一個公共事情縫衣服，有時要連續縫一個月，有時是指定的數量，這些是不付錢的，要你免費服務。

在西藏的漢人，除了商人和喇嘛，還有一批定居在西藏的漢民，他們都集中在拉薩的一個區，叫作河壩林。這裡住的都是漢人，大多數是當年滿清駐藏軍隊的後代，信奉回教，在當地設立了清眞寺，從青海、甘肅一帶請來阿訇（編註：波斯語的音譯，又譯爲阿衡、阿洪，意思是伊斯蘭教的教師）主持。他們大約有幾百戶人，以種菜園、開磨坊等維生，其中有窮有富，但大多數人的生活都很貧窮。駐藏辦事處所請的傭人多來自這些家庭，西藏噶廈用的漢語翻譯也請這些土生的漢民後代來擔任。噶廈政府所用的漢語翻譯就是一個西藏土生的漢人，名叫馬和堂，他的父親在十三世達賴喇嘛清除漢人勢力時被殺害，此人當時擔任噶廈的秘書，好抽鴉片，能唱西藏歌、跳西藏舞。後來馬和堂去世，噶廈政府又請了一位秘書，名叫馬寶軒。這個人原來在交通部拉薩的電台當翻譯，翻譯電報，中文很好，嘴巴又牢，當地的漢族商人對他的印象都很好，於是被噶廈政府看中，請去做翻譯。馬寶軒的嘴巴雖然很緊，但他的侄子卻被軍統特務收買，經常藉著看望叔叔的機會，從馬寶軒的口中打探一些西藏地方政府的消息，出賣給軍統。

西藏的貴族

在歷史上，西藏一直是個農奴制的社會，土地都分配在達賴喇嘛和一批貴族手裡，由他們掌握西藏的權力和絕大部分的資源，而廣大老百姓的生活卻極其貧窮。西藏的貴族加起來不過一百多家而已，統稱為「古扎」，這些家族代代世襲，西藏地方政府都有登記。其中也有少數人原本只是平民，後來因為得到達賴喇嘛的寵幸而被升為貴族；十三世達賴的一個衛兵就是由於救過達賴的命，後來被達賴提升為大貴族。當然也有本來是貴族，後來因為得罪了達賴喇嘛或犯了罪而被免去貴族頭銜的。

貴族之間很多都有親戚關係，但這並不妨礙他們之間的勾心鬥角，時常為了權力與財富而鬥得你死我活。這些貴族又都是佛教徒，很多都是大活佛，對他們來說，學佛是必須的。他們當中很多人都進入三大寺，經歷過學習五部大論、考格西的過程。因為西藏的人沒有不信佛的，佛教在西藏擁有至高無上的地位，西藏的文化就是佛教文化。西藏的貴族當中也有真心學佛，得到大成就者，這些活佛很受人們的敬仰，但他們並沒有權力。但是佛教也被西藏貴族們用來作為政治工具，利用佛教對外，甚至作爲西藏獨立的理由，這是無可爭辯的事實。這些貴族們有眞正在學佛嗎？當然有師父教他們學佛，但是不是眞的依照佛法而修行，就只能看他們自己了。

西藏的貴族以四大活佛爲首，分別是功德林、策墨林、赤覺林和丹吉林，此外還有熱振林。丹吉林活佛在十三世達賴喇嘛與滿清政府衝突時幫助了漢人，結果達賴率軍打回拉薩以後便遭到了清算，活佛遭到處決，整個廟子被毀爲平地。這以後便只剩下了四大林。四大林都是大活佛，已經轉世了許多代，都曾受過滿清皇帝的冊封，他們當中有的出任過攝政王，有的甚至出過達賴轉世。「林」即是廟的意思，四大林各自有自己的廟子，擁有大量的田產和房產，以及大批的農奴，他們是在達賴之下最有權勢的貴族。他們之下一等的貴族，雖然比不上四大林，但也擁有大量的財產和一定的權勢，很多在西藏地方政府裡當官，或在西藏

四大林之一的策墨林活佛，他後來犯了淫戒，被攝政王免去活佛頭銜，趕出寺廟，貶為平民

貴族青年

的國民大會中擁有一席位置。

當時西藏的貴族之中分爲兩派，一派爲保守派，主張絕對要保持西藏傳統的佛教文化和政體，抗拒外來勢力進入西藏；另一派則是改革派，受到了西方思想的影響和英國人的拉攏，提倡改革政府，希望搞獨立。英國人爲了拉攏西藏的貴族，每年向這些貴族們提供所謂的「免稅證」，即凡是經由印度進入西藏的商品，憑此證即可在印度享受貨物進出口免稅的待遇。抗戰時期，內地物資極度匱乏，不少商人從西藏經印度向內地販賣商品而牟取暴利，他們都是向西藏貴族們買「免稅證」，這樣一來，讓不少貴族們的口袋裡流入源源

左：洛桑珍珠喇嘛（邢肅芝，中）與貴族夏扎公子（左）和嘉措郎傑公子（右）
右：貴族嘉措郎傑公子在家中聽留聲機

不斷的橫財。

此外，英國也幫助西藏訓練軍隊，提供槍支，在噶倫堡的英國學校便接受了不少西藏貴族的子弟。長期以來，英國人利用這些方式擴大自己的影響力，在貴族中建立起親英勢力。歷史上，英國對於西藏始終有著明確的戰略目的，在政策上前後連貫，這與它的政治體制比較鞏固有相當的關係。相比之下，自二十世紀初中國的政治局面一直動盪不安，中央政府對西藏的政策始終搖擺不定，極不連貫，滿清有滿清的政策，到了中華民國又有中華民國的政策，造成西藏很多人，包括不少本來親中央的大貴族的不滿。

我在哲蚌寺學佛的期間，結識了不少貴族朋友，其中包括功德林活佛和後來擔任攝政王的達隆扎活佛。我那時只有二十幾歲，作爲一個由中央政府派來的交換學者，從漢地來拉薩學佛，而且本身具備了一定的佛學基礎，引起

左：貴族在家中打麻將取樂
右：貴族小姐們在家門口迎接客人

了不少貴族們的好奇和尊敬，經常被貴族請到家中做客，奉爲上賓。在與他們相處的過程中，我觀察到大部分的貴族平日的生活實際上十分單調，不少貴族的日常生活也並非十分奢侈。他們多數平時很節儉，吃飯無非是糌粑和酥油茶而已，只是請客時要大擺宴席，通常一次請客便是整整一天，從早請到晚。有的貴族家中還有專門做漢菜和西餐的廚子，能做出各種味道正統的漢菜和西餐。

當官的貴族每日上午要去布達拉宮開會，如同上朝。這種會議通常沒有什麼大的議題，照例是大家喝喝茶，大約一個來小時，到了時間便散會走人。回到家裡，也沒什麼事情可做，通常以聽音樂或打麻將消磨時間。有的貴族喜歡聽唱片，而且收集了各種漢地流行歌曲的唱片，如王人美和周璇的歌曲，有的還喜歡聽京劇，甚至能唱。到了夏天，不少貴族帶著全家人到他們在郊外的別墅去消夏，或者到印度去旅遊、看電影。他們看電影的方式很特別，一部電影要翻來覆去地看上十幾遍，直到能把電影中的插曲唱得滾瓜爛熟了，才算甘休。

麻將在西藏很流行，貴族聚在一起時打麻將作樂賭博十分常見，有時在麻將台上下注，一擲千金，將家產輸光的事情也曾發生過。有一位當了噶倫的貴族以嗜賭出名，打麻將輸了大筆銀子，最後連自己在拉薩的房子也輸光了。他的太太終於忍無可忍，到攝政王面前去告狀，說這種事情如果再不制止，讓他這樣打下去，我們就要傾家蕩產了。後來攝政王下了一道命令，從此禁止官員打麻將賭錢。

噶廈和西藏的官吏制度

噶廈即是西藏地方政府。它的設立可以追溯到乾隆年間，乾隆皇帝派兵征服了尼泊爾之後，西藏才設立了噶廈制度。噶廈由四位噶倫組成，一僧三俗，以喇嘛官爲首席，其他三位是俗官，均由貴族擔任。噶倫中有手握實權，精練能幹的；也有只是掛個名字，而無實權的，其中奧妙就看這個噶倫是否精明和政治手段的高低了。日常的政府事務都由噶倫處理，遇到了重大事件，噶倫需向達賴喇嘛請示，必要時要召開西藏國民大會來談論決定。國民大會中包括所有的僧俗官員、三大寺的堪布，以及在三大寺放了大佈施的喇嘛。每遇重大事情，還要請西藏地方政府的護法神——乃瓊神降神，請求神明的開示。但是乃瓊神的指示，噶廈也並非樣樣照辦。五〇年代與解放軍在昌都交戰前，噶廈政府請乃瓊神降神，神開示說這一仗是不能打的，但噶廈不滿意這個答案，硬是逼著降神的人改口蓋印，說成可以與共產黨打仗，結果一仗下來，由噶倫阿沛·阿旺晉美率領的藏軍，被解放軍打得全軍覆滅。

西藏所實行的官吏制度爲僧俗共治，落實到西藏的各級政府。每個縣有兩位首長，也是一僧一俗，僧官坐首席，儘管他的實權並不一定大過俗官。縣在藏文中稱爲「宗」，縣官叫作「宗本」。僧官通常不參與具體的行政事務，而由俗官來主持日常雜事。西藏全境分爲七個大區：前藏區、後藏區、阿里區、竹摩區、山南區、范康區（即昌都區）、姜區（藏北區）。每區所轄的宗有多有少，最多的是山南，轄二十五宗；最小的爲姜，僅轄五個宗。每區都設有濟巧一人，地位約相當於漢地的行政督察專員。西藏境內各區濟巧以范康區的地位最高，一般由二品噶倫或札薩克擔任，因爲此地富庶，在軍事上位置也很重要。一旦當上范康濟巧，約可獲得五十萬兩大洋的進帳，如索康札薩卸任後，除在拉薩市郊建立了一座豪華住宅外，還擁有大批的金錢供他安度晚年。

僧官吞巴濟眾，傳說他的祖先為創制西藏文字的圖彌桑波扎

左：眾柯（俗官）夏扎公子，身穿全套貴族官吏服裝留影。夏扎家族家世顯赫，他的祖父曾代表西藏地方政府與英國簽訂西姆拉條約，後被中央政府否決；他的叔父為色拉寺的夏扎活佛

右：眾柯夏扎公子身穿軍裝留影

西藏地方政府每年有三次補選僧俗官吏的機會，即正月摩朗、四月亞噶、十月安曲。每次可以申請選補官吏三到四名，如果是俗人，可直接向孜康請求；若是僧人，則可以向譯倉請求。新增補的僧俗官吏由各所屬機關發給證明文件，他們除了每天早晨九點前必須趕到布達拉宮參加茶會外，還必須實習極爲繁瑣的下等公務，每月的薪俸只有三斗青稞。所以西藏的官員無論僧俗，在取得公務員資格後的五、六年內，生活都極爲艱苦。等到實習期滿，遇到有宗本出缺，才可以活動遞補。一旦擔任了宗本，少的可獲藏銀二十萬兩上下，多的可獲三、四十萬兩。因宗本可在自己的轄區內大做生意，如遇到人民打官司，就好像是財神上門，能發一筆橫財，所以僧俗官吏都夢想謀求宗本這一肥缺。

想要當官，就少不了要活動，必須花上

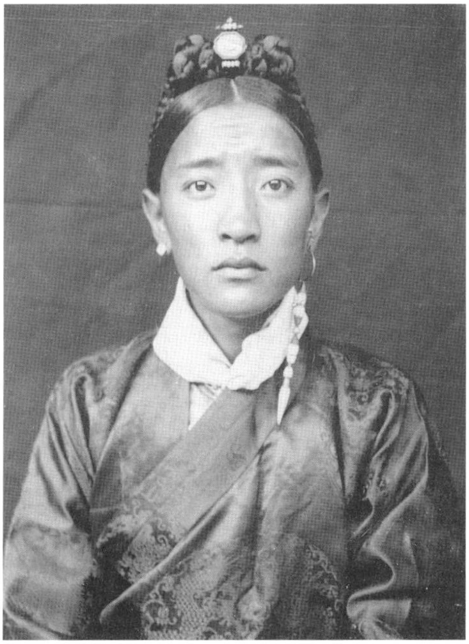

左：眾柯詹東公子，一九三九年他與夏扎公子一同被噶廈政府選中擔任接待中央特使吳忠信的禮賓官

右：貴族唐埋，曾留學英國，任拉薩電燈局長，當時全拉薩只有一盞電燈，豎立在大昭寺門口

一筆活動費，不同等級的官位有不同的價碼。噶倫索康（即昌都札薩索康的公子，曾在昌都總管府任秘書長）曾私下告訴我，他花了兩萬坪銀子（五十兩爲一坪，兩萬坪大約一百萬兩）才謀到了噶倫的位子。這個數目聽起來雖然驚人，但只要當上噶倫，花去的這些銀子很快就能撈回來，因爲下面的人要做官，要當宗本，都要來向噶倫求情，送上大禮才行。

當一個宗本起碼要幾百坪，代本、甲本等職位都有各自的價錢，因此僅是封官這一項，就能爲噶倫帶來不少好處。此外，商人或貴族之間打官司也要向噶倫求情送禮。你去找一個噶倫送禮還不夠，他會告訴你，我非常同情你，但我一個人說話不能算數，另外還有三位噶倫，他們那裡你也要打點一下才行。就這樣，有的商人爲了打贏一場官司，必須不斷地送上大禮，結果官司還沒有告下來，送禮已送到傾家蕩產。這種官場的腐敗在西藏由來已久，不僅是噶倫，滿清政府時連駐藏大臣也涉入了賣官牟利的活動。因爲依照當時的規矩，所有官員的任命都要由達賴喇嘛和駐藏大臣共同上奏朝廷，後來的欽差大臣張蔭棠在給朝廷的奏本中，對於駐藏大臣這些行爲有著詳細的揭露，並加以痛斥。

爲了培養地方官員，西藏地方政府開設了專門訓練俗官和僧官的學校各一間。俗官在藏語中叫作「孜康」，培養俗官的學校只收貴族，當貴族子弟長到十幾歲時必須進入這間學校接受教育，準備將來擔任政府官員，藏語叫「孜巴」。學校裡主要教算數，教會學生如何算帳。西藏的算術有自己一套獨有的口訣，算起來速度也很快。另外也教語文，教授如何寫出像樣的公文和信件。藏人寫信有專門的格式，信的開頭是收信人的尊稱，某某某，接下去便是四句詩或讚語，然後才開始進入正文，這是比較高級的寫作方法。文化修養高、能寫出漂亮文字的都是喇嘛，官員們的文化水準大多無法與喇嘛相比，連噶倫寫出的公文時常都是錯字連篇。

在孜康學習的時間長短不等，聰明的人學得快，笨一點的就要多學幾年。學生要經過考試，合格後才能出去任職，在政府裡面從最低層的工作做起，當秘書或勤務等等。以後逐年累月，慢慢提升，直到升了宗本，管理一個宗的老百姓，這時便開始有了可觀的收入和各種撈油水的機會。

僧官在藏語裡叫作「濟眾」，訓練濟眾的學校也是由西藏地方政府開辦的，設在布達拉宮。在西藏，窮苦人家的孩子長大想當官是不可能的事情，出人頭地的唯一辦法只有去當喇嘛，拜一位當僧官的喇嘛爲師父。喇嘛僧官也收徒弟，按照喇嘛的戒律，他們是不能結婚的，於是徒弟就如同自己的兒子，這一點與漢地私廟裡的和尚大同小異。僧官喇嘛收了徒弟以後，要負責徒弟的衣食住等。

僧官徒弟的衣著，有時比三大寺的喇嘛還要講究。僧官師父把徒弟送到培養僧官的學校去學習，學習的內容與俗官所學習的相似，主要是學習如何寫公文。學習期間是很艱苦的，雖然學校不收學費，但沒有薪水，一切生活費用要靠自己。學上若干年，到了能夠書寫像樣的公文時，就有差事派了。派什麼樣的差事，要看你的師父面子有多大，師父的官階高、面子大，就可以把徒弟介紹去做比較體面的差事，或當低等的小僧官，以後慢慢向上升，運氣好的將來還可以當上噶倫，或是布達拉宮的大仲譯或總堪布，這時官至極品，位高而權重，名利雙收便不在話下了。

達賴喇嘛

達賴喇嘛從第一到第五世是眞正學佛修行，也是有成就的，那時的達賴喇嘛還僅僅是個宗教領袖，並沒有獲得統治西藏的權力。從五世以後，達賴喇嘛大多不長命，捲入政治鬥爭裡而不能自拔。歷史上很長一段時間，達賴喇嘛的轉世控制在幾家大貴族的手中，爲了爭奪權力，貴族之間互相殘殺，不擇手段，甚至不惜引入外來勢力，如尼泊爾或蒙古的勢力，來解決內部的紛爭。有好幾世的達賴喇嘛在十幾、二十歲時就死了，成了疑案，有人說他們很有可能是被毒害的，成爲權力和政治鬥爭下的犧牲品。爲什麼？貴族們看到這個小達賴太聰明，將來恐怕不能駕馭，便乾脆除掉，再去找一個轉世，反正達賴還小時，政權是由大貴族們來掌握的。達賴喇嘛不到二十歲是不能掌權的，由貴族們瓜分西藏的統治大權。當年乾隆皇帝正是看出了這其中的弊病，才制定了經過金瓶抽籤選擇達賴轉世靈童的制度，以杜絕因爲達賴轉世所造成的動亂。

到了十三世達賴喇嘛時，由於晚清政府的衰敗和帝國主義分裂中國的企圖，使漢藏關係一落千丈。而達賴利用了英國人的資助與中央政府對抗，設法將中央政府的勢力趕出西藏，使西藏基本上與中央政府隔絕。一九三三年，十三世達賴喇嘛去世，由西藏國民大會推選熱振活佛擔任攝政王，主持政務，並負責尋找達賴的轉世靈童。這時中央與西藏地方政府的關係開始有了轉機，由北京雍和宮一位名叫宮闕仲黎的札薩，也是西藏地方政府派駐內地的僧官，在中間牽線，熱振活佛先後會見了蔣介石和林森，表達西藏噶廈政府願意與中央修好的誠意。中央政府決定抓住這個機遇，重新恢復中央政府對西藏行使主權，於是派出蒙藏委員會委員長黃慕松爲國民政府專使，借道印度赴拉薩代表中央致祭達賴喇嘛。

黃慕松此行由一批官員陪同，其中有蔣致余、劉樸忱、張威白以及中央研究院的氣象專家高某，並攜帶了一部交通部的電台。黃慕松完成致祭達賴喇嘛的任務後，與西藏地方政府達成協議，在拉薩設立一個辦事機構，叫作行政院參事處，留下隨行的高級參事劉樸忱負責，並將電台留下，作爲拉薩與中央聯繫的唯一電台。台長由張威白擔任，這部電台也可以爲西藏地方政府免費提供服務。電台與內地的聯繫都要經過成都交通部電訊管理局的總台，然後轉到南京。

在尋找達賴喇嘛轉世靈童時，攝政王熱振活佛與其他的貴族發生了分歧。部分貴族唯恐漢人勢力進入西藏，要求攝政王只在西藏地區內尋找一個靈童就可以了，而不要擴大到西藏以外的區域。但攝政王則堅持尋找靈童必須依照傳統的儀軌，不肯馬虎從事，於是尋找靈童得以按照以往的儀軌進行。攝政王首先派出一組喇嘛及一批畫師到聖母湖邊，由喇嘛修法念咒，不久，湖面上顯現出轉世靈童所住地方的圖像，畫師們當場將此圖像繪製成圖。然後攝政王派出三組人馬，分頭沿著三個不同的方向按照圖的啓示尋找，最後在青海找到了一位轉世靈童。

攝政王熱振活佛於是通知中央政府，達賴喇嘛的轉世靈童已經找到三個，一個在青海，兩個在西藏，依照傳統，請中央政府派大員赴拉薩主持金瓶抽籤儀式，以決定靈童，並主持十四世達賴喇嘛的坐床大典。蔣介石接到報告後，派出國民政府蒙藏委員會委員長吳忠信爲特使入藏主持大典，由一批官員隨從。吳忠信與蔣交情深厚，早年留學日本，曾經與蔣一起在陳士英手下當過連長。他爲官清廉，不貪污，一生到老都很清貧。在出發之前，吳忠信正式向西藏地方政府提出要求，將中央政府在拉薩的機構提升爲正式辦事處，並任命蒙藏委員會藏事處長孔慶宗爲處長。由孔慶宗率科長朱少逸，藏文秘書李國霖，職員劉桂楠、吳三立、蘇大成等人作爲吳忠信的先遣人員，先行赴藏籌備吳忠信主持坐床大典的各項事務。

他們一行人於民國二十八年（一九三九年）六月由重慶出發至康定，之後由西藏地方政府派遣烏拉爲交通工具入藏。孔慶宗一路乘坐轎子，其他隨員則騎馬跟隨，於十一月二十五日抵達拉薩，籌備參加坐床大典。中央特使吳忠信則率領秘書羅良鑑、顧問奚倫、曹湘蘅、會計張國書、機要秘書周昆田、辦事員何某及金某、中央電影製片廠導演徐蘇靈、攝影師沈家謨、醫官單問樞、中國旅行社沈永年等，也在同年十二月由印度經哲孟雄抵達拉薩，這是黃慕松專使入藏以來最大規模的一次漢官聚會。駐藏辦事處爲吳忠信專門設計了一副八人大轎，因爲達賴喇嘛與攝政王出門時是乘坐八人大轎的，因此中央政府的特使在地位和待遇上必須與達賴平起平坐。

吳忠信到達拉薩後，才發現事實上達賴的轉世靈童只有來自青海的一位，所謂來自西藏的另外兩位根本不存在，因此也沒有辦法舉行金瓶抽籤。攝政王解釋說，經過乃瓊神降神和聖母湖顯聖以

攝政王熱振活佛（左），由他主持，找到了十四世達賴喇嘛的轉世靈童

及種種試驗，都已證明這個靈童就是十三世達賴喇嘛眞正的轉世，所以不需要再尋找其他靈童了，而且我已經爲他授了沙彌戒。

攝政王向中央政府要了個把戲，將生米煮成了熟飯，不接受也沒有辦法。吳忠信爲此十分惱怒，義正詞嚴地向攝政王表示，「依照傳統，選擇靈童必須經過金瓶抽籤，我是作爲中央的專使來主持抽籤儀式的，不這樣做就有欺騙的嫌疑。我明白你所講的簡易辦法，但我不能決定，一定要向中央政府行政院請示，經行政院同意，否則我立刻離開。」聽了這番話，攝政王有點心虛了，同意立即打電報向中央請示。行政院很快回了電，決定「免予抽籤」。吳忠信與西藏地方政府經過商議後決定，十四世達賴的坐床大典於一九四○年二月二十二日在布達拉宮舉行。

國民政府對於如何將達賴的轉世靈童安全護送至拉薩，十分重視。青海過去曾與西藏起過軍事糾紛，而當時青海省主席爲軍閥馬步芳，爲人專橫霸道，難以控制。蔣先生爲了防止靈童從青海進西藏的途中發生意外，特向馬步芳贈送四十萬大洋，請他派遣一個營的兵力沿途護送靈童。馬步芳於是派了一位名叫馬源海的師長，率領一營的衛隊護送。靈童抵達拉薩後先在郊外駐紮，然後再依照正式的儀式迎入夏宮。十四世達賴喇嘛抵達拉薩郊區時，我正在場觀看，將照相機藏在袖子裡，把這一難得的場面拍攝了下來。

十四世達賴的僧名叫丹增嘉措，生於一九三五年五月五日，在家中排行第四，上有三個哥哥、一個姐姐，下有一個妹妹。達賴正式入宮以後，根據傳統，他的全家人，父親兄弟姐妹都跟隨著來到拉薩，他的父親立即升爲貴族，按照滿清時的規矩冊封爲公爵。在達賴沒有掌權以前，手下的人爲了討好達賴家族而出謀劃策，告訴他們哪家貴族的莊園好，哪個貴族的土地豐沃，這些下屬靠這

一九三九年達賴喇嘛的轉世靈童從青海到達拉薩，在郊外休息，我將照相機藏在袖子裡，拍下了這張極為難得的照片

十四世達賴喇嘛的教經師「勇尊」領蒼活佛

種方法討得達賴的歡心，希望將來達賴執政時能撈到些好處。凡是達賴家人看上的東西沒有人敢不給，不論是什麼樣的貴族，若拒絕達賴家族的要求，後果將不堪想像。因爲一旦達賴掌權，這家人必定遭滅頂之災，達賴有權將他的財產充公，家人流放。

西藏地方政府專門爲達賴喇嘛的家屬修好了宮殿，撥出最好的莊園歸他們所有。達賴的父親在青海本是個販馬的馬夫，能講漢語，相信中醫。入了宮殿，當了大貴族，依然改不了以前的習慣，每日早上四點多鐘就要起床到馬房去餵馬。達賴喇嘛的母親名叫德吉才仁，大哥叫土居美羅布，二哥名叫嘉洛敦珠，三哥叫洛桑散旦。姐姐名叫才仁卓瑪，嫁給了一個叫作黃存眞的漢人，藏文名彭措扎西。初到拉薩時，這位黃某無所事事，四處遊蕩，喜歡向人炫耀，常把布達拉宮裡慈禧太后的親筆字畫和其他珍品偷出來

十四世達賴喇嘛的父親（左起第五）與駐藏辦事處官員合影，右起第二為邢肅芝

當禮物送給朋友。此事很多人都知道，只不過因爲他是達賴的親戚，無人去講罷了。達賴還有一個妹妹，叫益西白瑪。

達賴的家族中很多人都會講漢語，他本人原來也會講的，但後來逐漸忘掉了。爲了使達賴喇嘛以及他的家屬熟悉漢族文化，國民政府費了不少苦心。中央政治學校特別派遣老師教達賴漢語，此外，後來的駐藏辦事處處長沈宗濂將一位中國民航姓朱的航空小姐介紹給達賴的二哥嘉洛敦珠爲妻，並安排他到南京入中央政治大學學習，希望能藉此潛移默化地增強達賴家族與中央及漢人的感情。

作爲西藏的最高精神領袖，達賴喇嘛身邊有八個近身侍者在布達拉宮專門侍候他。這些侍者在藏語裡稱爲「金舍」，年輕健壯，相貌端正，十七、八歲時被選進宮，有的服侍達賴喇嘛多年後，獲得達賴的信任，享有很大的權力。我進入哲蚌寺時爲我擔保的世間師「蘭州僧」，就曾經是十三世達賴的金舍。另外與陸軍司令龍夏一道圖謀造反而遭到流放的貢貝拉，也曾是達賴的金舍。

專門負責教授達賴學習經典的喇嘛叫作「勇尊」，由攝政王指派。十四世達賴的勇尊是達龍扎活佛，後來接替熱振活佛擔任攝政王；另外還有兩位勇尊分別爲赤江活佛與領蒼活佛，兩位都是著名的大活佛。赤江活佛是黃教中數一數二的大德，是少數幾個能夠在拉薩開法會傳法的大師。領蒼活佛原是哲蚌寺的大格西，也曾經是我的教經師父，被請去布達拉宮做教經師以後，我依然常去拜訪他。我去的次數多了，布達拉宮的守衛都認識我，不必通報便讓我入宮。這位活佛在佛學上的造詣高深，在修證上也很有成就，但他有個特別的嗜好，喜歡收集各式各樣的鐘錶。一進到他的房間就看到四周擺滿了各種樣子的鐘，都是外國人送給達賴的。達賴喇嘛從小就很聰明，但也很貪玩，迷戀外國人送給他的各種各樣新式玩具。有時領蒼活佛私下對我說，今天達賴喇嘛經文背不出來，挨了打。如此看來，當達賴的師父是有權管教他的。一九五九年西藏叛亂時，領蒼活佛與達賴喇嘛一起逃亡到了印度。

布達拉宮的全部事務由濟巧堪布掌管，也就是總堪布，爲二品僧官，與達賴最接近。總堪布以下爲仲依欽波，相當於達賴的秘書長，也是二品官，他管理所有的僧官。另外還有一位仲尼欽波，專門負責傳遞達賴的指示，又稱作「大傳號」。此外，與達賴最接近的還有幾位堪布，其中一位是神本堪布，即達賴侍衛的首領。「神本」即是侍衛的意思，神本堪布即是侍衛長。達賴近身的四個護衛也都是喇嘛，是從各地選拔出來的，一個個年輕力壯，身材高大威猛，一旦被選中，立即被剃度成爲喇嘛，並爲他們專門縫製特別的服裝。儘管當了喇嘛，他們並不一定要學經。負責達賴喇嘛法會和修法的堪布叫作「卻本堪布」，「卻」字在藏語裡意思是「法」。達賴喇嘛哪一天要修法、修什麼法、需要哪些法器等等，這些事務都由卻本堪布來安排。達賴喇嘛修法時，是在布達拉宮內一個專門爲他設的札倉，叫作囊結札倉進行，這個札倉專供達賴使用，裡面有修法用的各種法器和供具，札倉設堪布一人。這些接近達賴的堪布擁有的權力都很大，而且都有機會升爲噶倫。

布達拉宮的庫房是由四個噶倫共管的，每次進庫房必須四個噶倫一同進去，出來時一起出來，共同在門上加封打火漆印。管理布達拉宮財務的叫作拉讓強左，負責管錢、放債和收債等等。有時駐藏辦事處的美金匯款一時還沒有匯到，也可以向他們借錢，日後再還。另外，西藏的施主也會把一筆錢放在拉讓強左那裡，請他們去放債，用每年放債收到的利錢來佈施。所以強左手中管理著大量的金錢，他們中間品行好的能嚴守本分，品行差的就會貪污，有時甚至大家串聯貪污。

達賴喇嘛外出時的儀仗隊

達賴喇嘛外出時的儀仗隊

中央政府的駐藏辦事處

國民政府駐西藏的機構，是在蒙藏委員會主任黃慕松作爲中央代表赴拉薩致祭十三世達賴喇嘛時建立的，這是在達賴掃蕩駐藏清軍，切斷了與中央的聯繫後，首次恢復中央在西藏的辦事機構。黃慕松經噶廈政府同意，在拉薩正式設立了名叫行政院參事處的辦事機構，由隨同黃慕松赴藏的行政院總參議劉樸忱擔任處長。

駐藏辦事處所在地叫作「基督壩」，原是西藏貴族龍廈的產業。龍廈因密謀造反，被攝政王熱振活佛革職並剜去雙眼，家產也被充公。黃慕松抵藏時，西藏地方政府就將這棟房子撥給了黃慕松作爲行署，以後就成了駐藏辦事處。辦事處首任處長劉樸忱上任時，年紀已經不小了，不久在一次騎馬時，突然墜馬中風而去世，死時孤身一人，身邊沒有任何親屬。爲了紀念這位殉職於任上的第一位處長，辦事處全體人員在拉薩東面，清眞寺旁邊爲他修了一座墳墓，同時建造了一座「劉樸忱紀念亭」。

劉樸忱去世後，處長的職位由蔣致余接任。蔣是行政院參議，湖南人，辦事認眞，極力想恢復滿清時代中央對西藏的各項主權，凡事力爭。他初上任時，內地的政治形勢相對比較穩定，噶廈政府對於他的態度也較爲友善，每次去見攝政王時，都專門爲他設座，以顯示中央代表的地位。不久日本大規模侵華，內地形勢發生了急劇變化，國民政府在戰場上節節失利，先是日本人佔領了南京，接著國民政府又撤出武漢，丟掉了半壁江山，西藏地方政府駐中央的代表立即把所發生的一切報告回拉薩。這時噶廈政府對蔣致余的態度開始轉變，不再像以前那般友善了。其間又有英國人向噶廈煽動，說中央政府已經快要不行了，你們不必那麼聽他們的話，於是蔣致余說話失去了份量，在噶廈面前時常碰壁。面對這種一籌莫展的局面，蔣致余決定離職回到重慶，將處長的職務交給負責電台的張威白暫時代理。

張威白本是無線電通訊工程師，此人對政治一竅不通。手下的人向他出主意，說如今你既是處長又是電台台長，一切代表中央的事務都由你處理，大權在握，千萬不要丟掉這個難得的好機會。辦事處的經費是由中央政府撥給，一向很寬裕，電台又有另外的經費來源，張威白一人身兼兩職，所有的經費都抓在自己手中，當然是難得的肥差。於是他爲了保住自己的權力，開始將辦事處經營成自己的獨立王國，並千方百計討攝政王熱振的歡心，博取攝政王的信任，使得國民政府幾次要派新人赴辦事處工作時，都被西藏地方政府擋了回去。熱振活佛放出話來：「我們這裡有張威白難道還不夠嗎？還要這麼多人來幹什麼？我們西藏地方內地人住不慣。」很長一段時間，重慶方面對辦事處束

為紀念駐藏辦事處第一任處長劉樸忱而建的劉公亭

手無策，明知張威白結幫營私卻奈何他不得。

張本身既不瞭解西藏的情況，也沒有什麼領導能力，個人生活極其腐化，好抽鴉片，又好嫖，家裡還專門養了廚子滿足他的食欲，所有辦事處的事務則一概交給秘書華寄天和通譯張旺處理。華寄天是雲南鶴慶人，曾經當過康定縣長，與劉文輝的關係處得不好，沒有多久便丟了烏紗帽。以後來到拉薩，在駐藏辦事處工作，同時又在拉薩兼職做生意，和他在康定的兄弟合夥將茶葉運進西藏銷售。華某在拉薩討了一位西藏貴族的女兒做太太，但他自己並不信佛，讓太太幫忙打理生意。後來他回到雲南去探親，再回西藏時卻被西藏地方政府拒絕，原因是他在擔任張威白的親信時，為張出了不少主意，由於他對西藏的情況比較瞭解，很多主意對西藏地方政府不利，加上他本人不信佛，又利用官職謀取私利，為西藏地方政府所不喜歡，從此他就沒能再回來了。

到了吳忠信作為中央特使入藏主持達賴喇嘛坐床大禮時，國民政府決定將駐藏機構正式擴大為蒙藏委員會駐西藏辦事處，任命孔慶宗為處長。孔慶宗是個學者，學問很好，曾經到法國留學，回國後在邊疆學院教書，門下有不少學生，對於西藏問題頗有研究，到拉薩前曾在蒙藏委員會任藏事處處長，加之相貌堂堂，一表人才，很得委員長吳忠信的賞識。他比吳忠信先到西藏打頭陣，一路乘坐轎子，儼然一副滿清駐藏大臣的派頭。孔慶宗做事認真，為官清廉，生活上並不講究，也沒有什麼特別的嗜好，只是喜歡下圍棋。但他的一大缺點是任人唯親，喜歡拉幫結派。他本是四川人，所任命的職員也全部為四川人，形成川幫；而吳忠信是安徽人，帶到西藏的一批人也是安徽人，成為安徽幫。兩幫人馬互不買帳，以致辦事處內部矛盾重重。

一位無名氏所著《西藏紀要》手稿中，對當時駐藏辦事處內部情形有一段生動的描寫：在吳忠

象徵漢藏民族友誼的唐蕃會盟碑

信決定由孔慶宗擔任處長宣佈後，張威白聞言「遂憤慨，不與合作，後經多方之調解，以孔爲處長，張副之。但孔門戶之見太重，一切重要公事，獨斷專行，概不與張聞。張遂憤而置之不問，亦不辦公。張威白身體衰弱，精神不佳，爲諮議特所有公事皆有秘書華寄天一人處理。孔爲處長後，華寄天等於閒散，向孔辭職，孔未允，蓋彼時重慶新派諸人未抵耳。吳三立、劉桂楠本蒙藏委員會政訓班第一期畢業學生，在康定任調查工作有年。蘇大成系新畢業者，因孔曾與蘇授課三年，故到藏後，用爲心腹，重要公事僅渠一人得聞。劉、吳以後來居上，怒而不言，實同床異夢也。高師原、李耀南本係憲兵出身，張威白爲諮議時用爲職員。二十九年本機關正式成立，確定二人爲辦事員名義，但孔無故扣其薪之百分之十，因之亦對孔不滿。」

孔慶宗上任後不久，即向行政院密電，要

陳錫章處長（左）與首席噶倫讓巴喇嘛（中）及尼泊爾駐藏商務代表（右）

求將張威白調走。爲了此事，吳忠信親自到交通部，告訴交通部張威白此人絕不可留在西藏，務必要將他調走。不久，重慶方面發出調張威白回到內地的正式調令。張見到中央調令時，知道大勢已去，不敢不從命，只得打鋪蓋走人。不久，蒙藏委員會派了滿清最後一任駐藏大臣的女兒益西白珍到辦事處工作，她和她的兄弟經人推薦進入蒙藏委員會工作，益西白珍是她的藏文名，她雖身爲滿人，但出生於西藏，能講一口流利的藏語，在辦事處工作了兩三年後又回到了內地。

孔慶宗本是學者出身，並不擅長政治和行政領導，和他的前任蔣致余一樣，也一心要恢復以前滿清駐藏大臣的各種權力，爲此常和西藏地方政府發生爭執。自從國民黨在抗日戰爭中失利撤出南京後，噶廈政府看到中央政府的勢力日漸衰微，對辦事處的態度便大爲轉變，因此孔慶宗與噶廈的關係越處越糟。他上任不

桑耶寺，由蓮花生大師和寂護大師建立的西藏第一座寺廟

久又發生了西藏地方政府成立自己的外交局的事情。噶廈政府受到英國人的鼓動，企圖撇開中央政府，直接進行外交活動，而擔任外交局長的正是我的老相識——我於一九三八年進入西藏經過時，在昌都招待過我的昌都西藏邊防軍司令老索康。孔慶宗立刻向噶廈提出強烈反對，堅持西藏作爲中國的一個地區，所有的外交事務必須由中央政府處理，西藏地方政府無權自理。噶廈對於他的反對不理不睬，外交局照樣成立了，如此一來，他與西藏地方政府的關係更是雪上加霜，漸而漸之，形同水火，無法開展工作。

這種情況反映到重慶，吳忠信十分無奈，覺得前後派的人都不理想，這一次還是請蔣介石來決定爲好。蔣先生對於新的辦事處長人選，覺得應該派一位精通英語，懂得外交，能夠與英國人打交道，而且在中央政府有相當背景，直達上峰的人擔任這個職務。經過戴季陶的推薦，選中了曾在外交部任職，又曾在蔣介石侍從室工作的沈宗濂。此人畢業於美國史丹佛大學，中英文俱佳，知道如何與西方國家打交道。印度獨立時，戴季陶率中國政府代表團訪問印度，沈即是隨行成員之一。

沈宗濂到任後，對於如何開發西藏，向中央政府提出了種種建議，其中包括派軍隊進駐西藏等等。蔣介石看過這些建議後並沒有直接答覆，只是要戴季陶轉告他，如今正在抗戰之中，政府沒有能力做到這些事情。沈宗濂的一腔熱情被潑了一盆冷水，從此就灰了心，沒有心思繼續在西藏工作下去。一九四五年抗戰勝利後，他藉著帶領西藏代表參加國民大會的機會回到南京，不久便透過侍從室的關係謀到了上海市政府秘書長的職位，將辦事處處長一職交給助手陳錫章代理，離開了西藏。

駐藏辦事處自成立以後，先後更換了五位處長，卻始終沒有能夠很好地展開工作，未能有效地代表中央政府行使對西藏應有的主權。

【第八章】

咱日山朝聖

聖山的傳說

據西藏史籍的記載，藏傳佛教的發展起始於藏王松贊干布從印度迎請寂護法師到西藏弘法。寂護來到西藏後，儘管得到藏王的大力支持，但由於反佛教勢力，特別是西藏的原始宗教——苯教的重重阻撓，他在西藏弘法的初期進展並不順利。尤其是苯教使用各種巫術破壞寂護的弘法，讓寺廟無法興建。寂護法師在印度是著名的大論師，精通佛教經論，但並非密宗大師，無法以神通法力破除苯教巫師所製造的種種魔障。面對這些困難，他便向藏王建議從印度迎請蓮花生大師入藏伏魔除障，這樣才能使佛教在吐蕃弘揚。

蓮花生，又稱烏金大師，因爲他本是烏金國的王子，該國在現在的巴基斯坦境內。他同時也是寂護法師的妹夫，是印度佛教著名的密宗大師。藏文佛教史籍上說，當藏王派專人迎請蓮花生大師赴藏時，大師已預先知道使者的來臨，認爲緣起成熟，於是他主動啓程，和前來迎請他的西藏使者在路上相會。他們在入藏途中遇到了各種妖魔的阻攔，一路上他以密法逢妖捉妖，逢魔降魔，將這些魔怪和苯教的巫師一一降服，使他們皈依了佛教，成爲佛教的護法。蓮花生大師因此被藏人尊爲祖師、第二佛陀，又被稱作「咕嚕仁波切」，意思是根本上師。

根據印度歷史記載，西元八世紀下半期，佛教在印度早已衰微，因此蓮花生大師主動進藏，也是爲了使佛教能夠向外弘揚。寂護和蓮花生來到吐蕃後的第一件事，就是爲佛教建立根據地，也就是西藏佛教史上第一個剃度僧人出家的寺院桑耶寺。根據西藏的史籍，蓮花生和寂護在主持桑耶寺的工程時，曾經和兩個妖魔進行多次的鬥法，最後終於戰勝了這些妖魔鬼怪。桑耶寺建成後，由蓮花生和寂護兩位大師主持開光，寂護擔任寺院的堪布，並有七名吐蕃貴族青年隨同寂護出家，他們在藏文史籍中被稱爲七覺士，佛教從此在西藏生根發芽。

傳說蓮花生大師只在西藏停留了十八個月便離開了，有人說他回到了印度，但在印度卻沒有人再見到他。西藏的佛教徒相信蓮花生並沒有回到印度去，而是將身體修成一道虹光，帶著兩位妻子和子女飛往地處藏南的咱日山頂，在那裡建立了修行的宮殿。修成虹光身是密法「大圓滿」的最高成就，而這一無上密法正是由蓮花生大師傳到西藏的。因此，咱日山被藏人崇拜爲聖山，能夠去咱日山朝聖是很多人一生的心願。但在西藏人中，去過這座山朝聖的恐怕不到萬分之一，漢人去過的更是絕無僅有。

咱日山位於拉薩東南的山南地區，與印度、不丹、緬甸相鄰，是個三不管地帶，面積有二十萬平方公里，環境十分險惡，當地的居民不同於西藏人，是一種少數民族，過著原始的部落生活，被藏人稱爲野人或生番。他們世代與世隔絕，不和其他民族來往，而且他們將進入咱日山之路封鎖，每隔十二年才開放一次，供佛教徒進山朝聖。

對於這座聖山和有關它的種種神秘傳說，我心中一直充滿無比的嚮往。到了一九四四年這年，正好是咱日山開放的藏曆鐵猴年，機會終於來臨：一位我所相識的布達拉宮的僧官堪青（即大秘書），計畫前去咱日山朝聖，我立刻抓住這個機會，請求與他同行。堪青見我一個漢人，居然有此誠心不畏艱難想前去朝山，實在難得，便爽快地答應了。這一年的正月二十一日，我帶著徒弟同堪青一起離開拉薩，啓程向咱日山出發。

山南路途中的見聞

從拉薩東行約十五公里，渡過拉薩河來到釆里，這裡是拉薩的貴族薛崗的莊田所在地，設有烏拉站。幾年前我從西康入藏時曾經經過這個地方，並更換了烏拉。此地約有十五戶居民，南面有一座喇嘛象寺，是由西藏前代大德南喀江城大師所興建。這位大師與宗喀巴大師齊名，西藏的習俗，凡是供過他的人，都可以豐衣足食。寺廟非常莊嚴，此外還有一所學經的釆里札倉以及兩所乃瓊護法神行宮。以小小的釆里居然能供給三個寺廟，可以想像西藏地區佛教事業的興隆。

向前行走不遠，就見到聳立在藏河南邊山頂上有名的鷲巴寺。它與桑耶寺齊名，同樣是西藏歷史悠久的寺廟，都是蓮花生大師一手創建，這座寺可與薩迦寺相媲美。熱振活佛任攝政王時曾經一度重修，負責修建的人爲柳廈拉朗強左。「柳廈」是他的房名，因爲他修建這間寺廟有功，被提拔任大昭寺的庫房，管理寺廟的金銀財寶，這個職位叫作「強左」，因此人們稱他爲拉朗強左。這個位置是不少人求之不得的肥缺，據說一任下來可以賺取藏銀五萬坪，以一坪五十兩計算，一萬坪就是五十萬兩。

從釆里開始，我們與藏河分道，縱橫的沙壩上，只有我們五、六人的足跡。我們於晚間抵達德慶，住在一所喇嘛寺內，寺內有喇嘛兩百多人，寺中最出名的護法神，就是乃瓊護法神和工布護法神。我們到寺中朝拜時，喇嘛爲我們念誦了很長的經文，和平常的不同，據他說這樣才能得到護法神的庇佑。

德慶是靠近拉薩的一個縣，全境有居民三千戶，縣官是由甘丹寺派遣的僧官，西藏地方政府不

南喀江城塔

得干預，縣裡全年的收益也全部爲甘丹寺所有。甘丹寺是黃教三大寺之一，廟子裡面的喇嘛十分窮苦，爲獎勵一般的喇嘛來甘丹寺求法，由寺廟給予生活津貼，每一個甘丹寺僧人每月可得青稞兩斗，這種待遇是其他寺廟的喇嘛所享受不到的。

從甘丹後山走七公里，便是有名的南喀江城塔，這裡葬著一代大德——南喀江城大師，宗喀巴大師曾拜他爲師。塔的建築採用印度式樣，大約有五十丈高，東西兩邊還有幾座小塔，塔旁住著八、九戶居民，還有許多人在這兒頂禮膜拜。我懷著景仰的心情虔誠地向塔禮拜，緬懷這位了不起的祖師。

繼續前行，來到了墨竹工卡。幾年前我入藏時曾經過這裡，眼前所見到的與幾年前沒什麼分別，街道兩邊大概有五、六十間店鋪，房屋很簡陋，還有幾間鋪位在做著生意，出售泥茶壺、雲南圓茶和一些日用品。這裡的農產品有青稞、豌豆、小麥等等，還有雞。因爲墨竹工卡地處拉薩河的上游，江岸邊堆著很多的木板等待運出。這裡的東部就是農產區自貢，因爲有很豐富的產品出產，所以生意也集中到這兒來做。我們的路線不經自貢，而由墨竹工卡向東南至打扎，那裡是達賴的高級侍從之一——眾依欽波的莊園。眾依欽波是布達拉宮裡高級僧官的職稱，翻譯成漢語是秘書長或大秘書的意思。

再向前到了達勞，這裡是出產泥壺的地方，看上去十分蕭條，只有寥寥幾戶居民。繼續向前就是江巴下，曾是西藏著名的四大林之一——丹吉林的莊園。丹吉林是西藏的四大轉世活佛之一，但因爲在清末的漢藏衝突中傾向漢人而遭到十三世達賴的清算，寺廟被毀，活佛遇害，不准再轉世。這裡出產羊毛及農產品，村落星羅棋佈，聽人說這是個富裕的地方，看上去的確不錯。我借宿的這家房主人很闊氣，僕從很多自不用說，連室內也按印度式的佈置，這在西藏農村中是很少見的。主人的母親曾經兩次赴咱日山朝聖，告訴我不少難得的經驗。她說朝山時最好自己背糧食和用具，否則就算是僱到人背東西，但因爲路途十分險峻，很容易前後失去聯絡。還有一種狡猾之徒，將背的食物和用具遺棄在山下，讓你饑寒交迫，飽受難言之苦。

我們離開時，這位房主人十分客氣，見我們是朝佛的人，非但不收房租，還贈送了我們一堆馬料。西藏的馬料完全是黑豌豆，拉薩附近還有蠶豆，一斗也值十五、六兩藏銀，這也許是給朝佛人以方便的緣故吧。離開的時候，我們決定下馬練練步行，免得朝山時不習慣，於是一鼓作氣跑到格桑西卡，直跑得個個汗流浹背，氣喘如牛。

格桑西卡是靠近如赤的一個村莊，有三座佛塔作爲標記，居民只有五、六戶，臨近一帶盛產適宜高原生長的樹木，但我無法叫出它們的名稱。我們在這兒吃到了一枚橘子，眞是潤心潤肺。從格桑西卡再走兩公里半，就是卻格喇嘛寺，寺廟建在隔湖對岸的高山上，廟裡有喇嘛五十人，是屬於哲蚌寺果莽灿倉波巴密村的一個小寺，堪布由他們委派，財產也由他們管理。寺廟約有五百頭犛牛，每年生產的酥油運往拉薩，交納給波巴密村，因此這個小小的僧院也很富有。

西藏三大寺的財產是各自爲政的，三大寺的僧侶長久以來養成了一種彼此競爭的習慣，對於應得的施主自然當仁不讓，爲了爭取中央每年在西藏的佈施，各寺廟之間也曾發生爭執。據說從甘丹寺一翻過山就是止貢，這是拉薩附近一個充滿神秘色彩的地區，範圍有五百公里，出產大麥、豌豆、馬鈴薯、木料、皮貨等等，全境佛教事業很發達，尤其是黃教佔有絕對的勢力。在拉薩旅遊過的人都知道拉薩附近找不到一座紅教寺廟，原來的紅教寺廟不是被搗毀了，就是被迫改信了黃教，只有桑耶寺因歷史上的關係才被保存到現在。難得的是，在止貢居然有一座紅教寺廟，在黃教的勢力範圍內屹立不倒。它之所以能生存下來，完全是因爲寺廟的喇嘛們有苦修實證的本領，具有功夫神通。止貢紅教喇嘛的本事，在拉薩的貴族當中家喻戶曉。據說他們能臨空取物，手向空中一伸，就能取來拉薩某個飯館剛剛出爐的燒餅。因此西藏老百姓對他們很是敬佩，連貴族們也經常請這些喇嘛來家中念經做法事。

相隔五公里的地方叫作巴勞西格，這裡是堪青的家鄉。堪青十一歲就到布達拉宮的僧官學校學習，學成後從小官做起，以後步步高陞，當上高級僧官，還曾隨同十三世達賴喇嘛到北京晉見慈禧太后。對西藏人來說，一個普通人家的子弟能夠如此出人頭地，是十分難得的事，於是乎一人得道雞犬升天，一班親戚朋友都很覺得榮幸，爭相攀結。

其實堪青此時已經沒有什麼權勢了，十三世達賴圓寂後，他沒能獲得攝政王熱振活佛的信任，始終得不到提升，如今處在半退休的狀態。堪青的家庭很富有，相當於拉薩的一個土財主，七口人之家住在一所很大的磚房，前後兩個院子，前院拴騾馬，後院住人，家中長期僱用誦經的喇嘛，還有一位到過山西五台山的西藏人，會說幾句山西話。

我們到的那天是藏曆十一月三十日，堪青照例素食，招待我們的晚餐是一鍋酥油菜飯。第二天一大早，他們就換成了用牛肉炒蔬菜裹糌粑作爲早餐來招待我們。晚餐更是豐盛，有米飯、豬肉、蘿蔔、麵條等等，還有饅頭，每種食物都用五寸寬的木盤盛著，眾人依次而進，還有大麥片做的稀飯，這在西藏農村中可是難得的食物。因爲主人特別挽留，所以我們在那兒逗留了一天，參觀了附近的邦沙喇嘛寺。

這個喇嘛寺位於巴勞東邊約十五里地左右，山一帶淨是梯田，寺中只有三十多個喇嘛，廟子小得很，本來沒有什麼可參觀的地方，但是因爲頗邦卡和赤江兩位大活佛曾經光臨過，寺廟因此便身價十倍。在參觀該寺的過程中，有一件十分微小的物品引起了我的注意，就是一位老喇嘛房中的一尊印度造的四臂觀音銅像，銅質細滑油光，不同於凡品。西藏最有名的特產就是佛像，而佛像又以印度出產的最爲珍貴。西藏每一個寺廟或世家都藏有幾尊視爲珍寶的佛像，沒有的必會到處求購，以顯示自己信佛的誠意。

元月二十六日我們離開時，天空中烏雲密佈，還飄起了像鵝毛一樣的大雪，主人們把我們帶到附近的喇嘛寺，陪我們參觀寺內的大殿。五年前這座寺金碧輝煌，但如今已是斷壁頹垣，好像經歷過一場災難。寺的周圍儘是森林，還有一條河流經過，屬於拉薩河的上游，從烏蘇江直流到拉薩。我們與巴勞送行的人就在此地告別。由於旅途中的耽擱，這一晚我們只能露宿，在一個草壩上搭了帳篷休息。

我已多年沒有經過露宿的生活，所以徹夜難眠。而堪青這位僧官更是膽小如鼠，生怕晚上發生什麼不測，我隨身攜帶的武器恰恰在這個晚上又故障了，心裡也有些不安，於是大家只好圍坐在一起念經，度過漫漫長夜。這裡是拉薩附近的危險地帶，西康安東一帶的無賴之徒常到此地從事非法買賣，本地西藏人對他們既頭痛又毫無辦法。印藏交通線上也有類似的地方，西康安東的騾夫對西藏人的騾夫十分凶狠，任意掠奪他們的食物，這夥人性情粗暴，三言兩語不對，就上前拳打腳踢。至於當地的西藏人倒是性情溫良，而且有忍讓的美德。

前方的路越來越難行，山上的氣候很冷，冬季在零下十八度到零下二十度之間，山間的瀑布都結成了很厚的堅冰。道路在茫茫冰雪中無法辨認出來，只能用自己的佩刀打碎堅冰，再鋪上沙土，才能順利通過。我們一共開闢了七道冰路，在西藏高原山中旅行，要想騎牲口根本就是個幻想，因爲騾子在冰上很容易滑倒。

元月二十七日我們到達俄噶宗一個叫作降巴林的村落，村子裡有三十多戶人家，緊靠山脈，有很多農產。這裡氣候比較溫和，清晨的溫度是攝氏零下二度左右。村子屬於一位貴族的家產，因爲有一尊來自印度的降巴（彌勒菩薩），所以被稱爲降巴林。當年宗喀巴大師特在此地修建了一座寺廟，廟中有兩百來個僧侶，許多遠方的佛教徒都來此地向彌勒菩薩磕長頭，以求懺悔罪過。有些人要連續磕十萬個長頭，需花上一、兩年的時間。

降巴寺的樓頂保存有宗喀巴大師用過的木碗、禪杖，還有前世達賴和班禪的遺物，珍藏著不少經文。我們順便又參觀了附近的兩個寺，都是由宗喀巴大師所創建。寺中有十萬尊長壽佛像，古跡眾多，還有宗喀巴大師的說法台，石上遺留了聖者的足跡。西藏的男女老少都知道這是前世大師的遺跡，因而萬分恭敬，尤其對於石上的足跡，認爲那是神跡。現任的宗本名叫江羅堅色，是一位貴族名家的少爺，我剛到拉薩時就與他相識了，我們曾一同跟隨喇嘛舉巴堪書學習藏文語法。江羅堅色的父親在西藏大名鼎鼎，名叫江羅堅公，因受封公爵銜，因此被稱爲「公」。此公是西藏有名的文學家，通英語、印度語及藏語等多種語言，後來因爲參與陸軍司令龍廈發起的政治改革，被攝政王熱振活佛流放到印度。這個家庭的內部關係很混亂，他本人的母親原是他父親的少妻，父親被流放後，他的長兄與其生母發生了關係，但表面上他們依然是母子，保留著原來的人倫關係，這種現象除西藏而外，恐怕很難再找到。

我順便去拜訪了老朋友江羅堅色宗本。這裡的居民只有三十戶，其中包括五戶漢人，是清朝漢人的後裔。居民表面上對宗本唯唯諾諾，但私底下卻怨聲載道，都說宗本對人太苛刻，壓榨百姓毫不手軟。我當面問他是不是這樣，他回答我，當地的居民桀驁不馴，刁蠻得很，只有用野蠻的手段對付他們才能駕馭住。在西藏全境沒有一個宗本不對人民敲詐勒索的，每一個宗本在一任之內，都會搜刮到兩、三千坪的藏銀；而且就算他本人不大肆搜刮，他的屬下也不會輕易放棄機會。

輔政大臣的款待

順著藏河繼續向東南行進，走過了一大段高低不平的山道，來到了大戈宗，前輔政大臣堯西朗頓的官邸便在此處。大臣的小女兒在藏河邊迎接我們，姑娘年紀只有十一、二歲，她向我們獻哈達接風。接著僕人獻上糖果，在河邊還設了墊子作爲我們休息的座位。西藏貴族對於子女的家教是很講究的，無論哪家的男女小孩，都能出場應酬，而且大方得體，不會失態。女子尤其能幹，能唱歌、跳舞，爲你解除旅途的愁悶。

輔政大臣本人並沒有出門來歡迎我們，這是西藏的風俗，高級官吏爲大，就算是至親好友也不能親自出馬歡迎，必須坐在家中等候客人的進見，然後才能回拜。宗教方面則以呼圖克圖爲大，如果貴族請呼圖克圖來家誦經，就算是這個貴族位及大臣，也得出馬歡迎呼圖克圖。輔政大臣的家有三層樓，頭層是曬台，二層是織地毯的工廠，三層是我們的住處。

堯西朗頓本是十三世達賴喇嘛的親侄子，深得達賴的信任，曾任達賴的輔政大臣，權傾一時。達賴圓寂後，攝政王上台，輔政大臣的位置便不復存在。堯西朗頓與攝政王熱振活佛關係處得不好，最後被排擠出權力核心。爲了遠離拉薩官場的是非之地，免遭殺身之禍，他退休回到自己的家園，過著隱居生活。

朗頓本人並不住在樓房裡面，而是住在西側的花園內。大臣很講究生活享受，身著緞袍革履，午後在園中射箭消遣。儘管退休了，他依舊忙忙碌碌，不僅兼著大戈宗宗本的職務，還要處理家中的私事生意。作爲西藏的名門貴族，他的財產豐厚，擁有莊田十五處，農奴千餘人，年產青稞、小麥、雜糧約三萬斗。按照糧價，每斗藏銀十兩，這一項收入就達三十萬兩。此外還有一千八百頭犛牛，可產酥油三百克，運送到拉薩出售；他還有一千五百頭羊，用出產的羊毛，徵集民工製造地毯及氆氌；此外，還有核桃樹、杏樹等，每年收穫後都會運往拉薩。此地還盛產木材，可以製成木板和木器，運往拉薩一帶銷售，這種生意每年收入約合印度盧比十萬多盾。

大臣本人和四個兒女住在這裡，夫人則住在拉薩。他還有一位年輕的兄弟，弟兄倆按西藏習慣共娶一個妻子。在西藏的很多地方，一妻多夫依然很流行，幾個兄弟共娶一個妻子爲的是保護家產，使兄弟們不至於分家。說到底，還是爲了經濟上的原因。

大戈宗的位置大約在東經九十三度零五分，北緯二十九度十七分之間，這一帶地方中外地圖的

前輔政大臣堯西朗頓在自家花園中（照片為大英博物館收藏）

標誌都不清楚。此地民俗和語言都和拉薩有些不同，不管男人還是女人都愛穿山羊皮的長背心沒有裡子，也沒有面子。女人們的頭上還戴著頂本地的帽子，帽子是用氆氌做成的，平頂，用金絲緞裝飾，這種帽子的大小只能蓋住頭頂的三分之二。男人則說話很粗魯，而且有剛氣，民性剽悍，每個男人出門都要帶上一把鋒利的尖刀，很少帶槍。他們不似西藏中部人民那樣柔順和巧於辭令，這便是西藏南部人民的特色，他們生長在崇山峻嶺、森林茂密之區，西藏中部的文化無法灌輸到這裡。在新年期中，大人小孩都縱情飲酒，每天都喝得大醉。有的還玩賭錢的遊戲，最普遍的玩法是擲石子和點子。

我們在這裡停留了十九天。在這些天裡，我每日修法誦經，修大威德金剛和綠度母法，祈求佛菩薩保佑我們一行旅途平安。在朗頓的幫助下，我們備妥了入咱日山的乾糧和各種必備用品，包括糌粑、牛肉乾、茶等等，足夠支持我們在山中二十多天。準備好糧食後，用兩根藤棍彎曲成弓狀，頭尾兩端拴上皮條，糧食和臥具就夾在藤夾子中間，就這樣背在身上，這是邊疆民族最通用的工具。爲了保險，我還請堯西朗頓派遣十名腳夫爲我們背負糌粑和臥具，因爲我自己要背許多日用的物品，如照相器材、雨衣、羊毛毯子、手槍、鋼刀，而這些東西已使我不堪重負。朗頓爽快地答應了我的請求。

我們告別了輔政大臣向咱日山進發，前方就要翻一座雪山，氣候越來越惡劣，山路也更加險陡。行走不遠，到達了一座尼姑廟，據說是屬於紅教系統的。藏傳佛教中沒有比丘尼戒，有關比丘尼的戒律始終沒有從印度傳到西藏，因此在西藏，尼姑出家是不受戒的。這個尼姑廟子有個很特別的傳統，尼姑可以在周圍招男人上門生子。生下來的孩子若是男的，就由父親帶走；若是女的，便留在廟子裡做尼姑，只認母而不認父。這種習俗不要說在漢地聞所未聞，就是在西藏其他地方也是不可能存在的。

翻越雪山的路步步艱難，山頂海拔約四千多公尺，山上松樹茂密，氣候寒冷刺骨。我們穿的皮衣都沒有繫帶，冷風刮來，令人全身瑟瑟發抖。聽說前兩天降雪時凍死了兩個人，更使我們擔心憂慮。雪山上雪淺的地方可沒到膝蓋，深的地方則沒到腹部。嚮導在前面引路開道，我們抓著牛尾巴走了一半多一點的路程，便已氣喘吁吁，覺得再也沒有力氣往前走了。這時的雪更深，道路多變，雪山最高峰峭壁千仞，到這時我們已經筋疲力竭，呼救不應，只好把馱牛身上的東西卸在地上，坐在上面休息。好在沒有遇到盜匪。我們歇息了片刻，又騎上犛牛繼續向最高峰進發，看見很多亂石，我們在亂石中跳下犛牛，把這些馱著東西的犛牛放上山去。大家費盡了力氣前拉後推地上了高峰，在峰頂上我們感到心驚肉跳，從山頂向下觀望，非常險峻。

我們約在山頂等了一個多時辰，我的蒙古徒弟等人才相繼到來，眾人一起下山。這時的路更加險陡，路上還有流沙。我們坐在沙上順溜而下，像坐滑梯一樣，此時此地已將生死置之度外。山下的大道上徒步朝佛者絡繹不絕，有騎牲口的，也有步行的。此處向南一公里，便是阿曲林大雪山，是通往不丹的大路。我們目睹有朝佛的人從不丹翻大雪山到此，雙腿受到重傷，其餘的人趕緊幫忙救助。而我們才剛翻過一座大雪山，已經是九死一生，哪裡還有力量去幫助他人啊！

米及頂的遭遇

我們經過七天艱難的路程，總算到達了咱日山的外圍，一個叫作米及頂的地方。此地位於大戈宗境內，西藏解放後，大戈宗改名叫隆子縣，朝拜咱日山的人將此地作爲入山的起點。米及頂在舊地圖上相當於東經九十三度又三分之二，北緯九度又三分之二。在一九九六年中國出版的西藏分縣地圖上，它不再叫作米及頂，而改名爲馬節敦。由於咱日山並不是一座很大的山，因此在中外出版的地圖上都找不到。

咱日山分爲內圍、中圍和外圍。內圍根本無路可行，只聽說以前曾有得道的高人進去過，裡面的地勢十分兇險，圍繞著山頭聳立著二十一座山峰，正是天然的二十一尊度母聖像，而山頂便是蓮花生祖師修法的地方。通常朝山者走的是中圍，繞山一圈要翻過十八個山峰。咱日山一帶的氣候潮濕，山中大多被濃霧覆蓋，但天氣晴朗時，可以見到山頂上放出陣陣虹光。歷史上不少人不懼生命危險前來朝山，他們相信如果死在這裡，必能得到蓮花生大師的超度，洗淨多生累積的罪業。

前來朝山的各路人馬陸續來到了米及頂，其中有不少拉薩有名的貴族，有慈埋巴（醫官）、朵德代本（拉薩的農務局局長）、喀雪巴、拉薩的大貴族、濟眾彭楚加措以及西康大商人商都昌等一班人；再加上來自西康和不丹等地的遠道來人，有兩千人之多，大大超過了往年。

米及頂一帶居住的是珞巴人，當時他們處於較封閉的狀態，過著刀耕火種較原始的生活，且民風強悍，藏人當時誤認他們爲「野人」。爲了保護朝山者的安全，西藏地方政府派出一個團的藏兵，由團長（藏文叫作代本）貢香巴率領，以應付山裡當地族人們可能發動的襲擊。大家最關心的便是當地族人能不能答應放行，讓我們平安通過。

第二天，我終於在米及頂附近見到了「野人」。「野人」穿著西藏氆氌，身上大部分赤裸，頭髮蓬鬆，頭上戴著竹編帽，身上佩刀，背著一個竹簍，大約長一尺五寸。由於長年赤身露體，「野人」

的皮膚在陽光的照耀下顯得粗糙如癩。他們身上背著弓箭，箭頭帶巨毒，見血可以死人。女人的腹部繫著一個藤圈，走起路來扭扭捏捏，她們的脖子上繫著朱鏈，腰間繫著鐵圈，女人和男人在衣著上稍有不同。

這裡的「野人」分為三種，第一種稱為「熟番」，他們與藏人交往，會講藏語，與當地的藏人進行貿易；第二種和第三種叫作卡魯人和丁魯人，他們只說自己的語言，沒有文字，過著原始生活，刀耕火種，結繩為計，不與其他種族交往。「野人」居住的區域裡產猴、熊皮、螃蟹等，他們用這些土產來交換米，所以米是他們最大宗的貿易。

米及頂的氣候溫和，上午晴午後陰，氣溫在零上十度至十三度左右。這裡地勢低窪，農產品有豬、雞、洋芋、蘿蔔等等，都用銀幣交易，不收西藏紙幣。居民約有四十戶，分三部分，米及頂本部有尼姑寺七、八戶，橋的西南有三戶，東南十多戶，是「野人」居住。在咱日山中居住的大多是「生番」，要與「生番」打交道、談條件，必須經過「熟番」做中間人才行。

第二天，帶兵的龍骨濟巧來拜訪我們，說到「野人」蠻橫，不易馴服。西藏地方政府與當地族人有過協議，他們每十二年開放咱日山一次，供人朝聖。交換條件是，西藏地方政府要向他們提供各種物品，有丁香、毛布、氆氌、鐵刀、鹽巴、糌粑。由西藏地方政府供給的有八百餘當地族人，此外西藏地方政府還要給一百餘頭牛。為了保證朝山人的安全，西藏地方政府要他們發誓不傷害人命。

多少年來，朝山一向按照這一慣例。但這一次他們卻變了卦，他們的頭人說在十二年前的那一次藏人朝山時，曾有幾個族人被殺，為了報復，他們這一次不再聽從西藏人的命令，也不會發誓。同時他們還聲稱這次西藏地方政府給的東西並不是他們所要的，特別是交給他們的銅器貨不合意，

米及頂的「野人」跳舞

因此這次如有藏兵入山，必定要殺掉一半解恨。聽了這番狠話，朝山者人人自危。濟巧只能想盡辦法安撫當地族人，答應先在他們聚居的地方放幾大鍋粑汔稀飯，就是把牛肉和葡萄乾等混在一起煮成的半乾不稀的飯，招待他們，再與他們的頭人繼續談判。同時與他們聯合舉行一次降神大會，祈求護法神靈的保佑。在米及頂的幾天之中，我學會了一句當地族人的話「胡都北」，意思就是拿去。

兩天過去了，與當地族人的談判還是沒有進展。用幾鍋稀飯招待他們並沒獲得什麼效果，因爲當天頭人遲到，談判的事情當地族人沒有答應。三月四日初十降神那天，當地族人又聲稱他們以前的發誓並不是自願的。這天來了三十多個當地族人，西藏人在空場上豎大旗杆，掛紅瑪尼旗，供金剛手菩薩；而當地族人則舞刀跳躍出場，約有五、六次。雙方各自表演。在降神會上，西藏地方政府安排了一、兩個誦經的喇嘛，扮金剛手菩薩，其餘的則扮馬頭金剛，在場的金剛們都穿著金絲緞的衣服，跳躍驅鬼。當地族人則舞刀反撲，他們心裡明白藏人視他們爲鬼。

稍後當地族人抬上來一位祭司，開始降神念咒，接著在場中祭牛。只見祭司先是口中念念有詞，然後舉起手中的利刀向牛背上狠狠砍去，牛倒下後，一夥當地族人立刻舉刀蜂擁而上，將牛大卸八塊，有的割尾巴，有的砍牛腿，有的砍牛頭。他們一面屠牛，一面把手中血淋淋的牛肉送進口中，狼吞虎嚥地吞下肚去。五條活生生的牛一瞬間便在當地族人的亂刀之下消失得無影無蹤，如此野蠻的場面，實在讓人慘不忍睹。

西藏地方政府負責跳神的金剛手神也表演了一番，但熱鬧歸熱鬧，當地族人們還是不滿意，繼續揚言要殺掉一半入山的藏軍，以報十二年前之仇。大家聽了這番話，都不寒而慄。

深山遇襲

爲了得到當地族人不傷害朝山人的保證，我們在米及頂苦苦等了七天。到了第七天，眼看與他們達成協定是沒有希望了，代本貢香巴只能硬著頭皮，依仗自己手下的五百名藏兵，決定帶領眾人強行入山，有膽小怕死的人當場便退出了朝山的隊伍。貢香巴擔任總管，爲了保證安全，他將朝山的隊伍按照康巴人、不丹人和藏人分成三個部分。朝山的人中以藏人爲最多，藏人的隊伍由俗官在前引路，僧官斷後，以保障安全。康巴人也不少，於是大隊又分成十二小隊，每一隊有一百到一百二十人。大家開會決定如何前進，以及領隊的先後次序。

根據以往朝山的經驗，先出發的隊伍最有優勢，先發先至，不會遭遇食物短缺等困難，宿營時也能佔得好地方，而且跟在大隊藏兵後面，安全也最有保障。結果這一次的先發被康巴人獲得，藏人心中不滿，但貢香巴似乎偏袒康巴人，於是大家只能認可。散會後各隊整理行裝，向濟哥塘進發。濟哥塘是我們進入山區的第一站。出發時天下起了毛毛雨，大隊由熟番做嚮導，代本貢香巴帶著五百藏兵在前面開路，康巴人、藏人、不丹人，各自編隊隨後而行。藏人又按不同地區分成若干個小隊，由身上帶槍的藏官護衛。按照先後順序，我們這一隊排在第二，由我擔任隊長，人數有一百二十多人。

我們身上雖帶著槍，但子彈卻不多，爲了應付襲擊，向藏兵借到了六、七枚。三月六日，大隊從米及頂出發，首先翻越了興都拉山，一路總算平安，沒有遇到任何當地族人。但這裡的食物很貴，糌粑一升要一兩二錢藏銀。第二天我們到達拉骨龍骨山，當地族人向南走，我們則應向西北前進。按照計畫向西北走八天可以回到曲桑，翻日拉山，那裡氣候寒冷。有人說不少康巴人和不丹人已先行進入了當地族人區，後來又聽說其實很多人已經進入，不少熟番也夾雜在其中，他們正等候著西藏地方政府發給鹽巴、酥油、米、刀、丁香等物，同時爲朝山隊伍沿途修路。當晚有當地族人前來偷襲，一個不丹人被毒箭射中，當場死亡。

本來計畫的是每十個人一隊，領隊負責，但出發後大家一哄而走，誰也顧不了誰，會議討論的計畫頓時成了泡影。由於藏人不講紀律，亂衝亂撞，剛剛走了四、五里路便和康巴人發生衝突，兩隊人大打出手，一時間棍石交加，有的人被打得頭破血流。而殿後的是不丹人，更是見路就搶，橫衝直撞，他們請了熟番引路，不受大隊的約束，於是不少藏人也加入了不丹人的隊伍。再加上藏人的領隊不負責任，使得秩序一片混亂，兩天下來，連原計畫的一半路程都沒能走完。晚上一千多人擠在山下露宿，連一塊落腳之地都很難找到，眼看著朝山隊伍如此混亂，又想到前方路途的艱難和當地族人襲擊的危險，我開始有些心緒不安。

不久隊伍中便傳出各種流言，有人說康巴的商人花了三十坪銀子賄賂藏兵，所以康巴人的隊伍便排在了前面；還有人說，當地族人的發難其實是因爲帶兵的貢香巴在暗中剋扣了西藏地方政府發給他們的物資，更有甚者，他還剋扣了應該發給朝山人的糌粑。流言傳開後，在隊伍裡立刻引起一番轟動，有人憤怒地揚言要殺了這個貪官解恨，幾乎釀成暴亂。一時之間內憂外患，更令人覺得前方的朝山之路危機重重。

爲了避免與其他人搶路，我帶領著這一組人清晨五點便開始趕路，這時山中濃霧彌漫，四下朦朧一片，只好用手電筒摸索著向前。前方的大山無路可行，只能手攀樹枝藤根，身子貼著陡峭的山壁，一點一點向上爬行。如果一不小心腳下踩空，便會掉進萬丈懸崖，這叫作爬「溜被」。好不容易爬到了半山腰，忽然一塊大石頭從山頂滾了下來，幾乎砸在我的身上。我抬頭一看，心裡頓時涼了一半，原來幾個當地族人正站在懸崖邊上舉著大石頭向我們砸下來。此情此景，眞是令人叫苦不迭，這時我才體會到什麼叫作生死關頭。人吊在半空中，繼續向上難逃他們的襲擊，向下則更是死路一條。我向下邊望了一眼，只見山澗裡屍骨遍佈，被當地族人的石頭擊中而跌入山澗喪生的人不計其數。眼看沒有退路，我只能咬緊牙，一隻手緊緊抓住峭壁上的藤根，另一隻手掏出手槍，向天上連開了幾槍，當地族人聽到槍聲後立刻四下逃竄。我們經過一個多小時驚心動魄的爬行，總算到達山上的正路。

山路艱險，隨時都可能送命，因此不丹人改由水路前進。河上的橋本是臨時搭起的簡易浮橋，大家一擁而上，你搶我奪，不一會兒就把橋壓塌了，橋上二十幾個人一齊落水，水流湍急，眼看著他們被急速的水流捲走，岸上的人只能眼巴巴地望著，無法援救。不得已，只能用兩根竹子架在河上當作臨時浮橋，如同獨木橋一般，一次只能過一個人，而且人走在上面搖搖晃晃，一不小心身體失去平衡，就會跌入水中喪生。

咱日山中臨時搭起的浮橋

大隊人馬花了大半天的時間才過了河，按照這樣的速度，前面的路程還不知要走多久。於是我和堪青商量，只要有陸路可走，絕不走水路。翻過山，擁擠的情況有所改變，前後稍有次序。這時後面又發現有當地族人跟蹤，爲了免遭暗算，我向天開了一槍，當地族人聞聲而逃。走在最前面的幾百個藏兵此時毫無用武之地，面對當地族人不時而來的偷襲，顧前便顧不了後，只能眼巴巴地任憑他們神出鬼沒地殺人，所謂保護我們成了徹底的空話。

山中到處是茂密的林木，粗大的樹木要幾個人才能合圍，森林中的草叢深過膝蓋，螞蟥如同人的巴掌般大，林子裡氣候非常潮濕，令人喘不過氣來。夜晚露宿在大森林中，那種滋味苦不堪言，又唯恐遭毒箭暗算，往往徹夜難眠。三月九日晚開始下雨，大雨下個不停，我們依舊天不亮便搶路先行，手持手電筒，一腳高一腳低地在泥濘中艱難地行走。天亮到達了山頂，迎面見到三十多個康巴人在那裡安營紮帳，正在燒火禦寒，阻擋了道路。我和堪青走上前去和他們商量，請他們讓路，但康巴人態度蠻橫，粗魯無禮。堪青身爲僧官，平時作威作福慣了，從未受過如此怠慢，一怒之下便舉起手杖打了對方一杖。這一下可捅了馬蜂窩，雙方人馬立刻大打出手。我趕忙上前勸阻，竟然挨了一棍，眼看情況已失去控制，只能趕緊逃離戰場。只見棍石交加，雙方打得你死我活，有人頭破血流，堪青的耳朵也受了重傷。事後藏兵和貴族趕到，濟巧詢問打架的原因，雙方互相指責，誰也不肯認錯，只能不了了之。從此朝山的隊伍更成了一盤散沙，各隊自行其是，誰也指揮不了誰。幾天下來，又有幾十人喪生，有些是在過橋時落水，也有的死在毒箭和刀下，然而最悲慘的景象卻是我們在森林中見到的幾個被當地族人砍斷雙手和雙腿的康巴人，他們躺在血泊之中，還沒有斷氣，雙眼不停地望著過路的人，似乎在苦苦哀求我們挽救他們的性命。

聽說當地族人信奉一種巫教，巫師告訴他們如果能砍下一百零八個活人的手和腳，此生就能升天，於是當地族人便將砍下的活人手腳帶回家中，用繩子穿起來掛在牆上，湊足一百零八個才甘休。看到如此慘不忍睹的景象，我們心中既悲哀又無奈，不僅我們沒有攜帶療傷的藥品，即便有藥品也救不了他們的性命，大家只能眼睜睜地看著他們死去，繞過他們的屍體繼續前進。藏兵在森林四處搜索當地族人，但一無所獲。夜晚宿營時，每個人的心中都無比沉重，山中四處彌漫著死亡的陰影，誰也不知道死神何時會降臨在自己頭上。

蓮花生大師顯聖

十幾天下來，路程才剛剛走了一半，死亡的人數已將近一百人。由於不習慣森林中異常潮濕的氣候，我的身子開始發腫，兩條腿酸疼難忍，漸漸不聽使喚，走路時步步艱難。到了第十九天，我們聽說附近不遠的地方有一座石頭堆成的曼達，於是我和堪青加上我的徒弟一共十一人決定離開大隊，前去朝拜。曼達位於密林深處，是由不丹的公主發心興建的，以供養蓮花生大師。曼達有兩個人高，底部要三個人才能合圍。這座曼達的每一塊石頭都是從外面運進山來，建造時不知耗費了多少人力和財力。我們在曼達前虔誠地禮拜，祈求蓮花生大師和佛菩薩的加持，讓我們能在朝山的路上平安無事。朝拜過後，我們在林子中尋找水源，準備用山裡的泉水燒茶開飯，然後繼續趕路。這時奇怪的事情卻發生了，耳邊明明聽到前方有泉水的聲音，但當我們隨著聲音走上前去時，卻發現那裡一滴水也沒有，連續幾次，結果都是一樣。更糟糕的是此時山中大霧彌漫，我們東闖西闖，已經迷失了方向，再也找不到原來進山的路。

這時我們才感到大禍臨頭，在原始森林中迷路，只有死路一條。連續兩天，我們被困在森林深處，雙腿幾乎走斷，也無法找到出去的路，沒有水，糌粑就吃不下去。到了第二天晚上，每個人都筋疲力盡，心裡漸漸開始絕望。我和堪青把大家召集起來，我對大家說，與其坐以待斃，不如大家圍成一個圓圈而坐，一齊誠心念誦蓮花生大師心咒，祈求大師加持，助我們度過難關。即便我們眞的死在這裡，蓮花生大師也一定會以無比的慈悲將我們超度到西方極樂淨土。

聽了我的話，大家坐了下來，開始念咒。此時此刻，每個人的心中都無比虔誠和清淨，心中唯一的念頭便是祈求佛菩薩保佑自己的性命，往日的妄念和貪念早已丟到了九霄雲外。連續一天一夜，我們不停地念咒。到了第三天早上，奇蹟出現了，森林中的濃霧漸漸散去，只見從咱日山的山頂射來一道虹光，照在我們右手邊不遠的地方。大家頓時精神一振，立刻爬起身，向虹光照射的方向趕去，虹光不斷地向前移動，一直將我們引到水源之處。我們用清涼的泉水燒了茶，狼吞虎嚥地吃下糌粑，這是三天來的第一頓飯。山頂射來的那道虹光若隱若現，繼續爲我們引路，直到我們找到了迷失的方向後才慢慢消失。我們經歷了九死一生，每個人對於生命的涵義似乎生起了一分更深刻的體悟，面對著聳立在遠方雲端深處的咱日山頂，我們全體虔誠地頂禮膜拜，感激蓮花生祖師與十方三世一切諸佛菩薩的無比恩德。

由於連續不斷的下雨，使得山中遍地泥濘，加上當地族人肆無忌憚的襲擊，使朝山的人個個成了驚弓之鳥。隊伍走走停停，行進的速度十分緩慢，大大超過了人們的預期。不少人攜帶的乾糧已經吃完，我們身上帶的糌粑雖然還能維持數日，但也因爲潮濕而變壞發黴，吃進肚子裡立刻便嘔吐出來。我的身子腫得越來越厲害，一隻腳被竹子刺傷，多日來的摸爬滾打弄得全身傷痕累累，手足因爲不停地攀山而被藤枝劃出一道道血痕。夜晚露宿竹林中，找不到乾柴，無法生火取暖，地上到處是大螞蟥，跳來跳去，被牠咬上一口，疼得鑽心。

爲了防備「野人」突襲，睡覺時只能抱著槍坐著睡，聽到一點風吹草動，立刻向天開槍。接下來的幾天，每日都有人喪生在當地族人的毒箭或利刀之下，有的被砍下頭，有的被斬斷雙臂。當地族人殺人後往往朝天大聲尖叫，恐怖的叫聲回蕩在山谷，令人毛骨悚然。

到了三月二十七日，經過二十多天艱難的苦行，我們終於翻上了第十八峰，咱日山中圍的最後一座山峰。下山的途中，我們遇上了一位年過八十的老翁，他曾兩次入咱日山朝聖，據他說，以往的朝山從來沒有像這次這般險惡，有這麼多人送命。我初步清點了一下，此次朝山共有一百多人喪生，其中有僧有俗，有平民也有貴族。令人慶幸的是我和堪青這一組人全都平安。

從米及頂開始，我們在山中總共度過了整整二十四個晝夜，翻越了十八座山峰，其中有三次是爬「溜被」，過了十四道浮橋，經過了三天的斷水斷糧，歷經生死，完成了這一次驚心動魄、永世難忘的朝山之旅。

堯西朗頓的趣聞

三月三十日，我們一行拖著疲憊不堪的身體回到了前輔政大臣堯西朗頓的家園。經過了三十多天苦苦的支撐，此時我的身體傷病交加，虛弱到了極點。這一路若不是朗頓派出的傭人和他給予的種種支持，我們恐怕早已命喪黃泉。朗頓又一次熱情地招待我們，挽留我們在他的家中休息調養。交談之中，朗頓對我講了不少他過去的經歷，還拿出了一張他和國民政府特派代表、蒙藏委員會主任黃慕松在拉薩致祭十三世達賴喇嘛儀式上的合影。照片中的黃慕松身穿黑馬褂和藍袍，顯得神采奕奕。一起合影的還有英國的駐藏代表，照片非常清晰。那時的堯西朗頓在拉薩是一位集權勢於一身的大人物，如今時過境遷，他已經賦閒在家，過著隱居的生活。

他還告訴了我一件有趣的事情：原來他是西藏有名的丹達格西的弟子。丹達格西主張修行人應以「行」爲重，爲此他寫了一封信給哲蚌寺羅薩林札倉的東本格西，詢問他的看法。東本格西並不贊同這一說法，他認爲「行」應是對初入佛門的弟子而言，並不適於我們這些具有深厚基礎的格西。丹達格西不服，於是要求和東本格西舉行公開辯論。這個消息在全西藏造成了轟動，因爲兩位都是西藏大名鼎鼎的格西，各自擁有眾多的弟子。但是沒有多久，東本格西應法尊法師的邀請前往四川漢藏教理院任教，這一場眾人翹首以待的辯論最終沒有能舉行。如果兩位大格西眞的舉行了辯論，結果不論是誰勝誰輸，場面都必定空前而且難以預料。

我休息調養了十幾天，身體漸漸恢復。臨行前，朗頓要專門寫信給他的師父丹達格西，請他爲我們打卦，決定走哪一條路回拉薩最安全。原來回拉薩有兩條路，一條路途冰雪覆蓋，十分險陡；

哲蚌寺大名鼎鼎的東本格西，他被法尊法師請到重慶漢藏教理院教學傳法，不久在內地圓寂

另一條路途雖然平坦，卻有土匪出沒。我謝絕了他的好意，還是自己擇路而行。我相信一個眞心修行的人，不論走什麼道路，都會得到諸佛菩薩的保佑。朗頓又發信給沿途的宗本，要求免費爲我們提供糧草，與他的這一段善緣令我深深感動。有了他所提供的種種幫助，我們回程的路途十分暢順。

五月四日我回到了拉薩。這次朝山前後共一百零五天，在拉薩的許多朋友都在掛念著我，一直沒有聽到我的消息，他們都以爲我已經在咱日山喪生，正準備爲我開追悼會。看到我安全歸來，大家自然十分歡喜，少不了一番眞心的祝賀和問長問短，因爲我畢竟是有史以來第一個進入咱日山朝佛的漢人。

【第九章】

後藏考察

從拉薩到聶塘

到了一九四四年的夏天，我在哲蚌寺學經已基本結束，報考拉然巴格西的申請也已提交給寺廟，我開始準備利用假期赴後藏地區考察。

我應貴族詹東公子的邀請，先搬到他家的神廈去住，同他一同消夏。詹東家族本是後藏的貴族，詹東的父親原是後藏的官吏，九世班禪被迫出走以後，他就投靠了前藏的達賴政權，前藏政府因此也抬舉他，委任他做昌都的總管。一任昌都總管當下來，賺了幾十萬大洋，於是他在拉薩修了一座很大的公館。詹東老爺要自己的兒子學習中文和英文，因爲他精通雙語，當中央特使吳忠信赴拉薩主持十四世達賴坐床大典時，西藏地方政府選派了兩位貴族公子任禮賓官陪同，其中一位就是詹東公子，另一位爲夏札公子。我認識詹東公子時，他的父親已經去世，弟弟夾扎活佛正在哲蚌寺學經。詹東公子此時是四品官，有個漢語名字，叫詹逢春。不僅如此，他還跟阿旺堪布的一位漢人徒弟學會了唱京戲。

阿旺堪布的這位徒弟，說來話長。他的母親是四川唯一的一位女縣長，丈夫去世，只有一個兒子。這位女縣長信佛，皈依阿旺堪布，並請阿旺堪布將自己的兒子收爲徒弟，帶到西藏學佛。阿旺堪布答應了她的要求，把這位公子送進色拉寺學經。不料此公子從小嬌生慣養，過慣舒服日子，無法忍受廟子裡的艱苦生活和種種清規戒律，不到兩年左右就離開了色拉寺。他能唱一口京戲，和詹東十分要好，就這樣，詹東便從他那裡學會了京戲。這位縣太爺的公子後來在國民政府蒙藏委員會謀到了一份差事，做了委員，吃喝玩樂的本性依舊不改，在南京時常去夫子廟爲戲子捧場。

詹東公子（前排左二）和家人在家中的花園消夏

在詹東家裡，我結識了不少西藏的貴族，交了許多朋友。聽說我想去後藏考察，安東公子的五叔幫了大忙，正巧他的太太剛從後藏回到拉薩，於是便讓我騎了她的牲口赴後藏，解決了腳力，而且價錢極為優惠。這位五叔曾在印度學習無線電，回西藏後在西藏電報局工作。靠著他的幫忙，我得以前往後藏朝拜考察。

本來我是打算自己買騾馬旅行，幸好未能實現；如果實現了，還得在路上當一任運泥工。原來從蔣堂公到哲蚌寺的一段路正在維修，凡是從這裡經過的騾馬都要運七馱泥。我在電報局的朋友派了兩位僕人，應了我的名字把差頂了，否則我也難逃運泥的差事。同路上行走的一位紅教活佛，也被拉去當差。為了修路，把喇嘛不當差的規矩也破了。

拉薩向西行的第一站是聶塘。這裡是一個小農業區，地勢平坦，土地肥沃，不少拉薩的貴族都把自己的莊園設在這裡。哲蚌寺六大札倉之一的羅薩林札倉的田莊，就在此處。這兒有專門招待客人的鄉村根社，附帶提供牲口的草料。然而這裡最有名的還是名聞全藏的度母廟，藏文叫作卓瑪拉康。據說它是由噶當派祖師阿底峽尊者修建的，裡面供奉著一尊體積不大的綠度母佛像。傳說當年阿底峽尊者在這裡修綠度母法時，度母像曾對他開口說話。行人每到此處，都會非常虔誠地向這尊度母像頂禮膜拜。我也在度母像前五體投地地頂禮，並供養了幾盞酥油燈。

藏曆三十日晨，我由聶塘啓程，這時晨光初露，寒氣逼人，路上結了一層薄冰，馬蹄踩上去發出突、突的聲音。從聶塘到曲水，沿途經過了許多田莊，這些田莊都是西藏貴族的領地。我們沿著拉薩河行走，向對岸望去，只見一片清綠。這裡環境優美，農產豐富，是西藏的寶庫。聶塘和曲水兩個宗靠近拉薩，在地理位置和資源上都享有重要的優勢。有名的蔣揚袞曲就在兩個宗之間，它雖然只是一所破廟，但卻不同凡響，因爲它正是三大寺的喇嘛每年冬季聚集在一起辯論因明學的地方。

到了曲水，老遠就見到兩座碉堡聳立在險要的山峰上。這裡地勢廣闊，拉薩河與雅魯藏布江在這裡匯流，水陸並進，四通八達，坐皮筏子可以一直流到山南的枝塘；再遠一點，可以流到印度洋去。枝塘這個地方很有名，前清時駐藏大臣每年都要乘八抬大轎到那裡去視察一次。據說有一次駐藏大臣在赴枝塘的途中翻山，大概這位大臣從來沒有翻過這樣的山，便當著陪同藏官的面張嘴就開了粗口：「他媽的，這麼大的山！」結果傳了出去被藏人笑話。

過了河繼續西行，沿路看到不少商人，其中還有拉薩漢商裕盛家的夥計，運貨去拉薩。一位蘋果販子運著十幾馱蘋果，從山南拉去拉薩販賣，於是河的兩岸都散發著一陣陣蘋果清香。蘋果在拉薩是給貴族和富人享用的，出產在竹摩一帶，價錢本來不貴，但是運到拉薩以後，一個蘋果就要賣上半個盧比，銷量還很可觀。另外山南出產的梨、桃子、杏子、黃瓜等時鮮水果和蔬菜，一運到拉薩，價格也成倍地向上翻。一條小小的黃瓜，可以賣到兩個半盧比。

曲水到龍蚌宗

從曲水到巴支有兩座喇嘛寺，一座在河的南岸，名叫桑巴林，建築相當別緻，風景也很有特色，據說這就是康薩仁波切的私廟。康薩仁波切在西藏是享有盛名的大德，已在兩、三年前圓寂，還沒有小活佛轉世。漢地的能海法師入西藏就是皈依於康薩活佛，前後跟隨活佛五年，歷盡各種艱難，潛心學習顯密法要，後來得到康薩仁波切的衣缽傳授，回到漢地，譯經弘法，成為一位顯密俱通的名僧。另一座寺廟在河的北岸，叫作群柯林，看上去比前一座寺廟華麗很多，但似乎沒有出過有名的大德。

從這裡向崗巴拉山頂望去，只見前方山巒重重，山路輾轉曲折。我們天不亮就開始趕路，天空中還有幾顆星星在閃爍，只看到前面隱約的山峰，看不到路。我手裡拿著手電筒，小心地向前方照路，生怕走岔了跌下山澗去。這時寒風刺骨，騎在馬上凍得四肢發抖，不時下馬跑一段路，只覺得上氣不接下氣，頭暈眼花，直到上午十點鐘才到山頂。

我估計崗巴拉山的高度大概在六千公尺以上，而且這座山的坡度很陡。山裡沒有生物，一片荒禿不毛之地，山頂上更是滿地的黑色碎石。不過向前望去，卻是一片奇景，南方的羊卓雍湖盡收眼底，這個湖的海拔很高，從東到西大約有七、八十里，西北邊連接著一片大雪山，只見湖面水平如鏡，還有一些水鴨子在水上自在地嬉水。湖的四周有稀稀落落的幾個小村莊，村莊上空散發著縷縷炊煙。想來這些村莊之間的交通在夏天用牛皮船在湖上划來划去，到了冬天則用冰筏在冰上滑行，實在有點世外桃源的味道。

下山以後走到一個叫作堯色的地方歇腳，在羊卓雍的西面。西藏地方政府將羊卓雍攔截了一個角，填湖修了一條路，從這裡橫穿過去就是通往江孜及印度的大道，電線杆子就是這兒分界的標誌。從這兒繼續向西，則是往後藏去的另一條小道，說它是大道也可以，因為來往於前後藏的商人都打這條道上經過。

再向西走就都是山澗，沒有來過的人是絕不會知道山裡有路可行的，因爲這裡根本看不到路。山澗裡的小道崎嶇曲折，環境險惡，很有些像四川三峽，西藏人叫作「龍」，意思是鳥道羊腸、極不平坦的所在。在這種險惡的地勢，也有不少村落，出產很少量的青稞，大部分的村民以牧牛和牧羊維生。每一個村落都有一座碉堡，碉堡是很久以前建的，大約是古代時用來防禦外敵，如今都已經殘破不堪了。我們在龍地一個叫曲燈的地方歇息了一晚，第二天向龍地的政教中心龍蚌宗進發。

龍蚌宗是龍地唯一的農產區，這裡的農民引來南山的水，灌溉著幾十頃的青稞地，這在龍地是很少見的了。農業一發達，宗教也就發展了起來，向北面的山上望去，可以見到許多修心養性的行者在那裡搭建的小茅棚，這些行者常年在山上的茅棚裡打坐修行，生活全靠山下的老百姓供養，就這樣幾十年，甚至一輩子。

西邊的山麓下有一座很了不起的喇嘛寺，名叫「龍江青滾巴」，這個名字的由來是因爲這裡供奉著一位偉大的未來佛——彌勒菩薩。寺廟的大門兩邊掛著兩根「煞威棍」，威風凜凜，好像前清時代的衙門一般。事實上，由於西藏是一個佛教地區，佛教高於一切，寺廟就等於衙門一樣，代老百姓解決官司及其他一切糾紛。我小心翼翼地走進廟子內，裡面的喇嘛誦經完畢正在下殿。我遇到的一位執事告訴我佛像在三樓，於是我恭恭敬敬地上樓去拜佛。佛像確實十分莊嚴，身高五尺，威震八方。我虔誠地頂了禮，祈求佛澤加被。

從廟子向遠處望去，只見一座荒禿不毛的山峰，在我看來並沒有什麼特別之處，但這裡的人都說這是龍地區的名勝，叫作「擺拉喀播」，意思很吉祥，翻成漢語爲「白蓮花峰」，因爲這座山峰一年四季冰雪覆蓋，終年雪白。比起其他的宗，龍蚌宗的建築要雄偉許多，看上去猶如西康土司的官寨一般，堅固而雄壯，由此可以想見西藏的宗本是一地之主，一方之霸。有的宗本剝削人民的手段比較高明一些，不太過分地爲非作歹，人民也無法起來反抗。不少宗本常常不住在本地，而把管理地方的責任交給手下的管家，由他們去支配一切。

從龍蚌宗向西行不到十里，有一座白教的喇嘛寺，建造在山頂上，居高臨下，坐西向東，俯視著山下的田地。這裡天氣寒冷，地上的水和土被冷風吹得結成了冰，氣溫似乎比拉薩低很多。而且這裡的路十分難行，滿地都是鵝卵石，有時鵝卵石嵌入馬蹄子裡，弄得馬也無法行走。騾夫要不斷地把馬蹄抽起來，用力把嵌在裡面的石塊弄碎，馬匹才能繼續向前走。

在舉步難行的羊腸小徑上走了大半天，來到了娜拉河。河的北岸有一座規模很小的喇嘛寺，寺廟的旁邊有不少犛牛，當地人用牛皮船將這些犛牛運送於兩岸之間。這條河大概有六、七丈寬，屬於雅魯藏布江的支流，我們這一路上看著它斷斷續續流到這裡，然後河面開始變闊，因爲到了這裡，兩岸的高山才漸漸平坦下來，地勢也逐漸開闊。開闊的地形讓人精神也開始振奮，不像在深山野谷裡長時間的行路，悶得人心裡發慌。

我們在娜拉河邊的一個小村落歇腳，騾夫們飲酒吃糌粑。這一天的路程實在太長了，走到這裡才只有一半的路，到前方的聶木火達還有四個扎康的路。扎康在西藏文裡意思是郵站，「扎」是郵，「康」是站，西藏人用扎康來計算路程，一個扎康大約爲十里。這樣一算，前面還有四十里的路，按照我們的速度還要走四個小時。這一帶氣候乾燥，風沙滾滾，雖然我臉上帶著風鏡，但似乎沒有多大作用。

聶木火達的生活水準，顯然要比我經過的其他幾個要低很多，物價也相對便宜。這裡一個雞蛋才賣一個藏噶，在拉薩的售價是藏銀二兩七分五厘，到了曲水就是三兩銀子。而且那裡雞蛋並不多見，因爲在高原上母雞的產蛋能力比較薄弱，一年只能生產一百八十到兩百個蛋；可是在後藏，雞蛋到處都有，成爲鄉村主要的食品之一，不像在西康和門達旺一帶，有錢買不到貨，這裡是有貨而無市場。

我們當晚在這裡過夜，第二天一大早在漆黑的夜色中上路。此時星光四射，兩眼望去，只能辨別東西方向和遠方山巒的起伏，腳下路的高低一概不辨，簡直是盲人騎瞎馬。看見路兩旁的大壩，好像是一片荒原，又像是已經割過的麥田，因爲此時正是後藏的秋收季節，到處都在打麥。然而從龍地走到這裡還沒有見到過大農場，聽人說，最大的農場還在前面呢。

巴朗宗的貴族之家

再向前行到了巴朗宗，從這裡可以直通江孜，與江孜之間有郵政，地方不能說偏僻，但在地圖上卻找不到。這裡的宗本名叫賴奪巴，但他本人住在拉薩，留下一位管家在這兒管事。這個宗裡住了不少在拉薩有權有勢的人物，有名的貴族、機布，如詹東和擦絨等人在這裡都擁有田莊，這樣一

貴族夾扎全家

貴族夾扎在巴郎宗的莊園

來，宗本的差事就很不好幹了，一來得罪不起這班權貴，二來又不敢胡作非爲，於是只能按規矩老老實實地徵收糧稅，做他應該做的事情。

巴朗宗可以說是個大農場，一片平原，大概不止兩百平方公里的面積。附近有一座喇嘛寺，名叫「噶崗寺」，寺裡有三百多個喇嘛，屬於哲蚌寺的羅薩林札倉管轄，寺廟建得十分堂皇。從喇嘛寺向南，就到了貴族擺那的莊園，我起先以爲這個貴族不過是個普通的家庭而已，誰知到了那裡才知道這裡住的是拉薩的一位古扎，是有名的貴族，他在拉薩的神廈就建在糌粑康村的旁邊。這家的老太爺已經告老還鄉，如今和全家人住在這裡。兒子現任帕里宗的宗本，娶了輔政大臣堯西朗頓的大女兒爲妻，妻子容貌秀麗，又與詹東家有親戚關係。全家人見我是遠方來客，很眞誠地歡迎我住在他們家中，招待周到。他們的住宅和環境都很漂亮，可以說是離開拉薩以來最舒服的寄宿之處。

這個家庭充滿著一種天倫之樂，二老爺和他的親姐妹以及原配夫人都住在一起，還有五個兒女，一大家人和樂融融。大兒子管理田莊上的一切，二兒子當宗本，小兒子還很

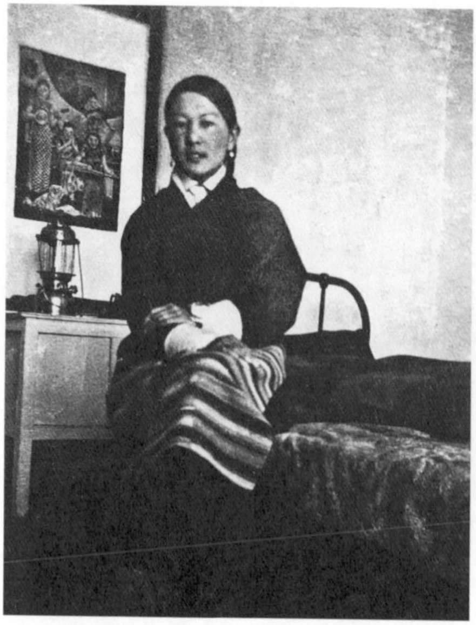

左：帕里宗宗本的妻子，她是前輔政大臣堯西朗頓的大女兒
右：夾扎的二少爺帕里宗宗本及妻子

年輕，準備將來當僧官。兩個女兒都是住在家中的尼姑，年輕而活潑。

當晚我和現任宗本的二少爺長談了一夜，瞭解不少當地的情形。原來現在的宗本除了他以外還有一位僧官，兩人共同管理宗上的所有政務。帕里宗的範圍並不大，老百姓不過一千五百來人，不丹籍的人佔了多數，其他還有外來的客籍人。凡是來往於不丹和印度的過客商人都要抽藏噶一枚，作爲人頭稅，這樣每年的收入有六十坪銀子，此外宗本還享有若干畝的草地。帕里宗是個經商的要道，由於這裡氣候寒冷，草料的價格十分昂貴，賣草料的收入就成了兩位宗本的俸祿，作爲他們的生活來源。

帕里作爲來往經商的重要通道，每年有不少茶和羊毛等商品在這裡出境，有專門的官員負責各種商品的抽稅和管理貨物出境的事情。同時，每年也有大量的木板和紙來自不丹，經由這裡入境，又有專門的人負責入境的手續和稅項。這些事情宗本是不過問的，宗本最主要的事務就是處理老百姓之間

上左：夾扎活佛在家中，身穿戲服扮戲子娛樂

上右：與貴族夾扎的二兒子帕里宗宗本（中坐者）及夫人（後排中）和弟弟（左立者）合影

下右：三位貴族小姐都當了尼姑

的各種官司。帕里的人種複雜，聚集了祖巴人、康巴人、漢人和尼泊爾人等等民族，彼此常常發生矛盾而打官司，每個月的官司不少，同時因爲商業而引起的訴訟也經常不斷。宗本主要的精力就花在處理官司上面，當然也從中撈取了不少好處。

二少爺還告訴了我不少自己的家事。原來他們這個家族的身世顯赫，非同一般，第二代的赤覺林活佛，即西藏的四大林之一，就轉世在他家。此外，黃教中被人尊爲日月一輪的兩位大德——頗邦卡仁波切和康薩仁波切，都曾光臨過這裡。宗本告訴我，他們的莊子每年大約有七千克的收入。此外家族還有不少其他的生意，在拉薩有一所住宅。目前莊子上的住宅是新修的，一律仿照西式，房間的光線和空氣都很充足。正南面是一間大餐室，兩端是他父親和自己的住所，西面是兩位小姐住的，北面是客房，裡面有鋼椅和鋼床，我就住在這裡。這所房子在後藏可以算得上是數一數二的豪宅了。

我們是新交的朋友，相處得很融洽。他們的生活很摩登，家裡有留聲機，收集了不少漢地流行的中文歌曲唱片，宗本的太太還唱歌給我聽。離別時一家人依依不捨，堅持要我多住幾天，直到我答應他們回拉薩經過這裡再來時，才肯放我走。

離開這家貴族的時候是藏曆八月初七的下午，這家的傭人說我們當天是到不了札什倫布了，我半信半疑，以爲這些傭人在故弄玄虛哄我。結果果然走到下午四點左右才到了詹東家的莊子，這裡距離札什倫布還有六里的路程。我拿了詹東的親筆信上門拜訪，遇到詹東的三叔父，他本是前藏的濟眾（僧官），現於後藏任眾依欽波，權勢很大，他見到信知道我是詹東少爺的好友，立即安排我住下。

詹東家的房子算不上十分華麗，感覺有些年久失修，這樣的房子在後藏只能說是第三等。房子

在哲蚌寺與詹東公子的弟弟夾扎活佛（中）合影，左為活佛的侍者

離札什倫布寺很近，就在寺的東方，而詹東二字的意思就是看到札什倫布寺。從他家的窗口向前望去，札什倫布寺金碧輝煌的屋頂和層層疊疊的僧院一覽無遺，確實壯觀得很。

前藏統治的日喀則

第二天我同詹東濟眾一起來到札什倫布寺朝拜。札什倫布寺由宗喀巴大師八大弟子中最年輕的弟子根敦珠巴興建，建於一四四七年。根敦珠巴曾經擔任甘丹寺的寺主，後成為第一世達賴。他圓寂後，為了紀念他，哲蚌寺專門保留了一座空殿，名叫「甘丹頗章」。札什倫布寺是黃教有名的大寺，與拉薩的三大寺齊名，寺廟的內部組織也相仿，有札倉，札倉下設有康村。札倉共有四個：拖桑林、夏栽、機康、俄巴。其中拖桑林札倉內又分出二十五個康村，康村的內部很大，也很富有，在札什倫布寺排第一位，喇嘛來自安多、蒙古和西康等地；夏栽札倉有十五個康村；機康和俄巴則不分康村。

全寺的喇嘛約有三千至三千五百人，每個僧侶每年所有的佈施算下來可得青稞二十斗，藏銀三到四坪，唄東康村和甲康村的扎巴還可以多得二分之一。這種優厚的待遇完全來自班禪喇嘛的恩惠。班禪將自己多拿的莊田收入都賜給了全寺貧窮的僧侶，所以他的私產同達賴相比並不算富有，然而後藏人對班禪的擁護與信任，和僧侶們對他的信仰與崇拜，比達賴還要超過幾分，其原因就是人們相信班禪有著佛一般的大慈大悲。

歷代的班禪都住在這裡，又稱為「班禪拉章」。如同前藏達賴的規模，這裡是後藏的政治和宗教中心。多少年來，班禪喇嘛作爲宗教領袖在這裡主持著後藏的政教大權，這裡面有很多舊式的辦公機構，還有很多與前藏相仿的政府官吏，四品、五品的官吏不在少數。從前他們有權有勢，主持後藏的一切政務，「後藏」這個字就成了一個特區的代名詞，也意味著這是班禪喇嘛的私有財產和勢力範圍。但自從九世班禪被達賴逼迫出走到內地，這個特區即開始瓦解，前藏達賴喇嘛的勢力開始侵入後藏，湧進了一批前藏的僧俗官吏，把持了後藏的政教機構，後藏人不得不聽命於這些前藏來的官老爺。前藏政府在這兒安插了許多特派員，另外還派了一營最精銳的古松軍駐紮在這裡，防止後藏人起來造反。如今後藏原屬於班禪的政權已經落在前藏政府的手中，大勢所趨，不少後藏原來效忠班禪的貴族紛紛改換門庭，投靠了前藏。

後藏不但是農業區，而且是兵源區。西藏邊境一旦有戰事，後藏人就要充當候補兵。一個較大的莊園要出十三至十五個兵，小一些的莊戶也要出二、三個兵。而且當兵的制服、伙食、兵餉等等，一律由莊園主負擔。如果自己的莊上出不了人，就要僱人去服兵役，如此一來，後藏要佔到全西藏十分之三的兵源。假定西藏有三萬軍隊，後藏人就佔了九千。此時儘管青康邊境的形勢緊張，但後藏仍然駐紮著一千人的軍隊，爲什麼呢？就是要強壓著後藏人民，不讓他們有機會造反。但是後藏軍隊聲名狼藉，士兵紀律渙散，四處酗酒，打架行兇，老百姓畏之如虎，連政府官吏也對他們敬而遠之，懼怕幾分，由此可見後藏軍隊的淫威。

與札什倫布寺爭相輝映的就是日喀則宗，督辦就住在這裡。現在的督辦是拉薩的貴族朗薩林，四品官級，督辦後藏的所有官員。除了日喀則，他還管轄著十幾個小宗。這個地位在後藏可謂首屈一指，而且在西藏的七大區內也是地位很高的專員。

我與日喀則的漢人商號「天聚成」經理白萬金（右）和夥計曹某（左）合影

督辦的住宅很像布達拉宮，據說第五世達賴喇嘛曾經到過這裡，至今城堡裡還保留著一所神聖不可侵犯的住所。城堡下就是日喀則市，市民最多不超過一千戶，除了後藏的官民外，還有尼泊爾、不丹、漢族和回族人。除了漢人外，這些種族的人多數是商人，經營布匹洋貨等買賣。

日喀則市並不大，每日早上有一次早市，大家都把自己的貨物拿去陳列在地上販賣，鋪子以西康茶商開的最多，但多數都很簡陋。前兩年拉薩的漢族商號文發隆在這裡建造了一所很大的鋪面，取名「天聚成」，成了日喀則唯一最漂亮的建築和漢人在當地最體面的形象。因為我和文發隆老闆的交情，所以我在日喀則停留期間就住在天聚成的店鋪裡，由文發隆在後藏的經理白萬金先生負責招待。

這裡的漢人大約有二、三十戶，他們既沒有產業，也沒有像樣的職業，更沒有機會接受教育，貧困潦倒，常受人欺負，境遇十分可憐。這些漢民大多是前清戍卒的後代，都是四川人。前年有位中央派來的官員曾大喊要救濟西藏的四川同胞，結果最後無聲無息地沒了下文，充分體現了中央駐藏官員的作風。後來蒙藏委員會派了一位名叫劉桂楠的視察員到後藏視察，初來乍到時聲勢浩大，

札什倫布寺一角

札什倫布寺塔

此為九世班禪所建造的塔

口口聲聲說是中央派他來改進漢藏關係的，把整個後藏都震動了。班禪拉章特別指定兩名官員招待他，把他招待得得意忘形，於是更加高高在上，官架子十足，無事不輕易出大門，變成了大老爺，哪裡還有機會去實地視察，去和當地的人民接觸？聽說有一次他提出要去薩迦視察，接待他的藏官說委員的貴體太高貴了，我們不敢怠慢；但是沒有去後藏的文件，如果發生了問題，我們可是無法負責的。聽人這樣一說，他就打了退堂鼓。

薩迦其實距離札什倫布只有三站，往返十分容易。表面恭敬順從，暗中百般阻撓，是西藏地方政府對付中央駐藏官員一貫的手段。一個連門都出不去的官僚，哪裡還談得上改進漢藏關係呢？

「山中無老虎，猴子稱大王」，就是這些中央政府駐邊疆公務員的一個極好寫照。一個地位很低的公務員就有這樣大的派頭，不得不讓邊疆的少數民族害怕，讓人覺得中央官員都是一批腐敗的官僚。藏人不滿意中央政府的管轄，中央官員的腐敗無能就是其中的原因之一。

日喀則在西藏是第二大地區，與拉薩同等重要，而且這裡距離江孜只有兩站，離印度十三站，實在是政治軍事的要地。但中央政府在這裡卻沒有眞正的機構，只有一位蒙藏委員會派的劉君及一位軍事委員會的官員，做不成什麼事情。聽說前年國民黨組織部要派一位名叫王信隆的人士來後藏調查，這位王某人到現在連影子都還沒見到，據說已經把上方撥給他的調查費當結婚費用了。

我在日喀則一共停留了十七天，其間拜訪了劉桂楠專員，正趕上劉專員的隨從與藏軍士兵發生了衝突，一時鬧得不可開交，很花了一番功夫才平息下去。接著，劉專員大約是接到了駐藏辦事處主任孔慶宗離任的消息，突然宣佈要離開日喀則，兩天之後，就匆匆地在後藏兩位禮賓官的歡送下，於藏曆九月二十五日離開了。

人人皆知，劉某能當上這個專員，純粹是靠著駐藏辦事處主任孔慶宗個人的一手提拔，如今上司離去，他這個專員的位子自然是坐不下去了，看來他是很懂得「朝中無人莫做官」這句名言的。此人才幹平平，卻貪圖小利，要求我把後藏貴族送給他的綢緞帶到拉薩出售，替他賺錢。他的口碑不佳，在後藏不受歡迎，因爲人們見到他的所作所爲都是在謀求私利，根本沒有在爲政府工作。

天聚成在後藏是數一數二的大店鋪，很多貴族和要人都常來光顧，或是購買綢緞，或是閒得無聊，前來串門子聊天。這其中就有後藏的總管朗薩林，是前藏派來統治後藏的最高首領，權大勢大。有一天朗薩林上門的時候，正好我在，於是白經理就將我介紹給他，並告訴他我即將去薩迦朝拜。朗薩林聽說我要去薩迦，立即表示可以爲我寫封信給薩迦活佛，囑咐他要對我善加招待，並將薩迦寺內的各種珍奇法寶讓我盡情參觀。朗薩林的信當然是很有份量的，因爲薩迦也在他的管轄範圍之內。

藏曆九月二十七日，我離開日喀則向薩迦進發。詹東公館為我提供了牲口，還指派一個熟悉道路的傭人隨我前去，由此可見西藏人對於出家人的招待可以說是一絲不苟。

那塘寺的風貌

從日喀則向西不多遠就有兩條岔路，一條向西南，直達龍棍寺；另一條向西，通往薩迦。沿著向西的大道行三十里，就到了西藏佛教史上極負盛名的那塘寺。

這是一座歷史輝煌的寺廟，建於一一五三年，由噶當派大師東敦羅智扎巴所建。東敦羅智扎巴曾經從師於印度那爛陀寺的最後一位堪布喀日班欽，並從印度帶回了佛教一切有部所有的戒律。阿底峽尊者來到西藏後創立了藏傳佛教的噶當派，那塘寺便是當年噶當派的主寺，在藏傳佛教的歷史上擁有很高的地位。

那塘寺的周圍建有很高的土牆，從外面看不到全寺的面貌。我請了一位寺內的喇嘛引路，才進到寺內。廟子看上去一片殘敗之象，房舍已經破敗腐朽，但裡面供奉的每一尊佛像都有幾百年歷史，堪稱稀世之寶。廟子裡珍藏著一個銅缽，傳說是十六羅漢留下的遺物，用一根木棒沿著它向左轉，缽就會發出如雷聲一般的巨響；向右轉時，發出的卻是清脆悅耳的妙音。按照喇嘛的解釋，向左轉時發出的是男音，向右則是女音，與西藏文字的字母有密切的關係。

廟子裡還有三部用金水寫成的《甘珠爾經》和木刻的《甘珠爾經》、《丹珠爾經》各一部，這是

那塘寺所藏的宋版大藏經

那塘寺的漢文匾

西藏最古老、最完整的經藏。十三世紀末，那塘寺的住持君丹惹犀編訂了這兩部經典，成爲西藏最早的大藏經。外國研究西藏的學者都以《甘珠爾經》作爲研究的依據。經房裡還藏有一副雍正皇帝御賜的匾，上書「普恩寺」，這就是該寺的御名了。

那塘寺的僧侶待人十分和藹，頗有噶當派的遺風。噶當派當年是西藏佛教中的新派，在戒律和教義上與薩迦等派有不同之處，在西藏很受尊敬。後來的黃教也是從噶當派演變而來的，但如今的黃教在很多方面已經變質了。

那塘也是一個宗，宗本照例由一個僧官和一個俗官共同擔任。俗官由西藏地方政府指派，僧官則由哲蚌寺桑羅康村的沖都選派。僧官所得的利益全部要上繳給康村，現在的僧官名叫巴登羅桑。這種制度保證了三大寺在政治上的勢力，以及所享有的特權。

達拉與朗拉

自從離開日喀則後，我自己就變成了旅行隊長，路上不再與人結伴，時間上的控制便靈活了許多，不再像以前那樣每日早上四點起床趕路，而是常常睡到日出才起身。我在達拉寺附近一個叫咱那的地方歇腳一晚，這個地方屬於日喀則宗，人民極其窮困，已經被當地的官吏剝削得體無完膚，看了令人心酸。這裡的房舍也很特別，牆上的顏色白中混合著土紅和黑色，看上去很有些陰森可畏。據說這些顏色是護法神所喜歡的，塗上可以避邪驅魔。

與達拉連接的是朗拉。一直向南行，太陽迎面而來，前方一片火紅，原來這裡到處是紅岩石層，大約一公尺高，走在上面大有孫悟空過火焰山的滋味。我在山上遇到了四位朝佛的老太太，她們的虔誠、勇氣和毅力是漢人婦女所無法相比的，我騎著牲口，居然還趕不上她們，實在讓人佩服。

下了朗拉繼續向西，眼前是一片大平原，西山的雪照著，地面下大概是含有鹽分，草上佈滿了白霜。走了四個小時抵達一座小廟，名叫南摩則，繞過廟子向南再行一個小時就到了擦絨的莊子。這裡的地質含有大量硫黃，到處都有溫泉，可以說是個溫泉區，可惜地方太偏僻了，從日喀則到這兒，單為洗一個澡要花上兩天時間，實在有些不划算。我從離開四川後就沒有再洗過溫泉，這一次難得的機會可不想放過。

溫泉就在擦絨的莊子正南方約五里，山上堆積著厚厚的冰雪，但山下的溫泉卻有四十五度的高溫，這種地理環境眞讓人納悶。一開始我心裡猶豫著就這樣洗澡會不會生病，在旅途中生了病可不是鬧著玩的事。然而洗溫泉的誘惑，還是戰勝了生病的恐懼。老天爺也很幫忙，天上大太陽高照。這天洗澡的人很多，大多是來自很遠的地方。擦絨家為了方便旅客，蓋了不少簡易的客棧。溫泉的四周用石頭砌成圍牆，風刮不到，可以盡情地享受日照。溫泉從地底層湧出來，發出篤篤的響聲，它的出口處就是冰川，而冰川的發源地則在南山，形狀如饅頭，因此得名饅頭拉。這條河西藏人也

貴族擦絨莊園的溫泉，一九四四年攝

叫作藏布，其實應該稱呼爲饅頭拉河才最恰當。

在溫泉遇到一位剛經寺的喇嘛，年紀有五十多歲，在溫泉里已經住了半個月。他摔傷了腿部，正在用溫泉水來醫病。西藏人都以爲溫泉中有藥能醫百病。這位老喇嘛告訴我，剛經寺創建於札什倫布寺之前，在那塘寺之後，僧侶不多，只有兩百多人，名氣也不大，六、七年前才建成「稱尼札倉」，將寺廟分成兩大部分，一部分爲夏栽，另一部分爲降栽，堪布由札什倫布寺派遣，兩個札倉的教經格西則由前藏三大寺聘請。如今寺廟爲札什倫布寺所控制。這個寺的主要施主是貴族奪書，但是廟子的財產並不富有，喇嘛們的生活主要靠在鄉村裡爲人念經收取一些供養來維持。

擦絨的小管家是當地的地主，說話沒人敢不聽，他在我洗澡的時候把周圍的人都趕開了。但是這些當地人你越是轟他們，他們越是好奇，躲在一邊偷偷窺視，大概是想知道漢人的生理結構是不是與他們的不同。

朝拜神奇的薩迦寺

爲了能早一點到達薩迦，我們深夜便起來準備，天快亮時就收拾完畢離開擦絨的莊子。一晚上的大風刮個不停，迎面吹來，有如針扎一般，讓人難以忍受。從擦絨的莊子出發以後便是上坡，這裡是雪阿拉山的起點，逶迤起伏，山勢雖不算險惡，但綿延不斷，從早起一直走到下午，才爬上山頂。山頂的風剛勁有力，牲口遇上頂風走得特別緩慢，這種滋味實在不好受。

翻過雪阿拉山，風勢更加猛烈，塵沙滾滾，不見人影。山下是一片荒原，繼續前行唯恐前方有盜匪，停住不走又怕後面有賊，眞是進退維谷。硬著頭皮頂著大風繼續向前，走到下午三點才走到雪阿拉山。因爲這座山裡盛產一種草藥，故名阿宗拉，而且這座山的規模比達拉大一倍。

下了雪阿拉山，遠遠就見到薩迦寺。這是西藏最古老的寺廟之一，建於一〇七三年，歷史悠久，可以算得上是西藏佛教的鼻祖，西藏有名的大藏經就是從這兒一部一部翻譯出來的。這座寺廟是由薩迦派的創始人貢噶寧波從印度學佛歸來後建造的。貢噶寧波並不是出家人，從他以後，薩迦派歷代祖師都是娶妻生子，代代相傳。

這座大名鼎鼎的寺廟所處的地勢和環境可算不上好，雪山在四周照耀著，地氣寒冷異常，所謂灰白二宗實在是此地最恰當的稱呼。整個薩迦寺的建築被刷成灰白色，有一種慘澹的感覺，這座了不起的寺廟從遠處看上去令人多少感到有點畏懼。

聽說薩迦活佛就在寺廟的宮殿裡，於是我拿了朗薩林的介紹信去晉見他。人們都說見薩迦活佛就如同見一國元首一樣地難見，但我一到就見著了，眞是幸運，這當然是因爲朗薩林的信起了作用。大約是由於薩迦活佛的前輩與漢人有不可分離的關係，因此他喜歡漢人，而且看得出來，這種喜歡是發自內心的，特別是在漢人的勢力在西藏幾乎已經被掃地出門的時候，他還能如此熱誠地對待漢人，實在是十分難得。

薩迦活佛在西藏的地位極爲尊貴。薩迦派在西藏密宗中爲重要的一派，在西藏、青海、甘肅和西康等地都有他們的廟子，有相當的勢力範圍。薩迦活佛是薩迦派的最高領袖，從第一世創教祖師貢噶寧波起，到了第五世八思巴被元朝皇帝忽必烈封爲國師及萬戶侯，薩迦派進入了最興盛的時期，成爲統治全西藏的教派。後來薩迦派的政治勢力雖然漸漸衰落了，但在宗教上仍然保持相當的勢力。

作爲一派教主，薩迦活佛在宗教上的地位可以與達賴相比，他到了拉薩可以乘坐十二人的大轎。在拉薩有資格坐轎子的人沒有幾個，除了達賴、班禪和攝政王之外，就是薩迦活佛了。他可以坐著轎子赴布達拉宮，達賴見他時要起座相迎；見其他人，達賴是不起座的，僅僅在座上爲人摸一下頂而已。由此可見，薩迦活佛在西藏密教中的地位之高。

但不同於黃教，薩迦派各個廟子的堪布由廟子推選，不需由薩迦活佛來指定。薩迦活佛還有一點與其他的法王不同，活佛的位置是由薩迦的昆氏家族世代相傳，而不是靠轉世來繼承。從第一世開始直至今日，薩迦活佛是可以娶妻的，以此而傳宗接代。按他們的說法是要留下一個智慧的種子，使其代代相傳。歷代的薩迦活佛所娶的妻子都必須是貴族小姐，不能娶平民。除了薩迦活佛之外，薩迦派的其他喇嘛都是不能結婚的，就如同黃教的喇嘛一樣。

薩迦活佛這年四十三歲，有兩個兒子和五個女兒，兒子是將來薩迦活佛的當然繼承人。我到達薩迦以後，薩迦活佛便派人將我安置在他經堂內的一間臥室，第二天早上又派他的大女兒送來了許多禮物，其中有一隻羊、幾十顆雞蛋、一斗白麵、一克酥油和一斗馬料。活佛的大小姐還告訴我，活佛關照說，如果我有什麼需要和要求，可儘管提出。活佛的大小姐是位尼姑，那時才只有十幾歲，但十分熱情而能幹。

薩迦最負盛名的是「拉康青摩」，創自八思巴大師從漢地回藏以後，施主是仁青釋迦桑波。大殿內所有的柱子都是世間稀有之物，如果不是親眼目睹，絕不敢相信。殿北有一根柱子，是一根萬年的甘蔗樹，大有兩圍，長約三丈，吃上去甜如蜜。

與甘蔗樹相對的有一根蓮花根柱，高大超過了甘蔗樹。這根柱子好像不僅是一株蓮樹根所生，而是許多蓮樹根結合而生。聽說當初取材的時候就用鐵箍了幾百年，才能長成這個樣子。

大殿後面有一根紅檀香及白檀香柱，要三個人合抱才能圍起，聞上去有一股奇妙的香味。殿前有四根大柱，由東到西，一是烏木柱，二是黃木柱，三是白木柱，四是棕木柱，都是元朝皇帝所贈之物。在薩迦寺每參觀一殿，都能感受到薩迦與漢人根深柢固的關係。大殿裡還陳列了許多瓷器，十分名貴，以明朝的爲最多，宣德年和成化年製造的觸目皆是。上古的佛像也是琳琅滿目，特別是大殿的頂上，堆滿了佛像。

薩迦活佛

薩迦是西藏製造佛像很有名的地區，其佛像用金、銀、銅三種原料混合而成，色澤柔和而光亮，大殿上的這種佛像不下萬尊，眞是佛寶。大殿的四壁堆滿了經書，都是由黃金寫成的。薩迦人說，如果殿外的牆壁倒了，經書就是第二層牆壁，由此可知經書之多。算一算經書所耗費的黃金，何止千斤！外人僅從寺廟破舊的外表看去，哪裡會知道原來裡面藏滿珍寶。

我在這個歷史悠久又充滿神秘色彩的寺廟朝拜參觀時，看到了不少珍貴稀奇的物品。廟子的大殿上有一部用金水寫成的大藏經，是薩迦寺的寶物之一。我翻開一卷，只見經的底色是黑色，上面是用金水寫成的經文，十分莊嚴。大殿的樓角上有一個海螺，據說是釋迦牟尼佛在世時用的，由印度國王贈送給中國皇帝，以後忽必烈皇帝將它送給了八思巴大師，由八思巴帶回西藏，供養在薩迦寺。海螺上能現出觀世音菩薩像、靈鷲山和佛塔的倒影，奇妙而神秘。一個喇嘛走上前來詢問了我的姓名，然後將海螺吹了幾聲。他對我說，這個海螺有著無比的加持力，聽了它的聲音，人死了以後就可以不墮入三惡道中（三惡道是指畜生、餓鬼、地獄）。

朝拜了大殿後，我又繼續參觀了幾座有名的殿堂，瞻仰了八思巴大師的肉身塔。有一個殿上堆滿了薩迦第一代祖師貢噶寧波所用過的經書，其中有梵文的古經，還有中國宋版的大藏經。宋版的大藏經在漢地只有山西曾發現過一部，所以極其珍貴。我試著和看守經書的喇嘛商量購買一部以作紀念，但這位喇嘛卻是一百個不肯。由此我深深地感歎，漢地佛教很多稀世珍寶，要麼丟失，要麼被洋人盜光了，不像西藏，還能保留著這許多。

在另外幾個殿上，我又見到了不少的神秘之物。有一只大鍋，裡面盛滿了污水，據說如果一個信徒的信心堅實，發願誠懇，鍋裡面的水就可以變成紅、黃等各種顏色。我還看到一柄寶劍，聽說只要人對它發過誓後，劍柄裡就會滾出許多粒珍珠，如果滾出來的珠子是單數，代表吉祥，雙數則不祥。單數又以三個爲最吉祥。在一個護法殿上掛著一張人皮，這個人偷了寺裡的寶物，逃跑時在半路上被抓到，便將他活生生地剝了皮以警告後人。還有一根柱子上釘著一個乾了的死屍，這個人也是犯了相同的偷盜罪，被釘死在這裡。

薩迦最有名的是四大寶物和四大頗章。四大寶物中，第一是卓瑪，即度母，曾經說過三次話；第二是八思巴大師肉身塔；第三是降被則像，曾經放過光；第四就是釋迦牟尼佛的海螺。四大頗章

薩迦活佛的子女及僕人

是彭措頗章，即現在薩迦活佛的住所；卓瑪頗章，薩迦活佛的弟弟住在那裡；喜饒頗章，集中誦經便在那裡；以及登柯頗章，是護法神貢布的所在地。這四個頗章相距得很遠。

在赴後藏之前，我在拉薩曾遇到安欽活佛到漢地時的漢語翻譯，是個藏族人，漢語名字叫作王明清。他告訴我薩迦活佛有抓鬼的密法，要我有機會向他求這個法。儘管我會見薩迦活佛的時間不長，我還是抓緊機會向活佛求法。活佛笑著告訴我，抓鬼的目的並不是要殺害，而是要度化它們。以我的基礎，他可以將這個法傳給我，但是一旦開始修這個法，就必須待在他的身邊，否則難免被鬼所害。聽了這話，我只能作罷。

薩迦活佛那時正在計畫推動薩迦派教制的改革，想仿照噶當派來整頓和規範薩迦派喇嘛的生活，因為如今薩迦派在政治上已今非昔比，沒有什麼地位，只能在宗教上創造新的前途。為此，他提倡喇嘛誦戒和四十五天的結夏安居。但是這項改革卻遭到了教內兩位資深喇嘛的反對，他們聯名向西藏地方政府上書反對這一計畫，說在薩迦派的歷史上從沒有這種先例。其實他們是害怕新的制度一旦實行，將會增加老百姓的負擔和差役。

活佛向我講了不少新制度的好處，希望我回到拉薩後有機會能把他的想法轉告給西藏噶倫。他還告訴我，他發願要重建薩迦寺。我在這兩天的朝拜參觀裡，所到之處大部分都已是殘破不堪，倘若寺內沒有這些寶物的吸引，大概不會有什麼人會鑽進那些腐舊而黑暗的殿堂去。活佛的願力令我感動，但這個願力實在太艱巨了，以他薩迦王的地位也是達不到的。他希望能利用漢藏雙方的勢力達到這個目的，因此也想到漢地去一次，以他個人的名望在漢地弘法化緣，用他個人的力量加強漢藏人民之間的感情。但據我所知，薩迦教主從八思巴大師以後便不再有人去過漢地。元朝時八思巴祖師是應忽必烈皇帝之邀而赴漢地弘法的，今天沒有政府的邀請，薩迦活佛便不可能輕易出行。活佛很少出門，至今他只去過兩次拉薩和一次印度。

我在薩迦停留了三天，在第三天時見到了薩迦活佛的夫人。她看上去四十多歲年紀，身上佩戴著後藏流行的巴珠，看得出她年輕時一定是位很漂亮的小姐。活佛夫人向我購買了一些我所帶的化妝品，因為我所帶的有限，路上還要用，因此答應她到了日喀則以後再設法寄一些給她。活佛夫人也送了我一尊鍍金的釋迦牟尼佛像，作為對我諾言的交換。她喜歡漢人的蔬菜和乾菜，對我送給她的一些乾蝦米，喜歡得不得了。活佛夫人出身於拉薩有名的家族，地位很尊貴，藏人稱呼她為古察，和她的丈夫享有同等的地位。據說薩迦活佛的女兒是不嫁人的，因為她們的福報太大，誰娶了她們就會折壽，不能白頭偕老，所以她們索性就不嫁人了。

雖然我在薩迦只有三天，但卻和活佛的幾個女兒相處得很熟了。離開的時候她們都來向我辭行，送給我不少蘋果，祝我一路平安。這些蘋果是錫金國王送給她們的，薩迦活佛和錫金國王本有親戚關係。我向薩迦活佛辭別時，活佛很有些依依不捨之意。活佛送給我兩尊佛像，一尊是長壽佛，一尊為釋迦牟尼佛。他的一位十歲的小少爺也送了我一尊釋迦佛像，我收集佛像的心願這次是徹底滿足了。

農產區至拉孜

一出薩迦就有三條大路，一條東南行，翻越羅拉山走八天直通錫金，活佛的兩位長女去印度就是取道於此，比繞道日喀則要近很多，但這條路在地圖上沒有。第二條西南行，第一日翻山，走七天直達定日。第三條路向西北行，一片平原，可直達拉孜，我們走的就是這條路線。我們本來是計畫到剛噶曲休息，順便參觀剛噶寺，誰知走了一天還沒有到達這個寺，詢問人才知道原來我們已經走過頭了。上午在山頂上見到的一個寺，原來就是剛噶寺，當時沒有留意，便錯過了。晚上我們在解青歇息，這裡是噶倫眾澤朗巴的莊子，出產陶器，提供給薩迦地區。我的嚮導告訴我，他二十年前來過這裡，那時是個很小的地方，如今比當年擴大了許多倍。

在解青找個地方借宿很難，家家都不肯借，以我喇嘛的身份也不行。最後還是靠了嚮導找到了他二十年前相識的一個女人，才有了歇腳的地方。這個女人問我是不是去朝佛，我回答說是，於是她告訴我拉孜沒有什麼可朝的，最好是繞過江拉山去拉孜，道上有很多神奇的古蹟，有空山、寶洞，都是西藏以前的聖人大德住過的地方，是朝佛必到之處。

薩迦到拉孜的沿途沒有什麼荒原，到處都有村落。由薩迦西行五里就出了薩迦的管轄區域，最明顯的標誌是房子的顏色。薩迦人的房子都塗成紫灰色，而屬於班禪管轄地方的房子則是白色，由此看來，薩迦的範圍並不大。薩迦活佛私人在西康有不少產業，但自從二十四軍進駐以後，他就失去了統治權。薩迦活佛對我說，將來要設法討回這些地方，以作爲薩迦僧侶的香火之資。

解青這個地方氣候寒冷，平原上有水的地方都結了很厚的一層冰，騾子走在上面像溜冰似的東絆西跌。我們跌跌撞撞地行進，連路也走錯了，最後還是靠了當地人的指點才找到了往拉孜的大道。這一路都是大平原，從日喀則以來連綿不斷的山路到此告一段落。拉孜宗高聳在平原上，十分雄偉，宗外的四周都是廣闊的農場區，每一個村落都建得很漂亮。這裡平原上的農業灌溉利用雅魯

背負陶器的小商販

藏布江的水源，江由西向東，彎彎曲曲，一直流到曲水，再經山南匯入印度洋，這就是雅魯藏布江的上游。

拉孜不僅是首屈一指的農產區，在交通和商業方面也相當重要。從這兒渡雅魯藏布江，行一日半即到達藏北的厄任宗。厄任也是農產區，屬於札什倫布寺管轄。它的附近有兩個湖，農田就利用湖水來灌溉，農田的畝產量每年大約有三十來斗，此外還出產羊毛。居民約有三千戶，在人口和農業上都比不了拉孜。

再從厄任宗向西北行三日，就到達了「擦卡」，是產鹽的地區。這裡的鹽是湖鹽，天然曬乾，不需要提煉。擦卡的鹽都集中到拉孜，再銷到其他地方，因此西藏販鹽的商人都會集中在這裡，使得此地有如江蘇的鹽城——當然在繁華程度上並無法與江蘇相比。此地有相當一部分的鹽販賣到尼泊爾，因為那裡缺鹽。當地人用羊來馱鹽，每頭羊背上馱二十到三十磅鹽，一路趕到尼泊爾，到了那裡將鹽和羊一起出賣，這樣連運費也省去了。

西藏人叫拉孜為「堆里」，其實這只是通往堆里的大門，就像打箭爐是西康的大門一樣。從這兒到拉達克還有二十個「作東」，約三十站，由此地經藏北草地到雪山比較近，走大道反而較遠。堆里的物產如米、毛織品、羊毛、羊皮、棗子和水果等，都集中到這裡，再向外推銷，使得這裡的物價比拉薩便宜很多。

拉孜目前是貴族曲佩土丹的私有宗。曲佩土丹的官位是眾依欽波，就是達賴的秘書長，是布達拉宮裡很有權勢的人物。由於西藏的高級官吏沒有薪金，這個宗就成了他無限制的薪俸。宗裡的老百姓大多是商人，住所的窗子上都安裝著新式的玻璃，不像其他地方的百姓那樣清貧。人說這裡是富庶之地，確實名不虛傳。這裡有居民一百戶左右，還有一座喇嘛寺，名叫「拉孜曲燈」，有四百多個黃教喇嘛。我因爲有詹東的介紹，認識了一位元喇嘛，爲我在寺內提供了住宿，還帶我到各處參觀了一番。

雅魯藏布江的上游多是大雪山，那裡的冰雪不化成水就流了下來，因此拉孜河的河面上飄著大冰塊，緩緩下游。夏天的時候，水面要比現在高出幾倍，牛皮船就失去了作用，因此拉孜人架起了兩座鐵橋，橫跨雅魯藏布江的兩岸。這兩座橋的建築都很原始，似乎一陣大風就會把橋掀起來，我走在上面試了試，感覺與小時候坐搖籃差不多。

彭措林——覺囊巴的今昔

藏曆十月六日離開拉孜，忽而向東北，忽而向西北，翻過了兩個綿長的山嘴，沿著雅魯藏布江走了好一段，來到一個地圖上叫作「查」的地方。「查」的意思是地上多石塊，缺少平原。但是這裡卻都是良好的牧場，漫山遍野都是山羊和綿羊。我們經過一個最狹窄的地段時，路被羊群佔據，向前奪路時，羊竟用牠們的角來觸馬腿，險些把我們推下河去。

查的中心有一個村落，出產小麥、青稞和豌豆，產品輸出到彭措林，一個黃教較大的寺廟。這個寺廟有僧侶四百多人，堪布由札什倫布寺委派，寺廟依山向東而建，前後都是高山，太陽只能在寺廟的上空逗留半天，使得這裡的氣候乾燥而寒冷。寺廟後面的山上堆積了厚厚的一層黃沙，是四季刮大風的成績。彭措林在藏語裡也稱爲澤里，這兒有萬年不化的積雪，河邊還有四季如常的堅冰，冰上佈滿了黃沙，簡直讓人分不出是路還是冰，直到騾子滑倒了才知道是走在了冰上。

彭措林附近不遠有一座很有名的寺廟，那就是覺囊巴。這座廟子大約創建於明朝，是西藏佛教晚期翻譯師達惹納蒂所創，大概是在他於印度留學回來以後，在西藏佛教中另創一派，稱爲「覺囊派」，與當時的薩迦等派鼎立爭衡。那時的西藏佛教共有六大派：一是薩迦，二是寧瑪，三是噶舉，四是噶當，五是覺囊，六是格魯。如今噶當巴和覺囊巴都已滅亡，噶當巴的根本寺——那塘寺，已經歸順了黃教，覺囊巴歸順黃教後又遭覆滅，現在這個廟子已經改成了尼姑寺，原來寺裡所有的經卷都移到了彭措林看管。

明朝萬曆年間，覺囊派出了一位大德，名叫多羅那他，精通梵文，是著名的譯師，一生撰寫了不少重要的著作，其中最聞名的是《印度佛教史》。這本著作很受研究佛教學者們的重視，已經有了德文的譯本。我爲了尋找他的全集，特別在彭措林多待了一天。

多氏的全部著作有十八函，以密宗部分最多，佔全部的三分之二。他的傳記也包含在全集中，是一部研究覺囊派起源不可缺少的著作。我遇到了彭措林管理經板的主管，可是他沒有紙也沒有墨，我想印刷一套的願望便成了泡影。但這位喇嘛自己珍藏了一套《印度佛教史》，這是我最希望得到的，於是我向他懇請，他居然情讓了，使我多年來收集這套名著的願望終於實現。

據說覺囊派的滅亡並非由於本派的教徒不精進努力，反而是由於他們過於精進，才導致覆滅的結局。多氏去世後，他的徒眾希望擴展本派的勢力，而這時正是五世達賴喇嘛執政，覺囊派的努力引起了達賴的嫉妒，於是他強令該寺僧侶改信黃教，多氏的遺像和遺留的物品都被徹底破壞，遺像還被丟進雅魯藏布江，漂流到不知何處。如今這座當年名震西藏的寺廟，只有十幾位年長的尼姑，往日的風采與輝煌已蕩然無存。

這裡又是蒙古教皇哲布尊丹巴的私廟。這事說起來要追溯到多氏當年受到達賴喇嘛的排擠後，遠赴外蒙古傳法。他在蒙古極受尊重，信徒眾多，蒙古汗王尊他為「哲布尊丹巴」，這是藏語的音譯，意思是「尊勝」，為外蒙古地位最高的活佛。一六三四年，他在外蒙古圓寂，蒙人為他找了一位轉世，尊為蒙古教皇。康熙三十年（一六九一年），朝廷封哲布尊丹巴為呼圖克圖大喇嘛，管理外蒙的佛教事務，其地位之尊貴，有如西藏的達賴喇嘛。到了一九一一年，第八世哲布尊丹巴曾經宣佈獨立，一度稱自己為「大蒙古皇帝」，直到外蒙在蘇聯的唆使下從中國獨立出去，哲布尊丹巴才失去了所有的權勢。以後哲布尊丹巴下面的一位名叫拉帖摩兒的大喇嘛來到漢地，投靠了中央政府，希望日後藉助中央政府的力量，恢復在外蒙的統治。中央政府給了他一個國府委員的位子，並沒有什麼具體的工作，他所希望的事情，中央政府當然是無能為力的，能得到一個象徵性的位置就已經不錯了。

廟子裡的大殿上供著前一世哲布尊丹巴的像，相片中的他身著蒙古禮服，儀表堂堂，一派威嚴。一九二四年，第八世哲布尊丹巴圓寂後，蒙古的活佛為了延續傳承，又找了一位轉世靈童，送

外蒙古大活佛哲布尊丹巴的轉世靈童，一九三九年攝於哲蚌寺

來西藏，當時正在哲蚌寺學經。蒙古的活佛迪魯瓦準備禮請小活佛到彭措林小住，而這裡的僧侶們也期盼著小活佛的到來。

這位小活佛與我在哲蚌寺的同一札倉的同一康村，我見他過著平淡的生活，與其他喇嘛一樣，並沒有享受到大活佛的待遇和特權，令人很難想像他的前世曾經是外蒙古萬人敬仰的大教主。可歎世事無常，今日的小活佛已經失去了他的前世在蒙古的勢力和地盤，而今日的外蒙也已經另成一國，小活佛復辟的希望只能落空了。

江孜的英國勢力

辭別了彭措林，沿著雅魯藏布江前進，江面變得越來越狹窄，上面佈滿了大塊的冰塊，把雅魯藏布江點綴得如同擦了粉一般。我們離開彭措林向東北方向走，太陽從右肩的側面照來。西藏北部的氣候嚴寒無比，我們卻還在繼續向北部行進。這種寒冷的感覺非親身經歷者難以領會，早上的太陽照在身上感覺不到一絲溫暖，在馬上冷得令人受不了，於是我們下馬步行，沿著佈滿冰石的河岸走了六、七里路才將身上的血脈活絡開來。

走了幾個小時，到達一個叫作「雄」的地方。這裡地勢開闊，也是我們與雅魯藏布江分手的地方——雅魯藏布江沿著山邊向東北流去，我們則向東南進發。此時的太陽照在臉上，讓人開始感到溫暖。從「雄」再向南行走五里左右，便是吉喇嘛確格，是彭措林附近唯一比較富裕的地區。西藏人說這裡的田莊有如天上的星，遍佈四周，可見村莊之多。這裡也有不少溫泉，可以與擦絨的莊子媲美。

第二天下午我們返回到日喀則，在路上遇到不少尼泊爾人，他們從這裡經拉孜到聶拉木，從聶拉木就可以直達尼泊爾邊疆。去年拉薩的布匹價格高漲時，尼泊爾商人就利用這條路運貨，雖然比經過帕里慢一些，但運費卻便宜不少。我看到他們就想著有一天一定要去尼泊爾訪問。

我在日喀則住了幾天，一直想拜見後藏著名的大德安欽活佛，卻正好遇到活佛外出，等了幾天沒有消息，於是決定先赴江孜，然後從那裡返回拉薩。

江孜與日喀則相距約十個扎洞，一個扎洞大約有十二華里（編註：一華里約二公里）。我們行進得較慢，共走了兩天。人們說日喀則到江孜的途中有一個最危險的地方，不知有多少孤魂野鬼喪身在此處。這裡的山路十分險要，兩邊是懸崖峭壁，土著常出沒於山中，襲擊過路人，搶掠財物。他們殺人的方法不用刀也不用槍，就站在山崖上將大石塊丟下來，把下面的過路人砸死，掠走財物，便消失得無影無蹤。我們在深夜三點鐘經過此地，馬驚得跳了起來，夜裡寒氣徹骨，冷風瑟瑟，我們心驚膽戰地在山中行走，很有些到了枉死城的味道。

有驚無險地走完這段路，總算到了江孜宗。這裡是印度和西藏之間的交通要道，地方比日喀則要繁華許多。江孜宗聳立在南邊，喇嘛寺雄踞在北部，這中間就是江孜市。市裡大約有居民兩百來戶，有專門為旅客而設的客棧，這在西藏是很難得的，西藏大部分地方是沒有客棧的，出門旅行只能找人家借宿。我們於是在一家客棧住了下來。

江孜是英國軍隊和西藏軍隊銜接地，英國人在江孜市南邊建了一所很大的兵營，這裡距江孜一公里半。兵營佔地有四十來畝，英國的商務官及軍隊都駐紮在裡面，英軍的士兵全部是印度人，軍官則是英國人，負責郵電的是尼泊爾人，而最低等的勤務人員是西藏人。一個兵營裡混雜著四個種

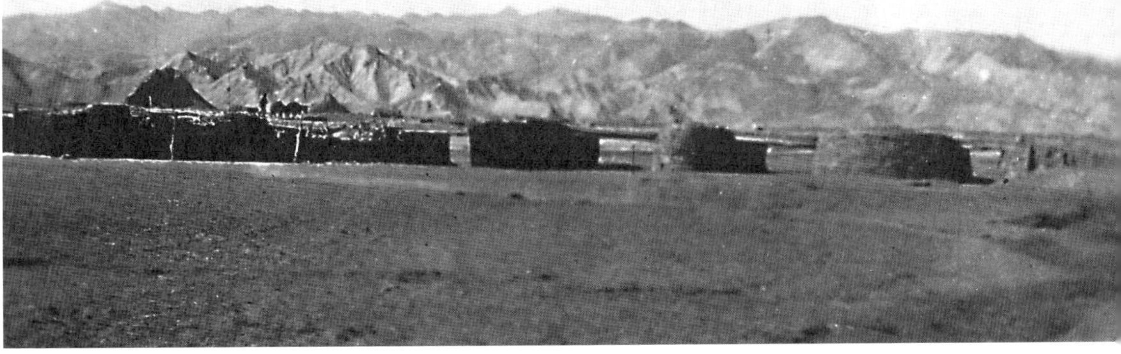

上：江孜城
下：江孜大橋遠景

族的人，他們的生活習慣各不相同，住處也彼此隔離，尼泊爾人住在北面的一所洋灰平房內，他們都娶西藏人爲妻，每個家庭之間隔開；西藏籍的勤務和打雜人員住在兵營週邊的兩側；士兵住在兵營內圍的兩邊；最裡面才是英國商務官的住所，房屋的佈置完全按照英國式樣。在這裡，英國的兵營已成爲一個頗有規模的前站，設有自己的郵局和電報局，還有合作社，出售各種日用品。郵政和商品的價格一律按照印度盧比結算，因此在江孜市面上，藏銀和盧比都可以使用。英國人的郵政要比西藏郵政快捷，由江孜到噶倫堡只需要五天，他們採用驛馬日夜傳遞，每兩日就有郵班一次。現在住在江孜的英軍有一百二十多名，包括步兵八十名，騎兵四十五名。

光緒三十年，英國軍隊入侵西藏，十三世達賴的藏軍與英軍爆發戰鬥，結果藏軍大敗。英軍由指揮官榮赫鵬率領長驅直入打進拉薩，十三世達賴逃往蒙古避難，當時的滿清駐藏大臣有泰與英國人簽下了不平等條約，使英國人的勢力正式進入西藏。細考歷史，漢人在西藏的勢力和影響力從那時起，便被英國人所取而代之，英國人開始以戰勝者的身份高高在上。儘管當時中、英、美三國並肩打擊法西斯，但英國人並沒有因此而放棄強加給中國的不平等條約，還在不斷地扶植西藏親英勢力，離間西藏與漢地之間的關係。英軍每年爲藏軍訓練三十名炮兵，西藏軍隊中的炮兵將領就是在江孜訓練出來的。

英軍最早的駐紮地在江羅。藏曆木龍年，英、藏雙方衝突後，英軍便移到了現在這個地方。它建造於民國十四年，這裡植有樹木，建有網球場、足球場和大操場，比以前擴大了好幾倍。英國人在江孜除了有兵營外，還建有學校和班卡樓（Bungalow），即是西式的小平房，作爲英國和印度公務人員的客棧，設施齊備而舒適。從江孜一直到崗拖，西藏是沒有這樣的客棧的，因此西藏的貴族和高級官員都喜歡住在這裡，以求旅途舒服。

西藏地方政府在江孜也設有商務官，與英國的商務官相對壘。當時的商務官是濟眾巴康札薩，他是以前的昌都札薩，地位崇高。現在他本人在札什倫布寺，清理班禪宮的債務。九世班禪被迫逃亡漢地後，後藏官員很多的財產都被前藏政府沒收充公，他們將沒收來的財產變賣，但多年來一直沒有收清變賣財產的款項，如今這位商務官就住在札什倫布寺專門負責這件事情。

江孜宗無論是農業還是商業，都可算得上西藏的一等宗。正因如此，宗本地位是四品。這一任宗本是彭康塞，但他本人卻不在，職務由他的管家來代理。

江孜的市面上到處充斥著印度貨，紙煙、布匹、毛呢、火油和水果等等，種類齊全，價格比拉薩便宜一些。江孜出產羊毛，當印度的羊毛市場走俏時，江孜可以向印度銷售一千多包羊毛。此外，江孜還是毛紡業發達的地方，幾乎家家都織造地毯和各色馬墊。據統計，江孜一地有七百多人從事毛紡行業。西藏各地收購地毯的商人都以江孜爲中心採購，使得市面上不論是大商還是小販，都把自己的毛織品拖出來求售，價格不算便宜，品質好的要值二百五十至三百盾，次一點的也要七、八十盾。除了地毯，這裡的毛呢嗶嘰和冬天披的長毛斗篷等也很有名。

做江孜的地方官可不是件輕鬆的差事，因爲這兒集中了很多西藏的貴族和世家。這些地方頭人的勢力很大，當宗本要應付這些人是很頭痛的事情。每逢有政府的差役公文到了江孜，都必須經過各村頭人們的商討，決策要由頭人們的會議來制定。這裡宗本撈錢的機會是靠老百姓打官司，從中收取好處；再有就是經營運輸，因爲這裡是通往印度的要道，過往印度和西藏之間的人對於騾馬的需求很大，從這一項，每年就可以獲取豐厚的利潤。

江孜寺塔

江孜境內還有一處十分著名的神跡，那是在距離江孜三天路程的地方，有一個在山上的湖，四周被山所環抱，它就是聖母湖，地理位置非常奇特。聽說很多人到這個湖去求知自己的前生來世，或是詢問世間的種種事情，在湖上都會有影像出現。有一個蒙古人很多年沒有見到他母親了，來到這裡祈禱，期望能見到母親，結果湖水中現出了他母親的形象，原來他母親已經去世多年了。這個蒙古人因而傷心過度，跳湖而死。

我們在江孜的時候是隆冬時節，湖面已經結了冰。聽當地人說，四月以後八月以前是朝湖的最好時節，而每逢十五，這裡朝拜的人最旺盛。

在江孜停留的幾天裡，我先後去英國人的兵營參觀了三次，還在兵營裡的郵政局寄過信。在郵政局裡我看到不少中國來的郵件，沒有辦法投遞，因為郵件上的地址是拉薩，而英國人的郵政只能通到江孜；要寄到拉薩，還要經過西藏郵政局的投遞才行，實在是很麻煩。講到西藏的郵政，眞是可憐得很，東面只能通到江達，西面只通到日喀則，南面到帕里，而帕里這一段的郵政還要多謝擔任郵政局長的貴族擦絨的努力。

兵營裡的小賣部我也光顧了，在那裡買了兩桶麥片，每桶是四塊半盧比。小賣部裡所有的東西都比江孜市面上便宜，比如藍炮台紙煙，在江孜市上最低的價錢是六十五兩藏銀，而小賣部只售十七塊半盧比，相當於五十五兩藏銀。但是因為戰爭的影響，貨物來源缺乏，小賣部裡只有少許的紙煙、罐頭水果、手巾、洋鎖、帆布鞋、阿司匹靈等，此外沒有什麼可買的。小賣部的主人是個印度大兵，有專門的翻譯為他服務。他看到我的派克水筆，便出價六十盧比向我購買，因為在印度，這種筆的價值是一百六十盧比。我以日常要用為理由，拒絕了他的要求。

←西藏郵局發行的半藏噶
（合藏銀七分五）郵票

→西藏郵局發行的一藏噶
（合藏銀一錢五分）郵票

←來自內地的信件要先寄到印度，由印度郵局轉到西藏帕里，再貼上西藏郵票到拉薩，最下面的一枚是西藏郵票，蓋有西藏郵戳

印度兵在這裡的生活是很苦悶的，他們只准在兵營的四周活動，不能去江孜市，所有的生活資源都由西藏人送去，譬如木材、牛糞、草料和牛羊肉等等。據說有十六個宗負責提供他們各種差役，每年十月二十五日結算帳目一次。這十六個宗包括了後藏的全部及前藏的三個宗，範圍之大，眞是驚人。

每年十月二十五日，我都在哲蚌寺度過。在西藏，十月二十五日這天是宗喀巴大師的生死紀念日，宗喀巴大師的生辰和圓寂之日都是在這一天。西藏的黃教信徒每逢這天都要徹夜燃燈來紀念他，三大寺在這一晚成了一座燈山，拉薩市也顯得特別熱鬧。我本來想江孜在這一天也會同樣的熱鬧，誰知那晚刮起大風，把所有的燈都給吹滅了，大煞風景。

金剛亥母寺的傳聞

從江孜向東北而行，地面非常平整，臨近也有不少的莊田。先經過的貴族擦絨的莊子，算不上十分漂亮。聽說江孜境內最豪華的莊子是擦絨家的，這位拉薩郵政局長的家產在這裡可說是首屈一指。前兩年達賴喇嘛的父親看上了擦絨的莊子，想要收爲己有，把擦絨嚇壞了，花了不少功夫打點才保住了這份家產。

從日喀則來江孜時，有一條尼楚河，我們一路沿著河走到江孜，現在離開江孜向東，還是沿著這條河走，走了十幾公里，來到顧喜。這個地方十分貧瘠，且氣候寒冷，有十幾個住戶都是靠向過路人出租棧房以維持生活。所謂的棧房，實在是破爛骯髒不堪，我住在裡面整晚難以成眠。一個廚房裡擠了五個人，有騾夫、郵差、商人和僧侶，全都擠在一起睡，令人不堪忍受。

早上三點我們就離開了顧喜，走了將近五個小時到了那龍，熱振活佛的莊子就在這裡。此處有幾棟外形很漂亮的房子，還有電報局。在路上我們碰到了三個美國空軍大兵，讓人十分意外。在日喀則時就聽到傳說，藏曆十月三日晚九點多鐘有兩架飛機飛到了拉薩的上空，然後向南飛去，有一架在桑鷲失事墜毀，飛行員跳傘逃生。日喀則的人都說是中國飛機，後來到了江孜就聽說原來是美國飛機，逃生的三個美國飛行員由西藏地方政府派兵護送到印度邊境，在路上正巧讓我們遇到。這幾個美國空軍的裝束很特別，頭戴西藏式的皮帽，身上穿的是空軍的短裝，有兩個藏軍士兵跟在後面護送。

我在那龍喝了一點茶，繼續向北行進。走了一天，晚上到了扎拉。這個地方眞是名副其實，既是扎，又是拉，地面上都是碎石，四周被群山環抱。此地只有三家住戶，房子是用碎石頭堆砌起來的。由於這裡是荒山禿嶺，沒有草地，草料是從外地運來，在這裡寄售。從扎拉向東七、八里路，地勢才漸漸開闊起來。出了山口，就見到羊卓雍湖的一角。我上次到羊卓雍是兩個多月前，這次又見到它，猶如久別重逢。在漢地，凡是湖濱一帶一般都是富庶地區，如洞庭湖和太湖，除了農業，還有漁業，住在湖邊的老百姓享受著最好的地理環境；可是在西藏卻不是這樣，湖邊是山，湖裡的魚沒有人去捕捉，沿湖一帶非但不富庶，反而貧窮得很。

浪噶子宗就在湖邊，宗本是江孜人聶校少爺，宗下只有寥寥幾家住戶。我們從宗的中間橫穿而過，沿著湖邊又走了一個扎康，到達打隆，就在這裡歇息下來。

名聞全西藏的多傑帕母女活佛就在浪噶子宗。西藏人認爲她是金剛亥母的轉世，至今已經轉世很多代了。金剛亥母是西藏密教中備受崇拜的一位了不起的大菩薩，金剛亥母法屬密法中無上瑜伽部的高深大法，修成了可以了生脫死，得大神通，但想修成卻是很不容易的。

西藏人關於金剛亥母有著各種傳說，有的說她是上古時的一位女聖者，修成了道，神通廣大，法力無邊；又有傳說在古印度有一種秘密法術，叫作金剛豬母，有些畫像裡她的頭部右方呈現一個豬頭，翻譯成漢語則用「亥」來代表豬。

這一世的女活佛年紀還小，冬天住在桑燈寺，夏天則住在羊卓雍湖邊。這座寺廟曾現過很多次神跡，據說當年英國軍隊曾經打到這裡，正要闖進廟子的時候，寺廟裡突然衝出了一群豬，衝入英軍隊伍，把英軍撞得七零八散，只能撤退，廟子因而沒有遭到騷擾。

現時寺廟裡正在鬧著糾紛，起因是女活佛的父母想要獲得寺廟財產的管理權，而僧侶們則一致反對。除了女活佛外，這個廟子的僧侶都是男性，他們聯名向西藏噶廈政府訴訟。但是活佛的父母也有正當理由，寺廟的最高領袖是女活佛，她現在年紀還小，當然可以由父母代表管理一切。這樣的宗教內部糾紛是很大的難題，噶廈政府至今還沒有辦法解決。

返回拉薩

深夜裡從打隆出發，摸索著前進，沿著羊卓雍一腳高一腳低地向湖北走去。此時四下一片模糊，只能隱約看見方向和湖面閃出的魚肚白。因爲羊卓雍的關係，使這一帶的旅行距離拉長了，如果沒有羊卓雍的阻隔，從朗噶子到白帝之間不過是十幾里路罷了。沿著湖走，忽左忽右，路程增加了兩倍，一直到天大亮才過了湖堤，到達白帝。

深夜中行路，遇到送信的郵差。西藏的郵差可起得眞早，雞叫初遍，就背上小郵包上路了，將郵件由這一個扎康遞送到那一個扎康。從帕里到拉薩的沿途，經常見到這種郵差和用亂石堆砌成的小郵站。這些郵差們的薪水待遇很低，每個月只有五斗青稞，但是郵章的限制卻是要他們迅速遞送不得拖延。他們常是一個人行走，手裡拿著一根箭，箭上綁著六、七個馬鈴，一步一顚，鈴聲不斷，人們老遠就知道是郵差到了。

這天早上我並沒有聽到馬鈴的聲音，只覺得有個人輕手輕腳地向我靠了過來，我心想恐怕是盜匪竊賊，手裡緊握著手槍，向空中放了一槍。郵差被嚇得大叫了起來，趕忙說自己是郵差。也是萬幸子彈沒有打中他，不然就傷害了一條無辜的性命。

自從八月離開拉薩出遊，已經爲時兩個多月了，我開始感到歸心似箭，於是加快腳步趕路。在回拉薩的途中碰到不少剛從印度回來的朋友，我向他們詢問印度的情形，都說印度現今的生活費用比以前增加了一倍多，布匹和日用品的價格比戰前漲了兩到三倍，而且許多貨物根本禁止出口。這還罷了，英國人在印藏邊境嚴密檢查，禁止漢人進入西藏，抓到就判以重刑。英國人的這種做法到底是什麼居心？難道想徹底掃除漢人在西藏的勢力？而中央政府又爲什麼不予以嚴重抗議？

我心裡帶著這許多疑問，回到了分別兩個多月的拉薩。

【第十章】

西藏辦學

重返內地

到了一九四四年，我在哲蚌寺已經基本完成了經論的學習和辯論。能夠在七年的時間內學完五部大論，並獲得報考格西學位的資格，可以說是很快的速度，這與我自小在漢地寺廟中打下的顯教基礎，以及在漢藏教理院有系統的學習經教是分不開的。這一年的年初，我向所在的札倉提出報考拉然巴格西，即最高等級的格西。報名後，又在札倉裡放了一次「欽哉」，佈施全札倉的喇嘛茶和飯，因爲不放佈施是不能考格西的。由於我在平時辯經中的表現早已爲堪布所知，所以我的名字很快就提交給了寺廟，再由寺廟報呈攝政王。

這時的攝政王已由達龍扎活佛接替了熱振活佛。熱振在西藏的歷史上曾幾次出任過攝政王，但每一次的下場都不好。這一世的熱振活佛生怕再重蹈以前幾世的命運，特別請人來爲他打卦，同時又請護法神降神告知他以後的吉凶。結果打卦的人和護法神都告訴他，在未來三年中，他將有一場大難，避難的方法只有辭去攝政王，靜心閉關修法三年。熱振相信預言，選擇了達龍扎活佛來接任攝政王的位置。

達龍扎本是藏北的一位小活佛，在西藏算不上大貴族，在正常情況下根本不可能當上攝政王。熱振之所以選擇他，是爲了自己的今後打算，他覺得達龍扎沒有什麼太大的野心，而且選一位既不具備雄厚實力，又沒有複雜政治背景的小活佛繼任，三年以後待他躲過災難、東山再起時，才不會有什麼障礙。熱振將攝政王的位子交給達龍扎以後，便依照神靈的啓示，回到自己的廟子熱振寺閉關躲災去了。

達龍扎活佛曾和我在哲蚌寺同一個康村裡學經，彼此早就相識，他當了攝政王以後，我依然常去拜訪他。一九四四年年底，我參加了在攝政王面前的格西辯經，獲得通過，成爲西藏歷史上第一位獲得拉然巴格西學位的漢人。大願節時，我作爲新考取的拉然巴格西，依照傳統，在大昭寺的大殿前坐了一整天，任由來寺廟朝拜的人提出各種佛學上的問題。由於我已通過了五部大論的學習和辯經，所以一般的佛學問題是很難問倒我的。從此以後，寺廟和周圍的人開始稱呼我爲「洛桑珍珠格西仁波切」。

我入藏八年來，求法的目的已經基本上達到，在此期間不僅學到了經論，獲得了格西學位，而且還先後從一百多位有名的大德接受了六百多次密教各派的傳法灌頂，朝拜了薩迦寺和咱日山等，這些殊勝的因緣絕不是隨便可以遇到的。國民政府當初派我作爲交流學者入藏時，講明學習時間爲五年，每年由政府提供大洋一千，五年過後便不再提供資助，因此我在西藏最後的三年裡，無法再靠政府的津貼。我在西藏的所有生活費用，全部依賴在重慶的法尊法師、我的好朋友張蓮菩提和其他內地的友人接濟。到了一九四五年時，我身上的錢差不多已用盡，這時我開始考慮返回內地，一是闊別了八年，再說抗戰已近尾聲，想回去看看內地形勢的發展；二是我曾經希望能留在西藏，做一些對漢藏關係有益的工作，但在這幾年裡，我目睹了國民政府蒙藏委員會駐藏辦事處人員的交替和變化，政策的前後不一，中央派來的大員對如何團結西藏的上層社會和發展漢藏民族的關係一籌莫展，結果使中央政府和西藏地方的關係不進反退，在這種情形下，我深深感到自己留在西藏並不可能爲發展漢藏兩地之間的關係做成任何事情，於是決定還是返回重慶，先看看內地的形勢再做今後的打算。

打定主意後，我首先去拜見攝政王達龍扎活佛，向他辭行。攝政王很想挽留我，但見我主意已定，便對我說，「好，你既然急著回去，那麼我想寫封信給蔣委員長致以問候，希望你到了重慶能代我轉交。」

達龍扎活佛在給蔣介石的信中大致說道，「在西藏儘管有部分貴族受到了英國人的拉攏，但西藏人民是親近中央政府的，因爲漢族人民一向是藏人的施主，我們之間一直保持著良好的關係，特委託洛桑珍珠格西向您敘述西藏的最近情形，並帶上長壽佛一尊爲禮品。」

事實上，攝政王眼看此時內地抗日戰爭即將勝利，中央政府的力量強大了，希望藉此機會向蔣介石示好，同時他對於蒙藏委員會駐藏辦事處的一些做法一直心存不滿，知道我對西藏情況的瞭解，以及個人與寺廟和西藏地方政府的關係，遠勝過駐藏辦事處的人員，因此希望我能把自己所瞭解的眞實情況轉告給蔣介石。

返回內地的路線，我選擇了跟隨雲南土司的商隊，經西康入雲南再到重慶，希望能領略一下這一路上的風土人情。雲南的土司商人和我的交情一向不薄，他們最初來到拉薩做生意時，四處租不到房子，西藏的貴族不肯把房子租給不熟悉的外來人，他們於是找到了我，請我一定要幫忙爲他們說情。

我去見了這位貴族，講明由我來擔保。對方看到我喇嘛的身份，不再遲疑，便將房子租給了他們，從此我和這批雲南商人結成了好友，經常往來。土司聽說我準備與他們一同返回漢地，可說是一百個歡迎，同時又建議我在拉薩採購一批內地緊缺的商品，由他們的騾隊幫我運回內地，到了那邊轉手賣出，就能賺到三倍的利潤，這樣也就解決了我囊空如洗的困境。我聽從了他的建議，請他

取代熱振活佛擔任攝
政王的達龍扎活佛

爲我買了一批布匹和棉紗，夾雜在他們的貨物當中運去雲南。土司爲了報答我當年爲他們幫忙，運費分文不收。離開拉薩前，我又專門採購了一大批卡其布、毛呢、皮貨、絲襪等等，作爲禮品，準備送給重慶的親朋好友。闊別了八年，如今回去總不能空著手。這些東西在拉薩不難買到，可到了內地就成了人人喜歡的稀罕物品。

從西藏到雲南的傳統路線是西藏—西康—金沙江—羅隆宗，這一路整整走了三個月，可謂餐風宿露，沒有帳篷可以休息，晚上常常睡在露天。商隊要看馬匹的情況調整休息時間，因爲馬背上馱的是布匹和棉紗，馱到雲南便是一本萬利。那時昆明屬戰區，物資極度缺乏，什麼東西都能賣出好價錢，因此絕不能讓馬累垮。這一路長途跋涉，馬背經常被人騎爛，萬一馬匹在途中死了，非但貨物無法運到，人沒有馬騎，要穿越茫茫荒原也是無法想像的噩夢。

我們的商隊緩緩而行，過了羅隆宗向東南到達了瀾滄江，過江的方法驚險無比。原來瀾滄江上沒有橋，只有一條溜索懸在空中，連接兩岸，過江的人和牲口要用竹皮絞成的竹索吊在溜索上從江的一頭滑到對岸。這種竹索用的時間長了便開始脆弱，斷裂的事情也發生過，人一旦掉進江中，便立刻被激流沖走，連屍首也難找到。有時候由於慣性不夠，人滑到江中間便走不動了，此時無法前行又不能後退，吊在半空中眼看著下面波濤洶湧的江水，實在讓人丟魂喪膽。這時只能在對岸一頭掛起一匹騾馬用力打過去，把停在空中的人打到對岸。過江前，土司拿出酒，商隊的每個人都要喝三大碗酒壯膽。我平生從未飲過酒，但看著眼前這驚險的場景，心裡也多少有些緊張，不由得隨著眾人也喝了三大碗。好在沒有意外發生，人和貨全都平安過了江。

過了瀾滄江，我本以爲會從此一路平安，順順利利到達昆明，誰知前方還有更讓人想不到的意

躲過災難，雲南土司下令宰牛犒賞慶祝

外。土司本是雲南地方上的一霸，平日為人殘暴，以高壓手段統治敲詐百姓，而且為了爭奪利益，與地方上的其他幫派結了不少怨仇，因此在雲南不少人欲取他的性命為快。我們剛過了瀾滄江行走不遠，只見前方一個山口前突然閃出了八個彪形大漢，一字排開，每個人手中都持著槍械，橫擋在路中。土司一見，臉色立刻變了，馬上將我拉到一邊告訴我：「前方大概是劫匪，你是喇嘛身份，還是請你走在最前面，土匪是不會對喇嘛動武的；如果他們眞的開槍，我們會在你的身後立刻還擊。」

聽他這樣一講，我無法推拖，只能硬著頭皮走在最前面。我當時頭上戴著一頂雞冠帽，手持念珠，一身喇嘛形象，走到這八個大漢面前時，他們問我是什麼人，我回答是喇嘛，外出遊方；接著又問我後邊是什麼人，我說是隨從的侍者。這八個人立刻低頭跪下，請我為他們摸頂賜福，土司和他的手下則趁著這個機會趕忙從兩邊溜了

一九四五年返回內地時滑「溜」過瀾滄江

過去。事後土司才告訴我，這八個人正是他的仇人，打探到了他要回雲南的消息，便埋伏在路上，準備伺機做掉他，多虧了我，讓他逃脫了性命。從此以後，他便將我當成救命恩人，對我更是百般殷勤地招待。

到達雲南後，土司立即將我在拉薩買的貨物出了手，果然賺了三倍的利錢，我的口袋裡一下子有了四、五百萬的法幣，頓時闊氣了起來。

到了昆明，我首先找了一間洗澡堂子洗澡。在西藏的八年裡，我一直沒有眞正地洗過澡，身上的皮也不知結了多少層。一位搓背師父走上前來爲我搓背，他先是打量了我幾眼，然後開口說，「先生，您這身子一次可洗不乾淨，要洗上幾次才行。」接著又問，「不知先生有多久沒洗澡了？」我打趣地對他說，也算不上太久，不過八年而已，把他聽得目瞪口呆。

蔣介石見到了一位漢人喇嘛

休息夠了，養足了精神，我發了一封電報給重慶蔣介石的侍從室，說我攜帶西藏攝政王的親筆信，需面交總裁。對方馬上回了電，告訴我已通知空軍駐昆明的晏上校派運輸機把我送到重慶。第二天我就去昆明空軍司令部面見了晏上校，隨後就飛往重慶。到達重慶時正是一九四五年四月，抗戰即將勝利，重慶街頭到處可以感受到一種喜悅樂觀的氣氛。一到了重慶，我立刻去見太虛大師。老人家見我回來了十分開心，要我住在他那裡，詳細詢問我在西藏求法和生活的情形，並安排我在中央大學講授西藏佛學。不久，其他學校聞訊也來請我演講，一時各方應酬忙得不可開交。

沒多久，蔣介石侍從室來了通知，告知委員長要會見我，地點在上清寺。上清寺有一間求經中學，蔣介石就在那裡辦公。我就此事向太虛大師徵求意見，他支持我去會面，但囑咐我不要過多地牽涉到政治。太虛大師說國內目前的形勢複雜，各個黨派之間糾紛很大，委員長要見的人太多，頗有應接不暇之感。他又囑咐我去見蔣介石的時候，最好穿喇嘛裝去，會給他比較深的印象；如果穿中山裝或西裝去，這樣的打扮委員長見得太多，不會對你有什麼印象。除了太虛大師，周圍又有其他的朋友爲我出謀獻策。有人說，見蔣介石時，說話務必簡單扼要，如果有文章呈給他看，千萬不要寫得太長，最好寫一個一百字左右的提綱，長篇大論的東西他既沒時間看，也不喜歡看。會見的時間定在下午兩點，定久法師精通相術，在我赴會前專門爲我看手相。看完後他告訴我，可惜這次會見安排在下午，如果是在上午的話，將來我肯定很有權勢。

跟蔣介石會見的前兩天，陳果夫先召見了我，詳細瞭解了我的個人經歷和在西藏求法的情形，他鼓勵我把自己在西藏的觀感跟蔣先生詳細談談。陪同我會見蔣介石的是蒙藏委員會委員長羅良鑑，原來的委員長吳忠信此時已調往新疆任省主席。會見前，羅良鑑特別關照我說，見到委員長時，在西藏問題上請不要提出太多的建議，很多事情即便你提出來，我們也做不到；這並不是我們不想做，而是西藏地方政府不答應，我們又有什麼辦法呢？這時我開始感到蔣介石本人大概並不一定昏庸糊塗，倒是他手下用的這班人卻是無能之輩，不想做，也做不成事情。

按照太虛大師的指點，這一天我身穿喇嘛裝到達蔣介石的辦公室。警衛通報之後，蔣先生出來迎接我。握手時我只覺得他的手十分柔軟，不像是一位強人的手。我向他呈上了攝政王的親筆信和贈送的長壽佛像。蔣先生一邊讓座，一邊問我爲什麼去西藏。我告訴他是爲了求法而去。他又仔細詢問了我的家庭情況和經濟情形等等。我告訴他，我自小出家，入藏以前學習了藏文，做了充足的準備，我要爲漢地的僧侶爭一口氣，讓西藏的佛教徒看得起我們漢僧。如果進了三大寺卻一無所知，讓人家覺得內地來的法師學識淺薄，會貽笑他人。他接著問我有沒有什麼著作，我說有。他說，很好，你的著作可以直接交給我，不需要經過中間人。

話題轉到了西藏的局勢，蔣先生問，依你之見，我們應該如何開發西藏呢？我對他說，就我的瞭解，總體上，藏族的民眾對漢族是很有感情的，儘管有部分貴族想依靠英國人的勢力搞分裂，但那只是少數。我向他講起在西藏八年時的感受，我說到，我們要開發西藏，首先要真正瞭解西藏，懂得人家的文化和風俗，還要和上層階級有交往，得到他們的信任，才能做成事情。像這次攝政王主動要我帶信給您，就表示了他對漢族年輕人的信任。我個人覺得，西藏雖然國際關係複雜，但軍事力量並不強，不需要我們派軍隊去，中央政府對西藏的開發應該以長遠和穩健的策略爲最佳。長遠戰略中，首先應該是辦教育，因爲無論是現在或將來，我們在西藏都需要大量的人才和幹部，因此要從教育著手，要辦現代化、高品質的教育。如果我們不去發展教育，就要落後給英國人，因爲如今英國人在大吉嶺和哲孟雄都開辦了很好的學校，吸收了不少西藏貴族的子弟，他們正在那裡培養一批西藏親英勢力。

蔣先生似乎被我的一番話所打動，問我辦這樣一所學校，大約需要多少經費？我說開創的時候大概五十萬美金就夠了。我知道那時中國的外匯儲備還是不錯的，所以敢開這個口。蔣先生又對我說，你將來有任何事情，可直接寫信或打電報給我，不用經過其他部門轉呈。

趁著蔣介石詢問我經濟情況時，我借機向他敲了一筆竹槓。我告訴他，我現在正需要錢，因爲

蒙藏委員會聘函
聘為本會專門委員
茲聘
邢碧松先生為本會專門委員。此聘
委員長許世英

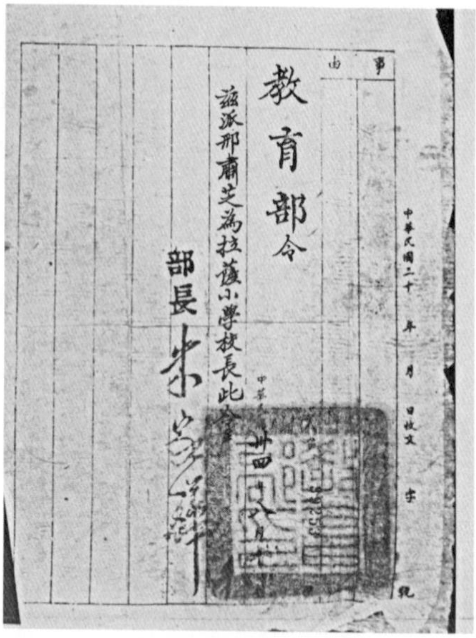
教育部部令
茲派邢肅芝為拉薩小學校長此令
部長朱家驊

左：蒙藏委員會的委任狀
右：由國民政府教育部長朱家驊簽發的國立拉薩小學校長的委任狀

我帶的錢在西藏都已經用完了，而且欠了債。我說我不需要政府撥款，如果能允許我在政府所屬的中央銀行用官價購買外匯就行了。蔣先生問我要購買多少外匯，我回答有五萬美金就足夠了。他立刻囑咐侍從室辦理撥款。我說不要讓我全買，買一半就行了。那時外匯的法幣官價和黑市價差得很遠，一塊印度盧比在黑市上賣到了五百，而官價才五塊。我從雲南帶回來的錢已差不多用盡，隨身帶回來的禮物也早已送完。這時的重慶樣樣缺乏，物價貴得驚人，年輕的姑娘喜歡穿裙子，但是買不起玻璃絲襪，只能光著腿，因此我從西藏帶回來的玻璃絲襪立刻成了搶手貨。

三天以後，蔣介石答應給我的錢就到位了，但我到中央銀行去取時卻拿不出來，於是我給陳布雷打了一個電話，陳告訴我你再去一次就沒問題了。我第二次再去銀行，果然順利拿到一張五萬美金的支票。我和蔣介石關於西藏問題的一番交談，顯然打動了他，會見後他即關照蒙藏委員會的羅良鑑委員長封了一個專門委員的頭銜給我，幾天之內，委任狀就送到了我的手中。那年我只有二十八歲，還是個娃娃！在國民黨的官場，像我這樣的年紀，若沒有後台和背景，不知要等多少年，經過多少苦心經營和謀略，才能撈到這麼一個位置。

我接受了這一任命，並不是想借此升官發財，而是希望將來能夠運用在政府內的影響和官職，推動佛教事業。多少年來，中國的佛教事業在政治舞台上沒有任何力量，十分軟弱，任人欺負。我小時候在江蘇的寺廟出家時所看到的寺廟遭人強佔、和尚被欺負的情形，一直留在我的腦海裡，心中始終有個願望，就是希望以後自己能夠在政府中有一定的權力，為振興佛教事業做些工作。我還有一個心願，就是希望能夠把漢地和西藏的佛教聯合起來，這樣才能眞正將中國的佛教事業發揚光大。

銜命返藏

我的前途當時有幾條路可以選擇：一是作為一名藏學和佛教專家，以講學為主，那時已經有不少大學請我去講課；二是去閉關靜修一段時間，把在西藏學到的密法實修，可證得大成就；三是參加國民政府開發西藏的工作，發揮自己的優勢和特長。本來我並不急於選擇哪一條路，畢竟離開內地已有八年之久，還是應該好好看看形勢的發展，多熟悉一下周圍的環境，再做決定。但就在這時，教育部卻派人找上了門。

來者是教育部邊政司司長凌純聲，此人是一位留學法國的博士、中央研究院院士，另外還兼任中央大學教授和邊政系主任。凌教授特意上門來和我商量在西藏辦學的事情。他告訴我，關於在西藏辦學校的事情，中央政府早有考慮，在陳立夫當部長時就已做了決定，只是始終沒有找到合適的校長人選，這次我被蒙藏委員會任命為委員，加上我本人對西藏的瞭解和與當地政府的關係，實在是校長的不二人選，因此教育部準備委任我為國立拉薩小學的校長。事實上，多年前，在拉薩的一位名叫馬干臣的回民就開辦了拉薩小學，以招收當地的回民子弟為主，以後駐藏辦事處將學校接管了過來，但由於缺乏資源和有能力的人主持，學校未能有長足的發展。

這次教育部準備重新組辦，小學將直屬教育部，故稱為國立拉薩小學，這在全國還是首例，當時還沒有任何小學能夠享受國立的待遇。凌教授又表示，他已經接到了教育部的指令，要派我去拉薩辦學。我回答他說，恐怕你已經遲了一步，我已接受了蒙藏委員會委派的工作，對於辦學的事情沒有辦法立刻答應你，我還要仔細考慮。在西藏辦學本是我向蔣介石提出的建議，但我當時最大憂慮是能否找到合適的師資和具備各種資源，因此對於這項任命還要慎重思考一下才能決定。

太虛大師支持我去西藏辦學，這與他一貫主張發展教育、實現人生佛教的理想相符合，但他並不希望我太多地涉入官場，圈在政治圈子裡面。太虛大師對國內政治局勢的發展並不樂觀，抗戰雖然勝利，但他老人家已經感覺到新的政治風暴即將來臨。

凌博士回到教育部，將我的情況向部長朱家驊做了彙報。朱部長要他繼續做我的工作，並表示有什麼困難或為難的地方儘管向教育部提出。於是我提出了三個要求，如果要我當這個校長，第一，我要擁有處理一切的全權；第二，我要能掌握預算和財務安排；第三，學校的人事安排要經我同意，上方不能隨便安插人進來。不久教育部答覆同意我的全部要求，授予我全權處理學校的事務，無須層層向上彙報。

過了三個月，到了將近雙十節的時候，凌博士向我介紹了一位名叫胡繼藻的朋友。胡先生畢業於清華大學，獲電機工程和社會學的雙學士，對西藏很有興趣，願意去那裡辦學。不久，教育部又向我推薦了一個人，此人精通藏文和英文，曾經在西藏學經拿到色拉寺的格西學位，後來又在印度的孟買大學教過書，名叫康剛民，人現在西藏。接著又有朋友先後介紹了一位曾在中央大學學經濟的老師和教育學院的一位教員，兩個人也想去西藏教書，這樣我就有了四個基本骨幹，都是很優秀的人才，於是我終於答應了教育部重返西藏，任拉薩小學的校長。

教育部的任命拿到了，但是經印度赴西藏依然十分困難。儘管中英在二次世界大戰中結成同盟，共同抗擊法西斯，但英國人依然嚴密控制內地經印度赴西藏的人，不肯輕易發給簽證。想經這條路線去西藏，只能以赴印度講學爲理由申請簽證，到了印度後再潛入西藏，不讓英國人知道。

這時太虛大師替我想了個辦法，那時在重慶的社會名流中有一個「素食會」，每月辦一次，參加者均是中外各界的名流，包括考試院院長戴季陶、英國駐華大使和參贊、法國駐華大使等，大家坐在一起品嘗素食，談談佛學，常常請太虛大師主持。恰好此時在印度泰戈爾大學中國學院擔任院長的譚雲山剛剛回國，太虛大師便把我和譚教授一同帶到素食會，逐一向在座的名流介紹說我是他的弟子，剛剛從西藏回來，正要到印度泰戈爾大學去講學。譚雲山立刻應聲附和，向在場的英國大使表示要爲我去印度講學申請簽證。當時英國駐華大使叫作薛穆爵士，經太虛大師介紹我們互相認識，又和他談了佛學，原來他也喜歡參禪，儘管未必懂得多少佛學。在場的還有一位叫作普洛夫的參贊，對中國的禪宗倒是頗有研究，很喜歡談論佛教，包括西藏的密宗，和我交談得十分投機。經過太虛大師精心安排的這次素食會，我才能和英國大使館的官員建立起關係。

過了幾天，我前往英國大使館回拜普洛夫。他雖然是參贊，但並不負責簽證，簽證歸英國駐重慶總領事審批。於是我又去拜訪薛穆大使，恰巧大使有事外出，但他太太在家，普洛夫當場爲我引見。我向大使夫人表示自己是太虛大師的弟子，要到印度去講學，不知是否能拿到簽證。薛穆太太當即關照普洛夫，以她的名義寫封信給總領事，簽證的事情請他酌情處理。英國大使館和領事館並不在一起，領事館設在嘉陵江南岸，我拿著這封信立刻趕到總領事館，領事看到大使夫人的信，便立刻批准了簽證。

除了我，另外幾位赴藏辦學的人也在分別申請簽證，準備由印度秘密入藏。爲了不引起英國人的懷疑，我們決定分頭上路。這時印度的政治局勢動盪不安，反英的浪潮不斷高漲，甘地與尼赫魯（編註：印度首任總理）都被關在監牢裡，印度民眾到處用石頭砸英國人的商店，幾乎天天都有抗議遊行，這混亂的局面正是我們潛入西藏的大好良機。

入關涉險

飛到印度的那一天，我身無分文，五萬美元的外匯支票揣在懷裡不能用，要到了加爾各答的中國銀行才能兌現。我上了飛機，一眼就見到英國大使館的普洛夫參贊，正巧和我搭乘同一架飛機準備經印度回英國，於是我們兩人聊了一路佛學。

到達加爾各答機場後，他用計程車直接把我送到中國領事館。到了中國領事館我就放心了，因爲駐藏辦事處在領事館中有一個部門是專門負責採購的，可以先跟他們借錢使用。在我出發以前，教育部和蒙藏委員會都向駐藏辦事處發了通知，告知我已被任命爲特別委員和拉薩小學校長，辦事處對於我的到來已經有所準備。

到了加爾各答，我住在中國旅行社在那兒辦的一個招待所，這時因爲水土不服生了病，招待所安排了一個名叫羅布的工作人員照顧我。羅布本是西藏出來的漢人，通西藏話，也會講印度語，我把他留在身邊做傭人。我休息了幾天身體康復後，立即上路，我和羅布將自己打扮成西藏人，趁著混亂搭上了印度的火車直奔大吉嶺。不久前，駐藏辦事處的沈宗濂處長剛剛從拉薩抵達噶倫堡，準備回上海參加國民大會，知道我即將到達，沈處長特意指示將他使用的幾匹騾子留下給我使用。

這天晚上月兒高掛，寒氣逼人。當我們匆匆趕到噶倫堡時，騾子及其他行軍用品已準備停當，我一身藏裝，騎上騾馬連夜趕路。第二天天亮到達了一個英國設置的員警哨，哨兵問道，你是什麼人。我說我是西藏人，準備回拉薩過年。哨兵一擺手就放我過去了。過了員警哨，走到下午之後，天突然下起大雪。我們到了一個村莊，在村子的主人家裡借地方喝杯茶，歇息片刻，準備繼續趕路。這時村子的主人好心勸我說，你不要再往前走了，前面要上山，越到山上雪越大，今天你們是過不去山的了。我心想噶倫堡是英國人控制的地區，這裡的住戶魚龍混雜，其中有不少是英國人的眼線，不能輕易相信任何人的話。想到這，我謝過了主人的招待，不理會他的勸告，繼續上路。

出了村子便開始上山，果然不出主人所言，接近山頂時雪越下越大，地上的積雪幾乎沒過了膝蓋，我們頂著大雪到達山頂時，只見周圍四野茫茫，不辨東西，覺得身體疲憊不堪，寒冷刺骨，見到山上有不少過路人搭起的瑪尼堆，於是就過去烤火取暖。本來想休息一下，等到雪小一些再繼續趕路，誰知天公偏偏與我們做對，大雪不停地落下，絲毫不見減弱。不久，瑪尼堆已經燒完，再無東西可燒，我只能把袋子裡的鈔票拿出來燒火。看著冒著火苗的一把把鈔票，心裡已經顧不得可惜，想的只是如何尋路下山，保住性命。此時漫山白雪覆蓋，根本找不到下山的路，又不敢輕易向前探路，生怕掉進深溝裡。正在無計可施時，不小心手一鬆，結果馬就跑掉了。馬背兩側馱著很多重要的文件，包括我和蔣先生及中央各部通訊的密電碼，還有很多鈔票，萬一遺失就不能進西藏了。於是我只能咬著牙上前追馬，跟著馬蹄的印子向前追趕，馬背上馱的東西稀稀落落地掉了一路，我在後面邊追邊撿。此時身上穿的皮袍已經被雪全部打濕，十分沉重，再加上要將馬丟下的東西背在身上，這滋味更是難以形容。

在下山的途中，更有神奇古怪的事情不斷發生，先是遇到了兩隻狗熊，晃晃悠悠地向著我走過來，我急忙衝上高處，倚在一根電線桿旁邊，拔出藏刀準備拼命。但狗熊卻沒有理會我，從我的腳下溜溜達達走了過去。

之後我走著走著，眼前又突然現出一片村落，隱約可見房子的煙囪還在冒煙，我心中大喜，急忙走近一看，哪裡有什麼村落，不過是一排矮樹，矮樹上面覆蓋著積雪，遠處看去如同村莊一般。接著又有一條大路展現在眼前，可以清楚地看見有人騎著馬在上面匆匆趕路，我心想這下好了，路上出現行人，離有人煙的地方肯定不會太遠，但再走近一看，仍是一無所有。

這時眼前的幻覺和現出的境界越來越多，我不由得開始警覺，自知這些幻覺都是自己的心識所顯，按佛法的解釋是人多生累積的業力在起作用。《金剛經》說，「凡所有相，皆是虛妄。」如果此時執著於這些幻象，必入魔境而不可自拔。想到此，我開始定下心來，屏除雜念，口中誦持咒語不斷。就這樣跟隨著馬蹄，一路掙扎著走到天濛濛亮時才到達一個村子，恍若夢中一般，看上去似乎眼熟，卻又不記得這是什麼地方。進得村子，驚動了主人，開門一看，我不由得愣住，原來這位主人就是昨天勸我們不要上山的那位，此地正是昨夜歇腳的村子，原來牲口識路，走了一圈又把我們帶了回來。

再次見到這位主人，心中頗感慚愧，昨日不聽人勸告，因而險些送命。主人卻是十分熱心好客，幫我們把皮袍、褲子烤乾，又爲我們燒茶取暖。等太陽出來後，我們備好騾馬，再次辭別了主人，沿著昨天的舊路重新出發上山。到了山頂上又看到昨晚取暖時所燒的鈔票和瑪尼堆的灰燼還堆在那裡，彷彿依然冒著青煙。此時我們還沒有進入西藏，仍然在錫金境內，這裡還是英國人的地盤，要翻過山向西再下去才到西藏的邊境。

晚上我們到達山下的驛站，驛站裡熙熙攘攘擠滿了赴西藏的商人，吵吵嚷嚷一起議論著明天過關的事。只聽到其中一個商人問另一位：「你帶了多少紙煙啊？」對方回答：「我帶了六馱貨，已經交過稅了。」因爲紙煙進入西藏是要抽稅的，從印度進入西藏必須事先和西藏海關講好，才會被放行，印藏邊境的關卡都有士兵把守。這個問話的商人又說：「我只帶了四馱，也給了錢啦。」我一聽，馬上湊過去說：「哎，我這也有幾馱貨，咱們一道走怎麼樣？」商人們表示同意。第二天出發時，我就混在商隊的馱幫裡，到了過關時，西藏關卡的士兵用英語問我：「Is this yours ?」（這是你的嗎？）我說：「Yes.」（當然是我的）。士兵向我們擺了擺手，我們就這樣順利通過了關卡。

過關之後，我快馬加鞭趕路，一口氣走了大約六十英里，到達了帕里宗。這裡是西藏海拔最高的地方。到達帕里，我開始放心一些了。在這裡見到了我要找的康剛民，我對他說：「老康啊，在重慶的時候就有人推薦你和我在西藏一起辦學，你可不要拒絕啊。」康剛民馬上答應了下來。康先生和帕里宗的宗本是好朋友，正在宗本的家中做客，宗本名叫崔柯。

當時中央政府與西藏聯絡的所有郵件都必須經由印度轉到帕里，然後再通過西藏的郵政轉到拉薩，因此在帕里駐有一些內地的辦事人員。從帕里到拉薩的道路相對顯得平坦，這時正是藏曆新年十二月底，西藏人快過年了，我騎著一匹馬，身邊跟隨著傭人羅布，肩上挎一支裝有二十發子彈的毛瑟槍，經常是披星戴月地奔走在路上。

在去拉薩的這條路上，時常有搶劫的事情發生，當年我從西康入藏，是由噶廈派兵一路保護；這次進藏卻不同：我此次是帶著特殊的使命秘密入藏的，不能太過招搖，只能自己保護自己，處處提高警惕。每當在路上看見有人出現在我的前後時，我就放慢腳步讓他先過去，或加快腳步超過對方，手裡的二十響毛瑟槍子彈全部上膛，隨時應付任何突然發生的意外。

國立拉薩小學小史

到達拉薩時正是新年，熱鬧非凡，所有藏官高級的人物都身穿黃袍，低階的官員則身穿紫袍。我們先在一個雲南商人朋友的家中借宿了一晚，第二天立刻趕去駐藏辦事處報到。辦事處已經接到蒙藏委員會的電報，知道了我的使命。過了些天，其他幾個教員也陸續抵達拉薩。

拉薩小學的校址設在一個叫作基督壩的地方，學校的教員加在一起有二十來人，包括來自內地各方面的人才。因爲經費充足，開辦得很順利。由於西藏物資貧乏，辦學所需要的大部分東西都要從印度運來，筆記本是在印度印刷的，學校使用的書和部分文具則要在內地購買，由外交部使用外交郵包空運到印度，不需入關檢查，然後由中國大使館委託商人轉運到拉薩交給我們。

學校不收學費，學生的所有費用都由校方負擔；對於家境困難的學生，校方還給予補助。除此

拉薩小學的骨幹康剛民，西康人，曾在色拉寺當喇嘛並考取格西，精通漢、藏、英文

之外，學校每年還發給學生兩套校服。國文課程使用教育部的統一教材，藏文和其他一些特殊的課程，如社會學等，由我們的教員自行編寫。學校還採用了電化教育，即從南京運來教育電影。從辦學初始，我就按照我向蔣介石闡述的想法，務必將拉薩小學辦成一所現代化、高水準的學校，把英國人比下去。

一九四六年春天，學校正式開學。第一學期就招收了一百八十七名學生，開設十三個班。這一批學生主要爲定居在拉薩的漢族、回族子女，有相當一批是雲南商人的後代，雲南大商人馬家就將孩子送來讀書，其他在西藏經商的漢人，包括北京商人也將他們的子弟送來學習。後來又有尼泊爾人、拉達克人、喀什米爾人、蒙古人的子弟也紛紛前來入學。入學年齡幼兒班一般在六、七歲左右，其他年級則按八歲、十歲、十六歲來劃分，高年級班的入學年齡一般要到十五、六歲，每班學生的入學年齡都比較平均，學校教維吾爾文、回文、英文、漢文等多種文字，一年下來，學生的成

績普遍都很理想。

到了第二年，學生增加到二百五十多人，並增加一班，變爲十四個班。這個班專門招收西藏貴族子弟。吸引貴族子弟入學是件很困難的工作，漢藏民族之間多年來錯綜複雜的關係，加上英國人的不斷挑撥和用種種利益拉攏西藏的貴族，使得這些貴族對來西藏開發事業的漢人疑慮重重。同時，他們一向看不起當地的漢民，因爲當地的漢人大多爲當年滿清駐藏士兵的後代，多數家庭貧窮，沒有接受過多少教育，而且從事的大都是下等工作，比如殺豬、殺羊、種菜、縫紉等等，因此他們不想讓自己的子女和漢人一起讀書，總是把子女送去印度，在英國人開辦的學校就學。

在拉薩小學開辦的第一年裡，西藏地方政府和所有貴族對我們的一舉一動都在好奇地觀看，英國人更是密切注意著辦學的進程和效果，他們都想知道我們是否眞正在辦學，還是利用辦學而搞其他名堂。英國人曾經在拉薩附近開辦過一間學校，租用了貴族功德林的地皮，但學校開辦不久就遭到三大寺喇嘛的反對，喇嘛們不希望英國人在西藏借著辦教育而擴大他們的影響，更不想看到西方的思想和生活方式引入西藏。結果，在三大寺的壓力下，英國人不久就被迫將學校關閉。

從辦學初始，我心中就十分清楚，西藏各方的人都在注意著我們的發展，因此不能出任何差錯，只要我們能把教育辦好，就能獲得他們的信任，相信我們是眞心在辦教育，爲西藏人民謀福利。

經過一年，拉薩小學站住了腳，學校成績斐然，有口皆碑，加上我們不時地對貴族進行工作，這時噶廈政府開始相信我們確實是在辦教育，不少貴族也開始動了心。一次康剛民先生對一個貴族講，「你們何必把孩子送到那麼遠的地方，花這麼多錢去受教育？現在我們開辦的學校裡，先生都是名牌大學請來的，懂幾種語言文字，都是專家，我們的水準絕不差過英國人。」

一九四六年在校長就職典禮上講話，學生、教師及駐藏辦事處官員齊聚一堂

康先生在西藏生活了多年，又擁有色拉寺格西的身份，講話有說服力；而我的背景更是早已被大部分的貴族所知，於是開始有貴族將子女送來了。在藏文班裡，我們不僅教授藏文，也教授英文；又根據貴族子弟的特點，在貴族班裡同時教授藏、漢、英三種文字。學校的組織包括教務主任、訓育主任、推廣主任，負責向西藏貴族做宣傳；專科主任有音樂主任、幼稚園主任及各班班主任等等。由於師資雄厚，辦學認眞，聲譽很快便傳遍了西藏，甚至傳到了印度。

到了第三年，學生已發展到三百多人，規模達到十八個班。兩年下來，學校聲譽越來越卓著，不僅讓英國人看著眼紅，在國際上也已有了名望。一些來往於四川、雲南和印度的商人到處對人講拉薩小學的成績。越來越多的貴族看出我們是眞正在辦教育，於是陸續把他們的子女送來讀書。

慶祝兒童節時向學生們發放禮品

學校繼續發展下去就需要擴建，當初建立時就規劃有藍圖，我們準備修建自己的校舍。建校舍必須要劃定一片房基，而地皮是由噶廈政府控制的，要麼直接購買，要麼和噶廈政府溝通，由噶廈直接撥出一片專地。我們當時劃出的一片地位於拉薩郊外的南面，靠近拉薩河，到處覆蓋著樹林，規劃中的校舍包括籃球場、網球場、操場等等。但此時國民黨政權已經開始動搖，國共戰場上解放軍已經取得了優勢，今後的前途難以預料，因此我沒有向噶廈開口要這片地。其實以我和噶廈的關係，如果眞的開口是可以拿到這片地的，但土地拿到後不能建設，又有什麼用呢?

爲了豐富學校的生活，我們專門帶了一部電影機去，還有中央電影製片廠提供的電影，記得其中有王人美主演的片子，在當地放映時十分轟動，因爲在西藏一般的老百姓是看不到電影的。放電影的工作交給胡繼藻負責，他是學習電器工程的，懂得如何操作。有一段時間，學校每星期都在操場上放一次電影，招待學生家長和市民。這時人們從四面八方趕來，房頂

學生們的拔河比賽

小學生們在操場上列隊

上常常站滿了人，幾乎將房子都給壓塌了。

拉薩小學因爲預算雄厚，教師的待遇在全國算得上首屈一指，最高薪水爲每月一千美金，不知是當時內地教師的多少倍。教員胡繼藻的哥哥在美國讀博士學位，全靠弟弟在拉薩小學的工資供養他，直到取得學位。我們的薪水由教育部從內地匯到印度，再由駐印度的大使館轉交給我們。一次印度國際大學的譚雲山先生告訴我：「我和朱部長談話，他說你這個校長的薪水大大超過了他這個部長啊！」拉薩小學用美金支付薪水，而內地教育部職員拿的是法幣，當然部長的薪水還比不上我這個小學校長。

此外，教育部規定學校開多少班就要有多少班的辦公費，這部分經費由校長來支配，包括應酬、修理、教材、用具等等，因此我手頭上的資金是很充足的。拉薩小學所享受的優厚待遇使內地很多人眼紅，爭著要來學校任教。一九四八年我到南京開會時，負責邊疆事務的立法委員都來請我吃飯，他們有子弟在中央受過教育後需要四處安插，希望我能幫忙安排在拉薩小學教書。但我有自己選擇教員的標準，要看推薦來的人是否合適，是否具備眞才實學。我在接受校長職務時與教育部談

拉薩小學部分小學生

拉薩小學的校籃球隊

妥的三個條件之一，即是人事安排要由我決定，上層不能硬把不合適的人安插進來。

拉薩小學人才濟濟，不少教員都有傲人的背景。胡繼藻老師是清華大學畢業的高才生，擁有電機系和社會系兩個學士學位；康剛民老師原是孟買大學的教授；李有義先生是燕京大學的教授；教授藏文的察珠活佛則是西藏著名的文學家，他本來是甘丹寺的活佛，後來離開了寺廟，娶妻成家，寺廟也無法干涉。這些人都是一流的人才，我們的小學實際上是由大學老師來任教。

學校的教職員裡包括來自各方的人，因爲僅靠我當年在內地找到的幾個教員，是無法辦成一個學校的，因此還要在當地吸納一些人。學校也聘請部分兼職教師，比如當時在駐藏辦事處任科長的李有義先生，當時他負責管文化教育，我也請他來教學。西藏地方政府也推薦一些漢人教員給我們，他們的教育水準並不高，有的只懂得一點文字，但我也聘用他們，付較低的薪水。這樣做一是爲了保持和西藏官員之間的朋友關係，二是這些人很可能是西藏地方政府的眼線，派過來觀察我們的學校是眞的在辦學，

入學不久的貴族子弟

還是在從事其他的活動。因此只有任用他們，才能解除西藏地方政府的疑惑，這些人的薪水一律用藏銀支付。此外，學校也聘請了一些中央派到西藏來的特務，擔任兼職教師。這些特工人員要在西藏長期待下來，必然需要有個工作作為掩護，於是學校就成了他們最理想的選擇。我當年向教育部強調我必須擁有學校人事權的目的，實際上就是不想讓學校成為特務的據點。但由於在西藏能夠使用的人力資源有限，學校還是聘用了幾個在西藏從事特務工作的人，但他們的薪水只有專職教員的一半，因為他們另有自己的生活來源。

國民黨政府曾經派了不少特務進入西藏，軍統、國防部二廳和中央黨部都派出了各自的特工人員，他們當中很多人夾雜在青海商隊中步行到西藏，也有些扮成喇嘛入藏。這些特務開始時隱蔽得很好，但時間久了便漸漸露出了馬腳。由於他們是中央政府派來的，待遇優厚，手上的經費充足，於是乎生活奢侈，部分人吃喝嫖賭，驕橫跋扈，時間一長就引起人們的注意，為當地的老百姓所反感，進而被西藏地方政府發覺。

西藏噶廈政府也有自己的情報系統，由一位名叫作薛崗的濟眾僧官負責，他到處打探和監視在拉薩漢人的舉動。國民黨特務在西藏四處發展情報人員，其中有當地的漢人，也有喇嘛為了換取報酬而向特務提供一些不為平常人所知的消息。收集情報的對象還包括在西藏的外國人，其中有一位奧地利人，名叫亨利・哈瑞爾（Heinrich Harrer），在奧地利時本是個工匠，曾入伍當過兵，以後遊蕩到了西藏。這個人從未受過高等教育，但手巧，能做各種工匠活。他在西藏居無定所，四處遊蕩，經常在貴族們的家中走來走去，為他們打雜，或做一個噴水池、或修馬桶、或安裝電器等等，有時也幫著西藏軍隊訓練炮兵開炮。駐藏辦事處每月付給他一百五十兩藏銀，要他提供一些他所打聽到的布達拉宮和噶廈政府的消息。這個人不僅把西藏地方政府的消息出賣給駐藏辦事處，倒過來又將辦事處的一些情況提供給噶廈政府，從兩邊拿好處。以後他和達賴喇嘛混熟了，進了布達拉宮教達賴英文。一九五九年，他和達賴一起逃亡到印度，後來寫了本書，叫作《西藏七年與少年達賴》，書中很多內容都不是眞實的情形，但此書卻被好萊塢看中，拍成電影，在西方造成不小的影響（編註：電影名爲《火線大逃亡》，由布萊德・彼特主演）。其實這個人既不懂西藏文，也根本不是個學者。

由於拉薩小學的財力雄厚，各種人包括特務都找上門來。爲了滿足學校發展的需要，我只能擇才選用，也聘用了幾個有特務背景的人，但絕不讓他們將學校當作特務基地。

藏兵被毆風波

到了一九四八年，拉薩小學已經發展得頗具規模。這一年，學生增加到了三百多人，學校的發展獲得各方人士的讚揚。但就在這年的夏天，卻發生了一件驚心動魄的事件。

一天，由徐建章和汪藻兩位教師帶著一部分學生，去一個幼稚園操場打球。走到半路上，突然迎面遇到兩個喝得爛醉的西藏士兵，這兩個士兵跌跌撞撞地闖進了學生的隊伍中，將學生們嚇得四下逃跑。兩個老師抓住這兩個藏兵後，因勸阻無效，便下了手，把這兩個醉鬼打得頭破血流。隨後他們將兩個士兵拖到了學校校部，向我請示應該如何處理他們。我房間裡有幾支槍，有毛瑟槍和其他的長短槍，兩個教師告訴我說藏兵身上有槍，他們也想借我的幾支槍用一用。聽他們一講，我心

左：被打得頭破血流的滋事藏兵
右：藏軍招基兵司令索康多傑代本（左）與駐藏辦事處處長陳錫章

知事情不妙，這兩人已經闖下大禍，藏兵絕不會輕易甘休，如果處理不好，會給整個學校帶來滅頂之災。我趕忙說：「且慢，事情的來龍去脈你們先講清楚，我們再做打算。」一面心裡盤算著如何送走這兩個被打傷的藏兵，將事情善了。

果然不出我所料，被打傷的兩個藏兵所在的兵營很快就有所反應。這個兵營是西藏最有名的招基兵，以凶悍著稱，曾經跟隨十三世達賴掃蕩駐藏的清軍。兵營接到士兵失蹤的報告後，立刻派出一排全副武裝的藏兵包圍了學校和駐藏辦事處，不准任何人出入，來勢洶洶，氣氛十分緊張。這時我只能運用平時與噶廈政府的交情，設法解決這個危機。

招基兵的司令就是噶倫索康的弟弟多傑，噶倫索康兄弟兩人和我常有交往，又是麻將桌上的牌友。第二天一大早我就趕

左：軍統駐拉薩站長蕭崇清（又名馬敬佛），此人後來因為在拉薩行兇殺人被調回內地
右：軍統派駐拉薩的特務蔣劍秋，此人酷愛唱戲，為青衣票友

到了噶倫府，因爲時間還早，索康還沒有起床。此時我已顧不上禮節，直衝進他的房間去，把他從床上拉了起來。我對他說，「這件事情無論如何要請你幫忙，請先下令把包圍駐藏辦事處和學校的軍隊迅速撤回，有什麼事情我們可以慢慢商量。我要處罰我的教師，你要處罰你的士兵，因爲我們是好朋友，不要把事情搞大。」

聽我一講，索康也感到事情的嚴重，立刻爬起床來下命令讓統兵的如本撤兵。如本是西藏軍隊的官銜，下轄二百五十人。如本接到索康的命令後，立即撤走了包圍學校的藏兵。事態平息之後，如本又派一位官員來看我，我就和顏悅色地對他說，「這次事件的發生，雙方都有過失，否則是打不起來的。第一，這兩個士兵喝醉了；第二，他們驚嚇到我們的學生，所以遭到老師的攻擊。作爲校長，我會處罰

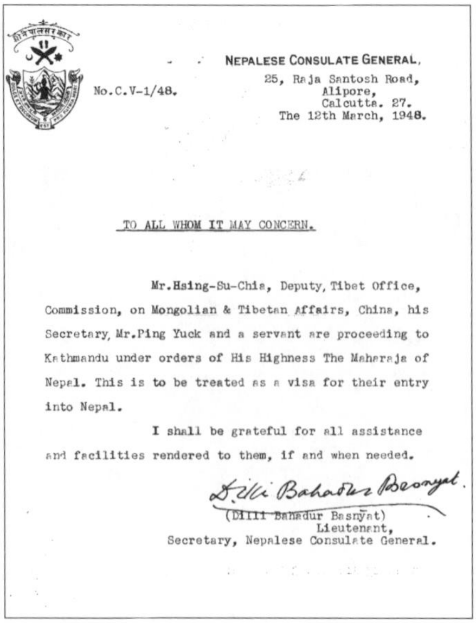

NEPALESE CONSULATE GENERAL,
25, Raja Santosh Road,
Alipore,
Calcutta. 27.
No.C.V-1/48.
The 12th March, 1948.

TO ALL WHOM IT MAY CONCERN.

Mr.Hsing-Su-Chia, Deputy, Tibet Office, Commission, on Mongolian & Tibetan Affairs, China, his Secretary, Mr.Ping Yuck and a servant are proceeding to Kathmandu under orders of His Highness The Maharaja of Nepal. This is to be treated as a visa for their entry into Nepal.

I shall be grateful for all assistance and facilities rendered to them, if and when needed.

Dilli Bahadur Basnyat
(Dilli Bahadur Basnyat)
Lieutenant,
Secretary, Nepalese Consulate General.

赴尼泊爾的簽證

COMMISSION ON MONGOLIAN AND TIBETAN AFFAIRS
NATIONAL GOVERNMENT OF CHINA
TIBET OFFICE
Ref. No.
LHASA 2nd Dec. 1947

CERTIFICATE

This is to certify that Mr. Shing Su-tse, Deputy of this Office aged 30 and native of Chenkiang, Kiangsu, [illegible] to India for medical treatment and recuperation and requires about 5 months stay for the said purpose. We request all your civil and military authorities to let him pass freely and afford him assistance in case of necessity.

This Certificate is issued him in lieu of a passport and is valid for one year only.

Photo of Bearer

Hsi-chang Chu
Associate Director
in Charge.

國民政府頒發的旅行證件

我的老師；而你最好在帶回這兩個醉鬼之後，也給予他們處罰。」會談的結果，使這個如本感到十分滿意，他向司令彙報說，這位年輕的校長很會處理事情。就這樣一場危機化解了。

應邀訪問尼泊爾

不到三年，拉薩小學已經在西藏遠近聞名，名聲也傳到了尼泊爾和印度。這一年，尼泊爾政府透過在西藏的代表處邀請我赴尼泊爾訪問。尼泊爾曾和西藏訂過合約，在西藏擁有治外法權。即是說，尼泊爾人在西藏經商是不受西藏地方政府管轄的。我收到尼泊爾政府的邀請信後，走吉孟雄赴尼。和一九四五年那次入藏辦學不同，那一次我是秘密地回藏，但這一次卻持有官方護照，可以名正言順地出入。

我在西藏邊界的吉孟雄會見了英國駐錫金的總督霍金森（Hawkinson）。這人是個西藏通，能講一口流利的藏語。我到印度是以治病療養爲理由，但到尼泊爾卻是以拜佛的名義去訪問，因為不想讓印度人知道，他們會懷疑我去尼泊爾是要從事什麼特別的使命。在辦理去印度的手續時，英國駐西藏代表黎吉生（Richardson）提出要見一見我，因為他也知道我在西藏辦學，名聲很大。早就有人告訴我說，英國人對我恨之入骨，甚至想「做掉我」。但黎吉生和我見面時倒是彬彬有禮。在我赴印度前，他專門舉辦了一個宴會，邀請我和駐藏辦事處的所有人員，而且簽發了我所需要的簽證。

我從江孜一路到錫金的首都崗拖，沿途都有英國的班卡樓，即專門招待行人的旅店，有專人管理，設備齊全。住這種旅店需要有英國人發的通行證，每到一地就要出示。由於事先辦好了手續，一路上我所住的都是班卡樓，十分舒適。

既然到了崗拖，我就順便去拜訪英國總督霍金森，同時也想向他借一部汽車去大吉嶺。會見後，他設宴招待我，就這樣在崗拖住了一兩天。印度與錫金之間有邊境，彼此往來需要有通行證，邊界關卡是一道橋，叫作龍布橋。我從崗拖到了大吉嶺，在那裡正好趕上藏曆的新年，周圍的村子裡家家戶戶都在忙著過年，只有我自己一人孤零零地待在旅館裡，氣氛冷清。過年時間，也不好意思去別人的家中打攪。此時從窗口向外望去，只見遠方的山巒起伏，白雪覆蓋，近處的村子炊煙繚繞，洋溢著過年的喜慶，天、地、

錫金境內英國人建造的班卡樓

一九四八年赴尼泊爾訪問前，與送行的拉薩小學教職員和部分學生家長合影留念，左起第七腰間佩槍者為邢肅芝

人和諧地構成一幅秀麗祥和的景象，心中不由得生出一分感慨。這時腦子裡產生了一個念頭，自己從小出家，在外闖蕩了多年，如今已年過三十，一直顧不及照顧自己的母親，或許也應該成家，在內地娶一位妻子，將來可以照顧自己的母親。自從我離家求法後，多年來母親一直過著清苦的生活，是應該讓她老人家享受一下清福了。

過了年以後，我乘坐火車赴尼泊爾邊境，提前通知了尼泊爾政府。印度的火車不能開入尼泊爾，因為印度的火車用的是寬軌，而尼泊爾的火車是小火車，只有正常火車的一半大，鐵路是窄軌。到達尼泊爾時已是下午五點多了，尼泊爾政府派了移民局長和一位外交部官員在邊境迎接我，當晚安排我在政府的招待所住了一晚。第二天，兩位官員陪我坐火車一直到終點站，然後換乘汽車，到了喜馬拉雅山時，再下車改騎馬。當晚我受到當地縣長的招待。第三天騎馬翻越喜馬拉雅山，翻過山後再乘汽車赴首都加德滿都，這

左：與尼泊爾首相摩漢桑仙合影

右：在大吉嶺與美國籍天主教神父（中）、噶倫堡小學校長（左）合影

一路一共花了四天的時間。到了加德滿都以後，尼泊爾官方安排我下榻在一棟有花園的洋房，並指派兩位外交部官員安排並陪同我的各項訪問活動。第二天我先拜會了國王，然後拜會了首相摩漢桑仙。幾百年來，尼泊爾一直是由首相掌握實權。首相要他擔任首都衛戍司令的兒子一起參加會見，首相的女婿則任國務院的秘書長。除了官方訪問，我也參觀了不少地方，遊覽了當地的名勝，一共停留了兩個星期。

同西藏相比，尼泊爾的教育事業明顯比較進步，大、中、小學系統齊全，而且學生數目可觀，加德滿都的中學學生很多。在訪問的過程中，我體會到尼泊爾人對中國人的感情很好，儘管清朝時他們曾經和中國打仗，被乾隆皇帝的軍隊打敗，以後向中國進貢，一直到民國。那時在尼泊爾還沒有英國的領事或代表。尼泊爾的領導人信奉印度教，是廓爾喀人的後裔，但人民大多數是蒙古裔，信奉佛教的人很多。

他心通喇嘛的預言

我離開尼泊爾經印度赴南京，應邀參加中國邊政教育會議。到了香港，我發了一份電報給中央，告訴他們我第二天將抵達上海。那時上海的飛機場在龍華，我因爲帶了不少的書及禮品，因此請求中央關照海關免查。抵達上海時，南京政府派了個官員來機場接我，這位官員對我熱情周到，幫我打理各種事情，我想請他吃頓飯，他卻怎麼都不肯。記得他當時身著一身西裝，頭髮油亮，卻買不起襪子，光了一雙腳穿著皮鞋。臨向我告別時，他對我說，「請先生到了南京見到我們處長時，不要忘記說上幾句。」意思是要我在他的上司面前替他美言幾句。我聽了心裡很是感慨，國民黨的這套官場文化實在令人不敢恭維。

這一次到南京沒有見到蔣先生，但見了陳果夫等其他人，他們希望我回到西藏後和他們保持聯繫，將西藏的情況告訴他們。我在邊疆教育大會上提出了加強邊疆教育的一些看法，也和教育部就如何繼續開展拉薩小學的工作交換了意見。教育部要求把我最得力的助手胡繼藻先生調去後藏，在日喀則的札什布倫寺附近建立一間分校，於是我就把胡先生和康剛民先生這兩員最得力的幹將調去後藏辦學。我試著向蒙藏委員會的人探問我是否能調回內地工作，結果他們告訴我，還是回西藏的好，在那裡起碼可以維持一段時間。這裡的形勢越來越糟，他們在這裡的人還不知哪一天會死，怎麼個死法呢！南京正在舉行國民大會，此時國民黨的軍隊在國共戰場上已經開始節節敗退，整個南京政府上下彌漫著一股悲觀的氣氛，人人心情沉重。

公事辦完，我即去看望母親。母親那時的生活很清苦，房子也沒有了，於是我用自己的積蓄爲

上：一九四八年與母親和兄弟們合影
下：一九四八年在鎮江火車站

一九四八年在鎮江與少年時的師父守培老和尚合影留念

母親買下了一棟有花園的房子。原來的房主是歐陽竟無先生的親戚，曾任江西電信局的局長，大概在任上撈了不少錢。這是一棟很體面的房子，有花園和車庫，我當時想，將來可以改成博物館，把我在西藏收集的各種佛像和佛具放在這裡展覽。

在南京，各方人士都來給我介紹對象，其中不乏名門大家的閨秀、女大學生，但我都謝絕了。最後我選擇了母親為我物色的對象，是一位在鎮江師範學院學習邊疆教育的學生，我們在鎮江訂婚，然後就準備結婚。我的老朋友歐陽無畏當時正好在南京，特地來到鎮江。我和歐陽商量，不在南京結婚，因為那裡的朋友太多，應酬起來吃不消，所以決定在杭州結婚，只請一些比較親近的朋友。那時是九月，政府把法幣改成金圓券。還好我們帶的是美金，換成金圓券，用多少就換多少。

一九四八年在南京與曾在哲蚌寺一同學經的歐陽無畏合影，他此時在政治大學擔任教授

離開西藏赴南京前，我在拉薩遇到了根桑活佛。從在漢藏教理院時起，我就和活佛結下了很深的情誼，他曾傳給我很多密法。這次他來拉薩朝佛再次相見，自然是喜出望外。有一天他派徒弟來叫我立即去他那裡，說是一個有道行的高人到了，現在他那裡，第二天就要走，要我快去相見。這個修道有成的人是個喇嘛，功夫高深，修成了他心通等各種神通，能知道別人心裡在想什麼。這個喇嘛與一般看相算命的人不同，只要你坐在他的對面，不用你開口，他就能講出你心裡正在想的事情，而且能預知未來，解答你想要知道的各種問題。

我想問的第一件事，是國共之間的鬥爭何時能解決。他開口說，我看見了兩個大湖，一個湖裡有條大蛇，另一個湖裡是條大鯨魚。大蛇的湖裡水在翻動，鯨魚的湖裡水也在翻動，然後就平靜了。

這時我心裡想，這兩個湖會不會合併在一起呢？他馬上又說，我看不到這個跡象，這可能要等很多年。

我接著想到自己的婚事，喇嘛又說，「哎呀，我看到有一個寶塔，從寶塔上掛下來很多彩旗。」

我心裡接著想到，這次返回內地，不知能不能再回到西藏？我是有點想調回去的，因爲在西藏住得久了。喇嘛告訴我說，他看見一張中文的紙張送到我這裡，我收下了，就回西藏了。因爲他看不懂中文，所以說不出紙上寫的是什麼。

他心通喇嘛所預言的除了第一件，其他的幾項樣樣都說得一點不差。我結婚的地點在杭州，喇嘛所說的寶塔，就是鎮江金山寺的寶塔。他說的那張紙，即是我接到的在蒙藏委員會升官的通知。我這次升了簡任官。簡任下面是薦任，再下面則是委任。

結婚以後，我的原意是將妻子留在南京照顧母親，但她卻堅持要和我一起回到拉薩。她在師範時學習的是邊疆教育，一心想到西藏去工作，最後我只能依了她的心願。我太太不能騎馬，於是我在印度僱了轎子，由兩班轎夫輪流抬轎，一直到了拉薩。這是我第三次入藏。

驅漢事件和噶廈政府的通牒

一九四九年六月，國民黨政權已在全面崩潰之中，在戰場上兵敗如山倒，共產黨已經奪得大半壁的江山，即將取得全國政權。而這時西藏的政治形勢也日趨複雜，拉薩市面上流傳著各種謠言，有的說攝政王收到了一個郵包炸彈，又有人說攝政王要用毒藥害死達賴喇嘛，因爲他覺得這個達賴喇嘛是假的。也有在拉薩的漢人傳說見到了藏兵，他們要出動去捉拿國民政府派到西藏的特工。七月八日這天一大早，街面上便開始吵吵嚷嚷，有人傳言藏兵已經出動了，要去捉拿攝政王，因爲他說達賴喇嘛是假的。拉薩的居民一向喜歡看熱鬧，不一會兒，各家的屋頂上都站滿了人，伸長脖子

駐藏辦事處工作人員合影，攝於一九四六年

四處觀望。到了將近中午的時候，沒有任何事情發生，看熱鬧的人才漸漸散去。但我心裡似乎有一種不祥的預感，幾天來虛虛實實的各種謠言和動靜，好像正在醞釀著一件不尋常的大事。

剛剛用過午飯，駐藏辦事處的勤務員便氣喘吁吁地來到我家，請我立刻去辦事處，說陳處長有要事和我商量。我趕忙來到辦事處，只見處長陳錫章面色鐵青，見到我開口便說：「出了大事，我們要趕快想辦法。」接著便向我講起剛剛發生的事情。

當天上午，一位噶宗（噶廈政府的秘書）來到駐藏辦事處告訴處長陳錫章，說是噶廈有重要的事情請他過去商議。駐藏辦事處所在地基督壩離噶廈府很近，步行就可以到了。陳錫章到了噶廈府，接見他的是噶倫索康。當時噶廈政府的四位噶倫是：讓巴喇嘛、魯康瓦、噶雪巴和索康。索康開門見山地對陳錫章說，「你們的國民政府在和共產黨的戰場上節節敗退，徐蚌會戰之後已經撤出南京，搬到了廣州。如今國民黨不論跑到什麼地方，共產黨就追到什麼地方。爲了西藏地區的安全和保護達賴喇嘛，我們不希望共產黨追到西藏來，所以請你們離開，所有國民政府在西藏的辦事機構和人員都必須撤走。」

說完，立刻將一份西藏地方政府的正式書面通知當場交給陳錫章。通知上說，國民政府蒙藏委員會駐藏辦事處、國立拉薩小學、在日喀則札什倫布寺的小學、交通部拉薩電台，以及其他所有的中央政府派到西藏的特務人員，必須在兩周內撤出西藏。如果超過兩周，西藏地方政府將採取行動。

陳錫章表示如此重大的事情，他必須向中央政府請示。索康則毫不客氣地回答道：「這就不必了，因爲我們派在中央的代表已經通知了你們的中央政府；而且從現在開始，你們交通部設在這裡的電台也不能再使用，我們已派兵去拆除電台了。」噶廈政府的態度很強硬，毫無商量餘地，對所有中央政府的駐藏機關都下了驅逐令。

這就是歷史上有名的「驅漢事件」，是西藏噶廈政府借國民黨在戰場上失敗爲理由，企圖將中央政府的勢力再次趕出西藏而發動的一次突然襲擊。整個事件策劃得非常周密，事先沒有露出一絲痕跡和風聲，所有在西藏的特工人員和我們這些駐藏官員全都被蒙在鼓裡。據說爲了決定這次行動，四個噶倫曾秘密開會。開會的時候互相不說話，以防洩露秘密。他們之間用一個小手牌來互相交談，把各自的意見用西藏的竹筆寫在手牌上，互相傳看，看完之後抹掉再重寫。就這樣達成統一意見，做出決定，然後立刻開始下命令調兵遣將。駐紮在後藏一個營的五百士兵接到命令後，秘密地開進拉薩近郊。拉薩本來有兩個營駐守，一個是招基代本，共有五百個士兵；另外在羅布林卡駐有一營五百士兵保護達賴喇嘛，此時加上從後藏調來的一營人，使得拉薩的駐軍達到了一千五百人。國民黨派到西藏的情報人員實在是不中用，中統、軍統等各部門的特工，對如此重大的軍事調動竟然一無所知，噶廈就這樣神不知鬼不覺地完成了部署。

噶廈的動作十分迅速，在向陳錫章發出驅逐令的同時，五十多個藏兵便佔領了我們的電台，切斷了我們與中央政府的聯繫。接著，每個駐藏特務人員的家門口都出現了兩個藏兵看守，可見這些特務的身份和住宅早已被西藏地方政府探聽得一清二楚。而陳錫章居住的公館，則有四個藏兵嚴密看管。只有我，因爲有拉然巴格西的特殊身份，噶廈沒有派兵來看管我家。陳錫章原本在外交部擔任總會計師，以後他的上司沈宗濂被調到西藏任駐藏辦事處處長，他也來到西藏擔任沈宗濂的副手。沈宗濂離開拉薩回到南京後，由陳錫章一直擔任代處長。在事變發生之前，蒙藏委員會已經決定將陳錫章調回內地，而由當時任蒙藏委員會藏事處處長熊耀文來代替他，調令已經發出，但由於內地形勢混亂，新的處長一直沒有上任，使得陳錫章遲遲無法回到內地，拖到這次事件的發生，竟然成了被驅逐的對象。陳錫章的身體本來就不好，想到眼前這件事情的嚴重和危險，高血壓的老毛病立刻犯了。

講完了事情的經過，陳錫章接著對我說，「噶廈要我們必須在兩個星期之內撤離西藏；如果超過兩個星期的時間，他們就不客氣了。你知道他們的手段是相當厲害的。」我把事情的前後經過仔細想了一遍，直覺告訴我這次事件的背景絕不單純，一定又是英國人在背後搞鬼，或許就是印度駐西藏商務代表黎吉生出的主意，多少年來他們一直在暗中挑撥西藏地方政府和中央的關係，如今眼看國民黨政府即將垮台，於是去慫恿噶廈政府利用這個機會將漢人和中央政府的勢力趕出西藏。陳錫章問我的意見如何，我對他說，「目前的形勢，我們已經沒有什麼餘地，國民黨在戰場上已是強弩之末；一旦國民黨垮了台，我們在西藏工作的這些人的薪水都成了問題。沒有接濟，又怎麼生存下去？既然早晚都要撤，我的意見還是接受噶廈的要求，迅速將人員撤出為上策，以保障大家的安全。」陳錫章的主張和我相同，於是我們決定儘快將所有人員從西藏撤出。

駐藏人員中有一批強硬份子，尤其是一部分接受過特別訓練的特工，對撤出的決定不服氣，覺得堂堂的中華民國官員怎能如此被人欺負？他們主張把在拉薩的漢人武裝起來，發給他們槍支，以武力和噶廈對抗。其中少數幾個人平日便對陳錫章不滿，甚至打算藉這個機會先把他幹掉。我心知不妙，趕忙去奉勸他們，和他們仔細分析了當時的形勢，我說，「噶廈政府在通知我們撤退時，已佈置好了軍隊，要和他們交火，只能是自取滅亡；況且我們手裡只有短武器，而且人少勢弱，一旦打起來不僅堅持不了多久，也不會有援兵，最後只能做無謂的犧牲。我勸這些人此時大敵當前，大家必須團結一致，同心協力，切不可自相殘殺。當年駐藏的清軍就發生過內亂，結果被十三世達賴喇嘛掃蕩乾淨，今天我們可不能再重蹈清朝軍隊的覆轍。」總算我平時與這些人關係相處得不錯，一番苦口婆心的勸說下，將一場可能發生的內亂平息了下來。

恐怖籠罩的城市

根據當時的《印度日報》所載中央社電，西藏當局向國民政府代總統李宗仁所提出的「驅漢」理由，與噶廈政府對我們講的基本相同，報載：「蒙藏委員會頃接西藏當局七月九日自噶倫堡上李代總統電稱：因為防範共產黨侵入西藏，故請中央在拉薩電台、學校及中央各主管機關離開西藏，此項決議經西藏人民大會決定者云云。西藏當局未經呈准中央機關，其用意何在，恐有不可思議之處，此實乃違法背理，中央正在等待事態發展之原因明朗後，再做決定。」事件發生後，蒙藏委員會很遲才得到消息。這時國民黨政府搖搖欲墜，各部門之間的聯繫已經十分混亂。事實上，在七月八日事件發生的當晚，拉薩的特工人員曾架起了秘密電台和蘭州通了話，但這一如此重要的消息卻沒有及時傳到蒙藏委員會。

此時駐藏辦事處的工作人員並不多，陳錫章的太太、女兒以及英文秘書柳升騎都已經到達了印度噶倫堡。處裡有一位名叫劉洪的專員，加上藏文秘書李國霖，另外還有一個辦事員密慧喇嘛，他本是一個漢僧，地位不低，但他沒有去廟子裡學經，卻來到駐藏辦事處幫忙。另一個是藏語翻譯張旺，他是藏漢混血，雖然不識文字，但藏語講得很好，人也精明。其餘的都是僱用的勤務人員，大多是當地漢人的後裔。事情一發生，劉老先生和李國霖都因爲害怕而犯了心臟病，尤其是李國霖生在巴塘，在西藏居住了多年，想起西藏的歷史以及當年十三世達賴驅除漢人時所使用的毒辣手段，便受了驚嚇，以致臥病不起。於是整個辦事處還能辦事的人，就只剩下陳處長和我兩人。我既是拉薩小學的校長，又是蒙藏委員會的委員，和噶廈商談撤退細節只能由我來承擔，於是我答應陳錫章親自去找噶廈談判。

我的格西身份和以往和西藏地方政府官員及貴族結下的交情，在此關鍵時刻派上了用場。噶廈知道我平時身上從不帶槍，是在西藏辦教育的，因此沒有派兵來監視我，所有的漢人官員中，只有我一個人還可以自由出入。我來到噶廈政府，對噶廈的人說，「要我們走可以，但不能這樣走，我們總還是中央政府的代表，大家好來好散。」我向他們提出了幾個要求：第一，我們可以選擇經印度回國，但這樣要爲我們辦理簽證；其次，噶廈政府要給我們準備烏拉；再有就是要保證我們的安全，派藏兵將我們護送至邊境。噶廈大約是巴不得我們早日離開，我所提出的這些要求全部都答應了。接著，他們派遣一個名叫江俄巴的貴族少爺負責幫我們辦理護照，他帶來一位尼泊爾的攝影師到駐藏辦事處給所有的人照護照照片，以便和印度的商務代表接洽。

護照照片剛照完，情況又有了變化。在我們做出了最終決定以後，中央駐藏人員準備撤離西藏的消息就不脛而走，這時我們駐印度的大使館接到了消息，大使羅家倫立刻就我們借道印度撤出的事宜和印度總理尼赫魯商議。印度政府表示對西藏問題非常關切，最後答應特許駐藏辦事處人員不需簽證經印度回國。

接下來的幾天，整個拉薩被一種恐怖氣氛所籠罩。隨著兩周期限的逼近，被勒令驅逐的漢人官員人心惶惶，紛紛變賣家當，打點細軟。有人被藏兵帶走去盤問，還有人家裡被藏兵闖進去翻箱倒櫃，局勢一片混亂。儘管西藏地方政府同意幫我們準備烏拉，但不少人已經在西藏安了家，有家眷和行李，因此自己也要準備騾馬。我將全部家當變賣換了一千多盧比，買了兩匹牲口，供我太太、剛出生不久的女兒和傭人使用。也有小部分人反而因禍得福，他們平時四處向人借錢，負債累累，正好藉此機會一走了之。這時拉薩的藏民見了漢人躲避還唯恐不及，債主們此時哪裡還敢上門追債，只能自認倒楣了。

全部撤退的人員共一百三十多人。最初的計畫是所有的人員全部從西藏一起撤退到印度，但是後來有些人不願意到印度，他們要求向東走進入西康，因爲他們當中相當一部分人是西康巴塘人，包括江新西、江鎮西、江太太及孩子、男傭人珠珠、劉步升、趙松南、冶生輝、賈噶扎西（康永吉）、太太扎桑及三個小孩、傭人裙達、春載陽、閔志成及太太、男僕阿多、白士楨、白士奇、馬成文等，最後這批人並沒有隨大隊撤到印度，他們由噶廈提供烏拉，向東撤退，由昌都返回巴塘。

就在我們即將撤離拉薩的時候，噶廈忽然派人來邀請，說是專門爲我們安排了告別宴會，請我們出席。到底去還是不去，辦事處裡意見不一。有人說宴無好宴，這必是鴻門宴無疑，千萬不要上他們的當；而且在這個時候來請吃飯，豈不是存心要戲弄我們。我說如果西藏地方政府眞的想要幹掉我們，早已下手了，不需要設此圈套。我們現在還是中央政府的代表，不去讓人覺得我們小氣，還是應該大大方方地去。陳錫章採納了我的意見，辦事處的主要成員都出席了宴會。

噶廈的宴會倒也辦得很體面，酒席開始之前，噶倫先代表西藏地方政府分別贈送陳錫章五千盧比、李國霖秘書和我各一千盧比，作爲路費。按照西藏人的習慣，這些鈔票包在犛牛皮紙中，上面寫著贈送者的名字。

臨撤出的幾天，我和陳處長忙著清理駐藏辦事處和拉薩小學的財產。辦事處的經費很富裕，每年有上百萬，辦事處的工作人員每月都有很高的薪水，另外這些經費中有部分用來佈施和與西藏的上層貴族交際，比如向達賴喇嘛贈送禮品等等，有時也要宴請噶廈和貴族吃飯。我曾對前任處長沈宗濂說，西藏的貴族是很講究階級的，你把大小貴族一起請來吃飯，其結果是小貴族在大貴族的面前連話也不敢講一句。做他們的工作要有針對性、有區別，這樣才能達到團結他們的效果。

沈宗濂任處長時，曾從印度買回許多黃金，一塊黃金重二十五盎司。撤退時，陳錫章建議把黃金分配給幾個人分別攜帶，萬一在撤退途中失去聯絡沒有錢用時，可以把黃金變賣來維持生活。他將五塊黃金分給了我，總共一百二十五盎司，我身上只帶了一塊，以防緊急時需要，其餘的分別放進了米袋或糌粑口袋裡，隨它丟不丟我都不在乎，因爲這個東西背在身上太重了。

到達印度後，我把這些資產歸還給了公家，後來這些黃金都在印度市場上變賣了。此外，駐印度大使館有一筆專門撥出來的外匯款子，用來接濟由西藏和新疆撤退出來的人員。那時不僅西藏發生了驅漢事件，新疆也發生了變動。新疆一部分國民黨人，如陶峙岳率部向共產黨投誠，而和國民黨關係很深的一部分特務則向南逃竄到了巴基斯坦和印度。那時巴基斯坦和印度還沒有分家，這筆款子也用來接濟他們。到羅大使回國時，剩下來的錢交給了一個在印度經商的中國商人，由他繼續接濟陸續逃到印度的國民黨人員。

被西藏地方政府驅逐的只包括中央機關的官員和特務，在西藏寺廟中學經求法的漢僧並沒有受到影響，他們全部留了下來。三大寺的事務一向只能由寺廟內部自行處理，西藏地方政府不能隨便干預。當時在哲蚌寺學經的漢僧有十幾二十位，色拉寺有一兩位，他們當中有的後來自動離開西藏，沒有受到阻攔；也有的留了下來。除了漢僧，在拉薩經商的漢族商人也不在驅逐之列，他們可以繼續留在西藏，經營他們的買賣。

撤出拉薩

經印度撤退的隊伍共一百一十四人，分成三批撤離。噶廈政府派了一個營長率領七十個藏兵護送，第一批共三十九人，七月十四日離開拉薩；七月十七日第二批人出發，共有三十八人；第三批出發的時間是七月二十日，共三十七人。其中譚興沛已經在印度，正要回來。此時西藏地方政府已經全面封鎖了漢藏邊界，漢人只許撤出，不准進入。在驅漢事件發生時，蒙藏委員會正好派了一個叫米林浦的新任專員從青海到西藏來，他已經秘密到達那曲，但在潛入的過程中被西藏地方政府抓獲。米林浦幼年在西藏長大，會說一口流利的藏語，原是北京商人，也曾在拉薩小學服務過，這次趕上驅漢事件，也被納入驅逐之列。另外，駐藏辦事處的李秘書身體不好，兒子準備到拉薩來照顧父親，本來已從巴塘到達昌都，也被西藏地方政府擋在了昌都，不准入藏。噶廈政府的用意很明顯，想利用這次機會將漢人的勢力清除，重演幾十年前十三世達賴喇嘛的驅漢運動。

跟隨我們撤到印度的人之中有一批是服務人員，共二十三人，他們將我們送到印度後又回到了西藏。除去他們，撤到印度的中央派駐西藏的人員，總數應是九十一人。

撤出的路線是：第一站是聶塘，從聶塘到秋水附近就要用牛皮船橫渡雅魯藏布江。本來在秋水有木船，但我們用的是牛皮船。然後翻山到羊卓雍湖，沿著羊卓雍到拜地，再到扎那、那龍、康馬、聶如堆、沙瑪達、加那、多南、多清、康瑪，然後到達帕里宗。拉薩小學派到後藏辦學的胡繼藻和康剛民，從日喀則趕來這裡和我們會合。隊伍在亞東曾停留一天，和英國駐亞東商務官交涉。我們希望從錫金趕到噶倫堡，因爲錫金的公路已經修到了喜馬拉雅山邊，從亞東到印度可以縮短不少行程。但亞東的商務官卻無論如何也不答應，說是亞東的旅店容納不下這麼多人。於是我們只好選擇另外一條路線，即從亞東到郎拉，郎拉到納當，納當到宗托巴，宗托巴到白洞，從白洞到噶倫堡。爲了安全起見，我安排我太太帶著女兒跟隨第二批人撤退，我自己由於要處理各種善後事務，便跟隨最後一批人員撤出。

我的大女兒是在西藏出生的，出生才幾個月就發生了驅漢事件。她出生時，我們本來想請英國商務處的醫生來接生，結果在晚上我的太太就突然分娩，英國醫生住的地方很遠，根本來不及去叫，只能由我自己來接生。幸好我在印度時遇到一位在江蘇醫學院畢業的女士，她告訴我接生時需準備哪些東西，應該怎麼樣操作，還幫我買了生產用的紗布等等。等到醫生趕來時，孩子已經順利生下來了。撤退時該怎樣把她帶著走成了個問題，是背著還是抱著，我們一時拿不定主意。後來我的一位朋友，曾經做過帕里宗縣長的崔柯（又名敦珠次仁），專門爲我的女兒製造了一只木箱，箱子的上面用紗布蓋住，再用皮條套起來，用人背著走。就這樣，我的女兒被人背著翻過喜馬拉雅山。不下雨還好，一旦下起雨來，儘管打著傘，箱子裡還是灌了水，幾個月大的嬰兒就這樣被泡在水裡。每到一個驛站，即刻要把箱子解下來，用乾布將她的身子擦乾淨。幸好我女兒的身體很強壯，一直到印度都沒有生病。女兒自小生命力很強，剛剛滿月的時候，一晚她忽然不停地哭叫，我們跑到她的房間，看不出任何不妥，最後才發現她的床頭不遠處有兩隻毒蠍子。我們把蠍子趕走後，她立刻安靜了下來，我的心中暗暗地感激諸佛菩薩的加被，保護她不受到傷害。

我帶領著最後一批駐藏人員從拉薩撤離，噶廈派來的藏兵沿途一直護送著我們。望著前方的喜馬拉雅山，我想起了前後三次入藏的經過，心中不免湧起一陣感慨。自己受恩師太虛大師的鼓勵，將一生中最好的年華奉獻給西藏，本來希望開拓邊疆的教育事業，造福藏民，發展漢藏關係，但最後卻是這樣一個令人悲哀的結局。歸根結底，國民黨是個不爭氣的政府，腐敗無能，對外和共產黨鬥爭，內部自己人又勾心鬥角，這樣的政府如何能統治國家，又怎麼能不失敗呢？

在西藏的八年裡，我曾親身體會到西藏大部分人民對漢人和中央政府還是很有感情的，但多少年來國民黨政府對於西藏的工作沒有明確的方針，更談不上一套連貫而有步驟的政策。派去西藏的官員多不通藏語，不了解西藏的文化背景和民情，更不懂得如何團結西藏的上層社會和三大寺的僧侶，因此始終無法展開工作，開拓出局面。

在驅漢事件發生後不久，《印度日報》發表了一篇文章，這篇題為「西藏問題」的文章，探討了國民黨政府治藏的得與失，特別強調文化與宗教因素在與西藏交往中的重要性，其中說到：「其時能具遠見而欲以中藏文化，以溝通中央與地方感情者，則為故佛教領袖太虛大師耳。渠創辦漢藏教理院，並選派弟子赴西藏攻讀，今日西藏人民之對祖國具有向心力者，皆太虛大師之力也。西藏離心力之發生，不自今日始，數年前早具跡象。惜中央缺乏遠見之士，未能顧及耳。今日拉薩之有漢人所辦學校一所，其所主持者，亦太虛法師弟子也，非國民黨之官員也。人才外交何其重要乎？」

太虛大師當年支持我赴西藏辦學，但又諄諄告誡我不要過多涉入官場，不要加入黨派，可見他老人家早已預見到國民黨政府的必然結局。

作爲太虛大師的弟子，一個學佛多年的修行人，我對世間法上的得與失並無執著之心，世間萬法無非是因緣的和合，緣聚而生，緣散而滅，自性本空，無一不是虛幻假有。修行人執著於世間法，便不能證道。當初入西藏時，我本是爲了求學佛法而來，在這個外界稱之爲神秘的香格里拉，我學到了至高無上的密法，考取了拉然巴格西，拜訪了一百多位西藏密教各派的大德，接受了六百多個傳法灌頂，如此殊勝的因緣可遇不可求也。人能至此，夫復何憾？

到了喜馬拉雅山的腳下，我們的隊伍和護送的藏兵就此分手。我將佩帶在身上的手槍解了下來，交給護送的藏兵軍官，告訴他說，我已經不再需要這個東西了，請你把它帶回去吧。接著，我轉過身，口中再次誦起蓮花生大師的心咒，最後一次翻上喜馬拉雅山。

【後記】

曲終人散以後

震驚世界的驅漢事件發生以後，我們這批國民政府的官員，包括蒙藏委員會駐藏辦事處、交通部直屬拉薩電台、教育部直屬拉薩小學各機構共一百多人被迫撤出了西藏。當時經印度撤出的這支隊伍，本來可以走崗拖，借道錫金，從那裡乘吉普車沿著平坦的大道直達印度的噶倫堡。但印度的商務代表以崗拖沒有足夠的住宿條件為由，拒絕了我們的要求。因此，我們這一批男女老少只能騎馬翻越喜馬拉雅山，經過幾天艱苦的行程才抵達噶倫堡。在噶倫堡，我們受到了當地華僑團體的盛大歡迎，並為我們安排舒適的住處。不久，我們來到加爾各答，由當時中國駐印度大使羅家倫設法將我們從印度送回中國。

蔣介石此時已經撤退到了台灣，國民黨政府名義上遷到了廣州，由閻錫山主持內閣。這時逃亡到印度的國民黨官員越來越多，由於在新疆的國軍將領陶峙岳率部向解放軍投誠，許多忠誠於國民黨的官兵由南疆逃亡到了印度，他們長途跋涉，翻山越嶺，歷盡種種艱難，有的為了保存性命，甚至在荒山野嶺上將親生兒女丟棄，其境遇比我們這些從西藏撤出的人更為悲慘。為此，羅大使專程飛到廣州，向閻內閣爭取到了一筆經費以遣返滯留在印度的國民政府官員，並安排招商局派輪船將我們送回廣州。但不久後，國民黨軍隊在戰場上繼續潰敗，閻錫山內閣又將政府從廣州遷到了重慶，在大陸做最後的苟延殘喘。

上：一九五二年在香港與弟子們合影
下：一九六〇年代，邢肅芝（右一）與張澄基、于想想夫婦攝於美國

蒙藏委員會曾要求我返回廣州。但為官幾年，我對這個政府已經徹底失去了信心。我隨即向國民政府遞交辭呈，辭去在政府中的所有職務。一九四八年赴南京參加邊疆工作會議時，我曾途經香港，在那裡遇到了許多虔誠的佛教徒，其中有太虛大師的弟子，也有的曾跟隨貢噶活佛和諾那活佛學習密法，他們都熱切地希望我將來能到香港弘法。有此因緣，於是我決定移居香港。

一九五九年抵達舊金山時，受到當地華僑社團的歡迎。左為僑領黃期田，右為林登博士

一九五〇年一月三日，我從印度飛抵香港，恰巧我的老同學張澄基居士與夫人于想想女士（國民黨元老于右任之女）此時也在香港，張澄基逢人便說有一位真正懂得密宗的人到了，於是便不斷有人找上門來向我請教密法。不久，我覺得因緣成熟，便開始講經說法。我向那裡的佛弟子們講授宗喀巴大師的《菩提道次第略論》。由於沒有漢譯本，只能使用藏文原著，隨講隨譯，翻譯出的經文分期登載在香港的佛學雜誌上。遇到根器好的弟子，我也向他們傳法灌頂。這些弟子中有大資本家、銀行經理，也有警察局的高級警司，甚至還有外國駐香港的領事。在我抵達香港後不久，駐藏辦事處處長陳錫章也攜夫人來到香港，他沒有繼續追隨國民黨政府，以後從香港回到了北京。

我在香港講授藏傳佛教的消息傳到海外以後，一九五七年，美國西雅圖華盛頓大學東方語言學院院長衛達理博士（Dr. Turrell V. Mylie）親自來到香港，邀請我赴華盛頓

一九八七年與老朋友、全國人大常委會副委員長阿沛・阿旺晉美，在北京人民大會堂西藏廳再次相逢

大學講學。我接受了他的熱情邀請，但表示要等我將宗喀巴大師的著作講授圓滿後才能動身。一九五九年二月十一日我來到美國，在舊金山受到當地華人學者及僑團的盛大歡迎，《金山日報》亦專門加以報導。

在我抵達美國後不久，西藏發生了叛亂，達賴喇嘛於三月十七日逃亡到印度。消息傳到西方國家，引起了很多人對西藏歷史與文化的興趣，美國的新聞媒體爭相上門對我進行採訪，又有不少大學和學術機構邀請我去主講西藏佛教文化。此後，我便以專家的身份參加美國聯邦政府的工作，直至退休。

幾十年來，我雖身在海外，但一直關注著有關國內，特別是西藏的形勢和發展。一九五〇年，解放軍向西藏進軍，在昌都一帶一舉擊潰了由噶倫阿沛・阿旺晉美率領的藏軍。接著，中央政府與西藏地方政府的代表阿沛簽訂了和平解放西藏的十七條協議，並得到達賴喇嘛的擁護。由中央政府的代表張經武和張國華將軍率領的解放軍進駐了西藏，中央政府終於名正言順地對西藏地區完全行使了應有的主權。這是自明朝以來各朝各代的中央政府想做而未能完全做到的事情。

一九八七年，我應邀參加了在北京舉行的第一屆國際藏學研討會。在大會上我發表了論文，並且見到了不少闊別多年的老朋友，其中包括阿沛・阿旺晉美。五十年前我在昌都與他初次見面時，他是駐昌都藏軍的軍糧官，如今已經成爲國家領導人，我們相見甚歡。一九九七年，他再次在北京人民大會堂西藏廳接見了我。

老朋友告訴我，西藏解放後，當年「驅漢事件」中經西康撤出西藏的部分人員，後來隨著入藏的解放軍又回到了西藏，他們當中不少人娶了藏族女子爲妻，如曾在國防部二廳擔任電報員的譚熹，聽說他後來的生活很好，文革後他以修理自行車爲業而成了萬元戶。曾在拉薩小學教書的汪藻，被安排在北京佛學院工作，以後又被推薦到政協。我的好朋友，曾任帕里宗宗本的敦珠次仁，解放後擔任了拉薩市的市長，備受重用。西藏叛亂時曾任藏軍司令的噶倫拉魯，改過自新後成爲西藏自治區的政協副主席。一九三八年與我一同化裝入西藏的國民黨交通部拉薩電台的特工譚興沛，由於從事特務活動，在解放軍進藏以後受到法辦。

當年向我們下驅逐令的噶倫索康，參與了一九五九年的叛亂，以後跟隨達賴喇嘛一起流亡到印度。索康靠著政治投機和行賄在官場上步步高升，擔任噶倫以後主導了一連串與中央政府分裂、推動西藏獨立的活動，包括成立「西藏外交局」以及「驅漢事件」等。流亡到印度後，他失去了達賴喇嘛的信任，不久便失去了權力，最後不得已跑到了台灣。一個曾在西藏大權在握、作威作福的大貴族，晚年只能靠著國民黨政府蒙藏委員會發給的補貼生活，最終默默無聞地客死他鄉。

我所認識的西藏大貴族中，不少人參加了五九年的那場叛亂，失敗後追隨達賴喇嘛流亡到了海外。也有一部分貴族拒絕參與叛亂，選擇支持中央政府，前輔政大臣堯西朗頓便是其中的一位。我於一九四四年赴咱日山朝聖的途中，曾寄宿於他的莊園，得到他熱情的接待，並提供了種種資助，這份情誼令我難以忘懷。身爲十三世達賴喇嘛的侄子，朗頓曾是十三世達賴生前最爲寵信的人，達賴喇嘛圓寂後，他與攝政王熱振活佛分享攝政大權，成爲最有權勢的人物之一，風光一時。不久，他遭到攝政王和其他貴族的排擠，被剝奪了權力，也因此看透了政壇的險惡與殘酷，於是舉家遷出拉薩返回家鄉，深居簡出，明哲保身，避過了西藏政壇一次次的腥風血雨。一九五九年叛亂發生時，他再次做出了明智的選擇，站在中央政府那邊。西藏自治區人民政府成立後，朗頓先生曾擔任自治區政府副主席，以後轉任政協副主席，一九八〇年去世，享年七十六歲。

達賴喇嘛流亡印度後，他的一部分親戚陸續移居到了美國，他自己也多次來過美國。最初的時候是以舉辦法會的名義，那時美國政府對於他在美國的活動採取諸多嚴格的限制。我曾經參加過他在美國舉行的法會，傳法的儀軌與我在西藏時所經歷的相比，已經大大地改樣。過去在布達拉宮見到他時，他端坐在高大的法位上，前來拜見的人要雙手捧著哈達低著頭畢恭畢敬地走上前去，能夠得到他的摸頂，便是極大的榮幸。十幾年後在美國再見到他時，已經沒有了那種排場。達賴喇嘛熟練地以現代人的禮儀接待來訪者，每當訪客到來便主動伸出手去握手寒暄，讓人無法想像舊時達賴的那種威嚴與神秘。

近年來，達賴喇嘛開始積極地在世界各處奔走，從事政治活動超過了宗教活動，逐漸從一位宗教領袖變成了政治人物。據說第五世達賴喇嘛曾經有過預言，達賴的轉世將延續到第十四世爲止。

左：觀空法師，一九八七年攝於北京廣濟寺
右：北京廣濟寺方丈證果法師，他曾就讀於漢藏教理院

如果按照這個預言，現在的達賴喇嘛應該是最後一位。第五世達賴喇嘛被公認爲歷代達賴中最傑出的一位，他與順治皇帝一起爲漢藏民族之間的融合，確立中央政府與西藏地方政府的關係，開創了歷史性的局面；他不僅是英明的政治家，在佛法的修持上也是一位了不起的大德。我希望這一世的達賴喇嘛能夠繼承他前世的精神，爲發展漢藏融合與維護國家統一而做出他的貢獻。

在北京時，我遇到了許多當年拉薩小學的學生。我任校長時，他們還是一批剛剛入學不久的小娃娃，如今已經成了西藏地區的重要幹部。拉薩小學現在是西藏自治區首屈一指的重點學校，解放後爲西藏的發展培養了許多人才。五十多年前，我向蔣介石提出辦教育爲發展西藏服務的建議，並帶著這一使命回到西藏主持發展這所學校，當年的理想終於被後人實現並發揚光大。我想，所有當初和我一同爲了發展拉薩小學而排除萬難、嘔心瀝血的拓荒者們，看到今日的成果一定都會無比欣慰。

當年與我在漢藏教理院的同學和佛教界的同修與老朋友們，不少已經故去，還有一些如今散居在大陸、香港、台灣和海外各地。我的恩師法尊法師在「文革」中經受了種種磨難，一九八〇年被選爲中國佛教協會副會長及中國佛學院院長，同年在翻譯佛經時因心臟病突發而圓寂。法尊法師一生行持嚴謹，獻身譯經大業，幾十年來，將藏傳佛經經典，尤其是黃教的許多重要法著譯成漢文，功德巍巍。臨終前他曾對弟子講到：「我今後將世世爲人，翻譯佛經。」如此菩提聖心與悲宏大願，是當今後世所有佛弟子學習的楷模。

二〇〇〇年在美國洛杉磯舉行的法會上

印順法師解放後經香港去了台灣弘法，出版了許多著作，信徒眾多，聲譽盛隆，被台灣佛教界尊爲導師。竹摩法師則遠赴南洋，定居於馬來西亞，他在佛學上造詣深厚，詩畫俱佳，成爲在當地備受尊重的一代名僧，圓寂後被馬來西亞政府封爲「拿督」。觀空法師在一九四九年驅漢事件時，正在拉薩哲蚌寺學經，由於喇嘛的身份而不在噶廈政府驅逐之列，解放後他回到內地，翻譯了許多藏傳佛教的經典和法本；他一生修行刻苦，是一位在顯密經論上造詣不凡的法師。一九八七年，我們在他寄居的

一九九八年與張健飛（右）、楊念群（左）合影於洛杉磯家中

北京廣濟寺再次相逢，他親自贈送我一部他所譯的《解深密經圓測疏》，請我指正，並與我合影留念。他爲我引見了漢藏教理院後期的學生，當時任廣濟寺住持的證果法師，法師熱情地接待我，十分謙遜地以晚輩自稱。幾年後，觀空法師移居至寧波天童寺，不久在那裡圓寂。他已修成正果，對於他的離去，我無須悲傷。

近年來，藏傳佛教在世界各地引起了越來越多人的興趣，各種介紹藏傳佛教與密宗的書籍陸續出版並頗爲流行。西藏的密宗確實爲佛法中的瑰寶，行者如能依教奉行，皈依於眞正具有證德證量的上師，得受灌頂傳法，如法起修，今生便能獲得大成就。但修習密宗的人，首先必須具備慈悲心，建立爲利有情願成佛的大菩提心，正所謂「菩提心爲因，大悲爲根本，方便爲究竟」，我當年在西藏所有的上師都是這樣教導我的。如果不明了教義，不依教奉行，依法而修，只是片面追求神通功夫，非但無成就可得，反而極易走火入魔，害己害人。二〇〇〇年，我將自己在四十年前所翻譯的宗喀巴大師的法著《菩提道次第略論》重新校訂，交付出版社再版。這是一部很偉大的著作，宗喀巴大師在書中對於密宗行者的修行次第做出了詳細的說明與指導，這部著作被藏傳佛教的各派所推崇，我希望今天修習密宗的行者，能夠依照這部大論的指導而依法修行，得到眞正的受用。

隨著藏傳佛教的流行，西藏文化、歷史和民俗也不斷引起海內外人們越來越大的興趣，各類介紹西藏的書籍刊物也因此而流行於市。然而對於西藏的過去，人們所知甚少。歷史上，西藏一直與世隔絕，在語言隔閡、地處高原、交通不便的舊時代，像我這樣的外人有緣深入這塊神秘的高原，學習藏傳密法，並親身體驗那裡的生活與民俗的人，可謂少之又少。在當年入藏的途中，我曾將沿途所見所聞做了詳細的筆記，並在一九四五年回到重慶時將這些筆記整理成冊，交付一家出版社。但出版社認爲我的書稿中含有太多地理和民情的描述，唯恐爲外人利用作爲有關西藏的情報，建議我不要出版，如此一拖便是幾十年。

一九九八年，我在洛杉磯與張健飛、楊念群兩位年輕學者相逢，交談之下，他們對我過往的經歷產生了濃厚的興趣，並願將其撰寫成書。有此因緣，我欣然允諾。他們二人對我進行了數十小時的錄音採訪，綜合整理了我幾十年前的筆記與照片，寫成此書，較全面地記述了我前半生的主要經歷，尤其是與西藏有關的這一段歷史。三聯書店承接了這本書的出版，總編輯董秀玉女士和編輯部主任孫曉林女士熱心襄助，責任編輯鄭勇先生爲此書投入了大量精力，提供了許多寶貴意見。對於他們的熱情與辛勤工作，我深表感謝。希望讀者經由我個人的經歷，能多少了解一些西藏的過去和它的傳統文化、藏傳佛教的精深奧妙、漢藏民族關係的發展，以及中國近代佛教事業的興衰起落。

作爲一個忠誠的佛弟子，從十三歲初入佛門起，七十餘年裡不論是化外爲僧或入俗爲官，自己始終以一顆慚愧之心依法修行，不敢有絲毫懈怠。我珍惜此生中所結遇的一切善緣，緬懷我所親近過的所有大德與善知識，祝願藏族人民能夠將他們絢麗的文化和悠久的歷史傳統代代相傳，祈祝藏傳密教這一佛法中的無上珍寶能夠弘揚四海，饒益一切有情眾生。這便是我最大的心願。

二〇〇二年三月二十五日
於美國洛杉磯寓所禪室

眾生系列 JP0046

雪域求法記：一個漢人喇嘛的口述史

口　　述／邢肅芝
筆　　述／張健飛、楊念群
資深編輯／劉芸蓁
行　　銷／劉順眾、顏宏紋、李君宜

副總編輯／張嘉芳
出　　版／橡樹林文化
城邦文化事業股份有限公司
台北市民生東路二段141號5樓
電話：(02)25007696　傳眞：(02)25001951
發　　行／英屬蓋曼群島家庭傳媒股份有限公司城邦分公司
台北市民生東路二段141號2樓
書虫客服服務專線：(02)25007718；(02)25007719
24小時傳眞專線：(02)25001990；(02)25001991
服務時間：週一至週五上午09:30-12:00；下午1:30-17:00
劃撥帳號：19863813；戶名：書虫股份有限公司
讀者服務信箱：service@readingclub.com.tw
城邦讀書花園網址：ww.cite.com.tw
香港發行所／城邦（香港）出版集團有限公司
香港灣仔駱克道193號東超商業中心1樓
電話：(852)25086231　傳眞：(852)25789337
E-mail：hkcite@biznetvigator.com
馬新發行所／城邦（馬新）出版集團【Cite(M) Sdn.Bhd.(458372 U)】
11, Jalan 30D/146, Desa Tasik, Sungai Besi,
57000 Kuala Lumpur, Malaysia
電話：(603)90563833　傳眞：(603)90562833

版面構成／歐陽碧智
封面設計／李男設計有限公司
印　　刷／崎威彩藝有限公司

初版一刷／2010年2月
ISBN／978-986-6409-12-7
定價／420元

城邦讀書花園
www.cite.com.tw

國家圖書館出版品預行編目資料

雪域求法記：一個漢人喇嘛的口述史／邢肅芝口述；張健飛、楊念群筆述. -- 初版.一臺北市：橡樹林文化, 城邦文化出版：家庭傳媒城邦分公司發行, 2010. 02
面；　公分. --（眾生系列；JP0046）

ISBN 978-986-6409-12-7（平裝）

1.邢肅芝 2.藏傳佛教 3.佛教傳記 4.口述歷史

226.969　　98024840